国家社会科学基金青年项目（15CJY073）结题报告

# 我国对外大型公共投资项目
# 社会责任风险防范
# 与预警机制研究

吕臣 著

中国财经出版传媒集团

经济科学出版社
Economic Science Press

**图书在版编目（CIP）数据**

我国对外大型公共投资项目社会责任风险防范与预警机制研究/吕臣著. -- 北京：经济科学出版社，2022.8

ISBN 978 - 7 - 5218 - 3859 - 6

Ⅰ. ①我… Ⅱ. ①吕… Ⅲ. ①投资 - 项目管理 - 风险管理 - 研究 - 中国 Ⅳ. ①F832.48

中国版本图书馆 CIP 数据核字（2022）第 123995 号

责任编辑：程辛宁
责任校对：隗立娜
责任印制：张佳裕

**我国对外大型公共投资项目社会责任风险防范与预警机制研究**

吕 臣 著

经济科学出版社出版、发行　新华书店经销

社址：北京市海淀区阜成路甲 28 号　邮编：100142

总编部电话：010 - 88191217　发行部电话：010 - 88191522

网址：www. esp. com. cn

电子邮箱：esp@ esp. com. cn

天猫网店：经济科学出版社旗舰店

网址：http://jjkxcbs. tmall. com

北京季蜂印刷有限公司印装

710×1000　16 开　16 印张　270000 字

2022 年 8 月第 1 版　2022 年 8 月第 1 次印刷

ISBN 978 - 7 - 5218 - 3859 - 6　定价：98.00 元

（图书出现印装问题，本社负责调换。电话：010 - 88191510）

（版权所有　侵权必究　打击盗版　举报热线：010 - 88191661

QQ：2242791300　营销中心电话：010 - 88191537

电子邮箱：dbts@ esp. com. cn）

# 前　言

《我国对外大型公共投资项目社会责任风险防范与预警机制研究》是国家社会科学基金项目"我国对外大型公共投资项目风险防范与预警机制研究"（15CJY073）最终成果。

当前研究中国对外大型公共投资项目风险主要是从经济风险角度展开研究，针对中国对外大型公共投资项目社会责任风险角度的研究比较少。到目前为止还没有出现针对中国对外大型公共投资项目的社会责任风险评价指标体系，更没有根据国际社会责任标准来设计中国对外大型公共投资项目社会责任风险评价指标体系。作为相对统一的国际社会责任标准体系，《社会责任指南》标准（ISO 26000）正式颁布于 2010 年 11 月 1 日。依据 ISO 26000《社会责任指南》标准六大主题进行中国对外大型公共投资项目社会责任风险的定量分析进行了探索与尝试。

## 一、课题主要研究框架与主要内容

第一章为导论。

第二章为对外大型公共投资项目风险理论基础与研究动态。

第三章为对外大型公共投资项目社会责任风

险研究。总结归纳了社会责任风险理论动态，总结"三重底线""金字塔""利益相关方""主要议题""单一替代"等模式，以外部不经济理论、可持续发展理论、利益相关者理论等为理论基础，为深入研究中国对外大型公共投资项目社会责任风险实证研究提供理论依据。

第四章基于 ISO 26000《社会责任指南》标准六大主题整体展开对中国对外公共投资项目社会责任风险的实证研究。基于 ISO 26000《社会责任指南》标准体系六大主题，结合东道国组织环境、项目是否国际协作共同开发等外部环境，从人权、劳工实践、环境、公平运行实践、消费者问题、社区参与和发展等六大基本范畴，找到当前影响中国对外大型公共投资项目社会责任风险的关键制约因素，为中国对外大型公共投资项目风险防范与预警机制做好基础。回归结果表明，人权、劳工实践、环境、公平运行实践、社区参与和发展、国际合作、地区政治环境等对海外公共投资项目风险具有显著正相关。消费者问题、发达程度等对海外公共投资项目风险具有显著负相关。这与当前现实状况基本一致。

第五章至第十章围绕组织治理，基于 567 份调查问卷，分别对人权、劳工实践、环境、公平运行实践、消费者问题、社区参与和发展等六大主题展开中国对外大型公共投资项目社会责任风险影响因素的实证研究。根据实证结果，基于 ISO 26000《社会责任指南》标准，构建对外大型公共投资项目社会责任风险政策支撑体系。

第十一章中国对外大型公共投资项目社会责任风险综合评价实证研究。基于 ISO 26000《社会责任指南》标准构建了包括第一层次指标 3 个、第二层次指标 9 个、第三个层次指标 21 个的中国对外大型公共投资项目社会责任风险评价指标体系。并赋予一定权重，权重显示如下：一级指标权重从大到小依次是项目选择（0.4777）、后续（0.3166）、实施（0.2057）；三级指标权重前五位依次是国际协作共同开发（0.1691）、东道国地域政治环境（0.1551）、东道国国内政治环境（0.1535）、争议处理（0.0759）、社区环境（0.0577）等指标。

第十二章对外大型公共投资项目社会责任风险双案例评价与比较研究。运用多层次灰色模糊综合评价法对三峡集团竞标巴西水电站项目与柬埔寨甘再水电项目进行对外公共投资项目社会责任风险双案例评价与比较研究。基于第十一章构建的中国对外大型公共投资项目社会责任风险评价指标体系，结果显示，评价结果符合当前现状，课题组第十一章所构建的中国对外大型公共投资项目社会责任风险评价指标体系具有科学性与合理性。

第十三章对外大型公共投资项目风险预警机制构建研究。从风险管理决策的大数据处理、复杂风险识别方法与流程、复杂风险构成要素、复杂风险动态监测与预警机制等途径构建。

第十四章为创建中国对外大型公共投资项目风险管理支撑体系研究。

第一，对外大型公共投资项目风险管理信息平台支撑体系。具体包括：实验信息平台复杂风险分析步骤及控制机制设计、信息平台体系结构和功能结构设计、实验信息平台软件开发及模拟实验，开发面向对象技术的实验信息平台。

第二，创建对外大型公共投资项目复杂风险全过程管理体系。具体包括：对外大型公共投资项目规划管理阶段管理机制、大型公共投资项目建设管理阶段管理机制、大型公共投资项目运营管理阶段管理机制、大型公共投资项目风险管理评估机制。

第三，构建对外大型公共投资项目复杂风险协同管理支撑体系。具体包括：大型公共投资项目复杂风险协同管理机制。构建我国大型公共投资项目复杂风险多目标决策机制信息共享平台，实现多目标决策机制的最优解。控制社会秩序与稳定风险，将冲突测度模型驱动和冲突消解模型驱动进行有机结合，构建应急决策冲突协调机制，实现"应急决策主题"的求解目标。

第四，对外大型公共投资项目风险管理支撑体系研究。具体包括：基于ISO 26000《社会责任指南》标准研究东道主国家复杂风险机制。国际产业链投资机制。合作共赢——联盟风险管理。

第五，基于 ISO 26000《社会责任指南》标准构建社会责任风险预警政策支撑体系。具体包括：基于 ISO 26000《社会责任指南》标准，构建对外大型公共投资项目社会责任风险政策支撑体系（详见主要内容框架第五至第十章围绕组织治理）。

第六，践行社会责任，重塑中国对外投资项目海外形象。具体包括：加强产品海外推广、完善企业政策体系、降低文化冲突风险、强化国家形象认知、实施自主创新战略、健全知识产权保护体系、建设危机应对机制等，提升中国对外投资项目海外形象。

第七，淡化政治意识，降低政治风险，加强中小企业深度融入对外公共投资项目。具体包括：以大企业为核心构筑"1 + N"式产业链，助力民营中小企业"抱团出海"。构建多渠道、多层次信息交流网络，着力破解"信息瓶颈"。建立以信用为主导的融资创新体系，拓宽民营中小企业融资渠道。建立多方联动的海外风险防御机制，提高民营中小企业风险抵御能力。加强品牌建设，增强民营中小企业国际影响力。重视"一带一路"相关人才的培养与管理，着力破解"人才瓶颈"。

## 二、研究创新之处

第一，在政治风险、经营风险等传统风险基础上从国际社会责任角度探讨中国对外公共投资项目风险问题。特别是基于 ISO 26000《社会责任指南》标准综合考虑中国对外大型公共投资项目社会责任风险问题是本课题创新之一。

第二，依据 ISO 26000《社会责任指南》标准人权、公平运行实践、社区参与和发展等六大主题设计调查问卷、实地考察等对中国海外大型公共投资项目社会责任风险综合评价定量分析进行了大胆探索与尝试，并构建了包括 3 个一级指标、9 个二级指标、21 个三级指标的中国对外公共投资项目社会责任风险评价指标体系。

第三，创建了中国对外大型公共投资项目风险管理支撑体系研究，主要从风险管理信息平台支撑体系、复杂风险全过程管理体系、复杂风险协同管理支撑体系、风险管理支撑体系、基于 ISO 26000《社会责任指南》构建社会责任风险预警政策支撑、践行社会责任，重塑中国对外投资项目海外形象、加强中小企业深度融入对外公共投资项目等七个方面创建中国对外大型公共投资项目风险管理支撑体系。

## 三、研究未来方向

由于 ISO 26000《社会责任指南》标准颁布时间不长，不同国家或地区对其运用的程度不一致、对该标准的实施与制定过程也存在一定疑问，认为该标准的制定发达国家起到主导作用，维护了发达国家的利益。但是，跨国企业履行社会责任已成为未来发展的趋势，是必须践行的。为此，基于异质性理论、发展程度、地缘政治、风俗习惯等不同对中国对外公共投资项目风险研究展开异质性研究将成为未来研究的主题。

吕　臣

于泰山

2022 年 7 月

# 目　录

# 第一章

# 导　论

## 第一节　问题提出

当前研究中国对外大型公共投资项目风险主要是从经济风险角度展开研究，针对中国对外大型公共投资项目社会责任风险角度研究比较少。到目前为止还没有出现针对中国对外大型公共投资项目的社会责任风险评价指标体系，更没有根据国际社会责任标准来设计中国对外大型公共投资项目社会责任风险评价指标体系。作为相对统一最新的国际社会责任标准体系，ISO 26000《社会责任指南》标准正式颁布于 2010 年 11 月 1 日。该体系主要从企业组织治理、人权、劳工实践、环境、公平运行实践、消费者问题、社区参与和发展等七个方面概括了社会责任。依据国际标准对中国对外大型公共投资项目社会责任风险的定量分析到目前为止还没有，本书依据 ISO 26000《社会责任指南》标准六大主题进行中国对外大型公共投资项目社会责任风险的定量分析进行了探索与尝试。

　　大型对外大型公共投资项目是指以当地政府为引导，以对外公共投资企业为主体，企政共同投资建设公益性项目。该项目具有重要使用功能与重大社会意义，投资规模之大、周期之长、社会影响之复杂等特点。本书研究的对外大型公共投资项目主要是指在中国政府近年来以及在"一带一路"倡议新背景下以 EPC、APO、ETP 等模式中国政府提供的买方优惠贷款等对外承担的具有公益性或半公益性的投资规模大、周期长、社会影响复杂，具有重要使用功能与重大社会意义的公共投资项目。

　　国内外对外大型公共项目投资复杂风险的研究需要以当前热点案例为现实基础。表 1 - 1 总结了我国近年来对外公共投资风险热点案例，期望找出现阶段我国对外公共投资风险的外源性风险与内源性风险，为我国对外大型公共投资项目复杂风险动态监测与管理决策提供现实依据。

表 1 - 1　　　　　　　　　　我国对外公共投资风险热点案例

| 时间 | 项目 | 价值 | 风险（包含未来风险） |
|---|---|---|---|
| 2015 年 10 月 | 中国中车竞争英国高铁 2 号项目建设合约的竞标① | 118 亿英镑 | 法国阿尔斯通、德国西门子及日本日立等公司的竞争 |
| 2015 年 9 月 | 中美组建合资公司建设美国西部快线高铁项目② | 初始投资 1 亿美元 | — |
| 2015 年 9 月 | 中国机械设备工程股份有限公司与美国通用电气公司共同开发的非洲清洁能源项目③ | 计划投资 3.27 亿美元 | — |
| 2015 年 9 月 | 中美企业共同投资设立的建筑节能基金项目④ | — | — |
| 2015 年 4 ~ 5 月 | 中国中远集团竞争希腊最大港口比雷埃夫斯港 67% 股份⑤ | 超 40 亿元人民币 | 希腊政局变化导致暂停 |
| 2015 年 5 月 | 中国三峡集团考虑参与竞买运营巴西大坝⑥ | 44 亿美元 | 巴西公司 Cia. Paranaense de Energia 等公司竞争 |
| 2015 年 | 委内瑞拉将加勒比海列斯群岛中的布兰基亚岛转给中国⑦ | 500 亿美元 | 委内瑞拉政局变化 |
| 2014 年 10 月 | 中铁建竞标墨西哥高铁失败⑧ | 约 43 亿美元 | — |

续表

| 时间 | 项目 | 价值 | 风险（包含未来风险） |
|---|---|---|---|
| 2014 年 2 月 | 泰国英拉政府大米换高铁⑨ | 2.2 亿泰铢 | 泰国政局变化 |
| 2012 年 9 月 | 中国铝业股份有限公司收购南戈壁资源有限公司⑩ | 9.2 亿美元 | 在可接受的时间内获得必要监管批准的可能性较低 |
| 2011 年 4 月 | 五矿资源有限公司拟收购澳洲铜矿商 Equinox Minerals⑪ | 76 亿美元 | 收购作价偏低 |
| 2011 年 | 华为收购美国三叶系统（3Leaf）公司⑫ | 200 万美元 | 美国外国投资委员会审查外国在美国投资的国家安全风险压力 |

资料来源：①《中国中车将与法德日三公司竞标英国高铁谁是赢家》，《第一财经日报》2015 年 10 月 14 日；②《中国将首次在美建高铁全程 370 公里 双方组建合资公司》，新浪财经网，2015 年 9 月 17 日；③《中美共同开发非洲清洁能源项目》，《阳江日报》2015 年 9 月 18 日；④《中美企业将共同投资设立中美建筑节能基金》，《中国建设报》2015 年 10 月 7 日；⑤《希腊批准中国中远集团购买比雷埃夫斯港 67% 股权》，环球网，2016 年 1 月 21 日；⑥《中国三峡集团考虑参与竞买运营巴西大坝》，参考消息网，2015 年 10 月 10 日；⑦《委内瑞拉欲向中国赠送布兰基亚岛屿》，《金融时报》，2015 年 10 月 24 日；⑧《中铁建竞标墨西哥高铁失败的原因及启示》，中国经济网，2015 年 5 月 6 日；⑨《中泰大米换高铁计划搁浅 英拉政府补贴政策遭攻击》，《第一财经日报》2014 年 2 月 17 日；⑩《中国铝业终止收购南戈壁》，财新网，2012 年 9 月 4 日；⑪《中国企业海外矿业并购需要知己知彼》，《中国矿业报》，2015 年 7 月 3 日；⑫《华为迫于美国政府压力　放弃收购美国三叶系统公司资产》，环球网，2011 年 2 月 20 日。

2005 年中海油收购美国优尼科石油公司，2009 年西色国际收购美国优金矿业公司 51% 股份，2005 年五矿收购加拿大诺兰达矿业公司，2010 年华为收购美国私有宽带互联网软件提供商 2Wire，2011 年中坤集团投资冰岛开发旅游项目。这些重大投资项目，美国、澳大利亚、加拿大等以国家安全为由予以终止。另外，我国企业对外公共投资还受到国内竞争对手压力、市场形势的不利变化、出价上不具有优势、国内监管审核、企业自身实力不足等影响。

综上所述，我国企业对外从事工程承包、基础设施领域等公共投资将面临包括政治风险、社会动荡风险，以及外部法律法规调整等外源性风险，还面临着企业在决策过程中没有进行详细的调研，经营过程中财务达不到预期收益，人员安全、财产安全受到威胁，以及企业对当地文化不了解，对当地的法律（如劳工法、环境保护法等）不清楚等内源性风险。

# 第二节  研 究 意 义

## 一、发展大型公共投资项目已成为带动民间投资和消费、推动国内经济可持续稳定增长的重大战略之一

作为新型城镇城乡一体化建设主要途径基础设施的建设，以及均等化的公共服务倒逼公共项目投资，由此产生巨大需求。投资项目数量上升显著，项目类别明显增多，项目投资数额巨大。2009 年 9080 亿元、2010 年 9720 亿元、2011 年 11510 亿元、2012 年 12070 亿元、2013 年呈现持续增长态势[1]，其中大型公共投资项目比重约占 80%[2]。"十二五"规划将重大公共投资项目建设纳入国家战略之中，凭借重大项目带动国内就业。发展大型公共投资项目有利于带动民间投资和消费、推动国内经济可持续稳定增长。政府主导的投资需求格局在较长时期内仍将继续保持。

## 二、发展对外大型公共政府投资项目业已成为我国帮助发展中国家改善民生、提供助力、践行国际责任的重要战略之一

据国务院新闻办发布《2014 年度对外援助白皮书》显示，2010~2012年，中国对外援建大型基础设施项目高达 156 个，涉及交通运输类项目 70 余个、能源类项目 20 余个、信息化类项目 60 余个。仅中国企业 2006~2014 年在海外投资的 10 个大型公共投资项目就超过 700 多亿美元，发展海外大型公共政府投资项目已成为我国帮助发展中国家改善民生、提供助力、践行国际责任的重要战略。

---

[1]  中华人民共和国财政部. 中国财政年鉴（2012）[M]. 北京：中国财政杂志社, 2013.
[2]  谢旭人. 全国财政工作会议报告 [R]. 2010 年 1 月 10 日.

### 三、我国对外大型公共投资项目不同程度出现风险预防与控制的高度复杂化问题

尽管我国许多大型对外公共投资项目都是经过长期论证的，但项目启动后仍面临很多复杂风险。这些没有办法通过可行性分析遇见的重大风险的发生在一定程度上会破坏中国国际影响力，严重降低了中国企业海外投资利益，甚至威胁到中国支援欠发达国家或地区人员生命安全，也与中国帮助发展中国家改善民生、提供助力、践行国际责任的国际形象不符。

### 四、中国对外大型公共投资项目风险已由传统的经济风险向社会责任风险转变，急需构建中国对外大型公共投资项目社会责任风险评价机制

中国对外大型公共投资项目面临诸多问题，说明中国对外大型公共投资项目潜在风险或者已经发生的风险大，而且复杂。近几十年来，国内外针对工程风险管理相关重要问题展开了研究，在风险识别、评估、预警、管理方法等对某个特定项目进行展开，在实证、决策支持体系等方面取得了一系列成果，但是更多的是侧重于经济风险评估，而社会责任风险评估严重滞后。而且目前尚无基于社会责任风险方面的研究文献，对外投资项目社会责任风险相关评价方法体系与评价理论等没有完善，需要进一步建立健全。因此，构建一种具有前瞻性与科学性的中国对外大型公共投资项目社会责任风险评价机制就成为当前中国对外大型公共投资项目社会责任风险管理实践中的迫切需求。

### 五、急需构建一种具有前瞻性与科学性的海外大型公共投资项目复杂风险动态监测体系和管理决策机制

我国海外大型公共投资项目风险管理出现的诸多问题，说明大型公共投资项目风险的复杂性特征在我国现有的风险评估与管理体系中没有得到正确而充分的体现。侧重经济风险评估及预警的实现技术与方法较多，但多数研

究普遍以单一风险的静态分析为隐含方法论基础，由于复杂风险阶段性动态变化与相关管理决策的相对静止性之间的矛盾，现有方法无法有效解决，导致项目复杂风险防控滞后。但是，目前有关复杂风险相对动态监测的理论方法，以及动态的决策管理理论等的研究成果相对较少。因此，构建一种具有前瞻性与科学性的项目复杂风险动态监测体系和管理决策机制，是我国对外大型公共投资项目风险管理实践中的迫切需求。

## 六、"一带一路"倡议倒逼中国对外大型公共投资项目承担国际社会责任

2013 年，"一带一路"倡议的提出，得到国际广泛关注与认可，相关国家积极响应。截至 2019 年 7 月底，与我国签订政府间合作协议 195 份，包括 136 个国家或地区，以及国际组织 30 个①，涉及非洲、拉美、西欧、南太平洋等地区相关国家。"一带一路"倡议倡导的相关理念作为机制成果文件写入联合国、APEC、G20 等国际机制中。作为我国首次提出倡导的、高层推进的国际倡议，"一带一路"倡议的提出与实施契合沿线 66 个国家或地区的国际需求，辐射到更多域外国家，作为新的国际合作平台，加速我国对外投资的步伐的同时，也为倒逼我国对外大型公共投资项目承担更多的社会责任，提出了更高的新的要求。

# 第三节　研究方法与技术路线

## 一、文献演绎法

文献演绎法是研究者对理论综述进行研究的首选的研究方法之一。第一

---

① 黄德凯. 共建"一带一路"国家警务合作需求、挑战与趋势［J］. 公安教育，2020（7）：72－78.

步，搜集与整理内外相关文献，阅读、筛选、确定与本书研究相关的最新文献资料；第二步，总结本书主题涉及的主要内容、相关理论基础与最新动态，提炼课题研究范式与方法，选择研究视角，界定本书主要研究方向；第三步，于前两步基础上，对本书的研究视角、核心研究内容，以及涉及的研究方法进行具体界定等。

　　具体来说，本书拟采用此研究方法展开以下研究：第一，对公共投资项目风险防范与预警机制等相关理论的归纳与总结，具体从风险定义、因素分类、风险演化机制、因素识别、评估与预警等展开研究；第二，总结归纳ISO 26000《社会责任指南》标准制定过程、内容等相关文献；第三，总结归纳有关海外公共投资项目社会责任风险评价与管理决策相关文献；第四，总结归纳有关社会责任风险政策支撑体系等相关文献。

## 二、案例研究法

　　为剖析中国对外公共投资项目风险现存的问题以及关键制约因素，总结对外公共投资项目风险预防经验与失败教训，为中国海外公共投资项目风险研究奠定坚实的实践基础。实践证明，案例研究法对问题的发现、研究视角的选择、理论模型的构建等均发挥重要作用。案例研究法具体步骤为：第一，确定研究问题，针对课题研究背景、内容、技术路线等明确研究问题；第二，选取相关案例，根据本书研究问题选择相应的样本；第三，收集研究资料，展开对投资项目风险，特别是社会责任风险的监测、预警等相关资料；第四，分析相关资料，通过对收集到的相关案例展开分析与总结比较，总结本书所需相关研究结果；第五，对研究成果展开初步汇总，具体包括案例研究事件、理论延伸、核心概念的最新界定、相关成果最新发现等；第六，撰写论文。案例研究法步骤如图 1－1 所示。

　　具体来说，本书拟采用此研究方法展开以下研究：案例分析三峡集团竞标巴西水电站、柬埔寨甘再水电站等海外公共投资项目，深入展开研究，探讨中国海外公共投资项目社会责任风险评价指标体系、如何基于 ISO 26000《社会责任指南》标准识别与控制海外公共投资项目社会责任风险。

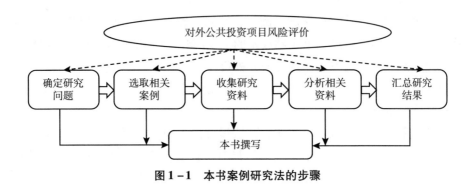

图 1-1 本书案例研究法的步骤

## 三、访谈、问卷调查、实地调研法

访谈、问卷调查、实地调研法具体步骤：第一，设计前期问卷，依据文献、企业家访谈相关结果，对调查问卷展开设计；第二，调查对象选取，基于本书研究视角与研究内容需要，选择相应的调查对象；第三，发放与回收问卷，本书通过向从事海外大型公共投资项目的高层管理者发放调查问卷，并收回，获取第一手资料；第四，针对本书研究的核心问题、关键问题、重大问题等实施深度访谈，探索性展开研究内容的聚焦；第五，整理与分析问卷，汇总整理回收的调查问卷，总结深度访谈的信息，对相关数据资料进行提取，进行调查问卷的信度与效度检验等；第六，建立数据库，根据已有数据与调查问卷数据，建立相关数据资料库。

具体来说，本书拟采用此研究方法展开以下研究：第一，到100家左右海外公共投资企业，深入了解对外公共投资项目风险管理全过程；第二，访谈相关利益相关者，精准掌握中国海外公共投资项目现存风险问题；第三，拟到东道主国家或地区展开调查，精准掌握中国海外公共投资项目社会责任风险的关键制约因素；第四，为上述案例分析提供必要的数据与资料支持。

## 四、层次分析评价法

层次分析法（AHP）是一种定性与定量相结合的研究方法，目的是进行多目标决策分析。该方法具体过程如图 1-2 所示。

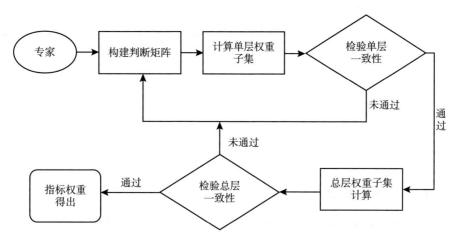

**图 1 - 2　运用层次分析法确定各级指标权重的过程**

## （一）构造判断矩阵

各层次各因素用数值形式表示指标的相对重要性，假定评价目标为 $T$，评价指标集 $F = \{f_1, f_2, \cdots, f_n\}$，构成判断矩阵 $P$。

$$P = \begin{Bmatrix} f_{11} & f_{12} & \cdots & f_{1n} \\ f_{21} & f_{22} & \cdots & f_{2n} \\ \vdots & \vdots & & \vdots \\ f_{n1} & f_{n2} & \cdots & f_{nn} \end{Bmatrix}$$

$f_{ij}$ 表示 $i$ 因素相对于 $j$ 因素的重要程度（$i = 1, 2, \cdots, n$；$j = 1, 2, \cdots, n$），$f_{ij}$ 取值见表 1 - 2。

表 1 - 2　　　　　　　　　　A-F 判断矩阵及其含义

| $f_{ij}$ 取值 | $f_i$ 与 $f_j$ 重要性比较 |
|:---:|:---:|
| 1 | 同等 |
| 3 | 稍微 |
| 5 | 明显 |
| 7 | 相当 |

续表

| $f_{ij}$取值 | $f_i$ 与 $f_j$ 重要性比较 |
| :---: | :---: |
| 9 | 极其 |
| 2、4、6、8 | 相对介于 1~3、3~5、5~7、7~9 |
| $f_{ji} = \dfrac{1}{f_{ij}}$ | 表示 $i$ 不比 $j$ 重要程度 |

### （二）一致性检验

对判断矩阵 $P$，依据 $PW = \lambda W$ 计算最大特征根 $\lambda_{max}$、特征向量 $W$，正规化后构建特征向量 $W = \{W_1，W_2，W_3，\cdots，W_n\}^T$，以此作为相对重要性权重。然后，进行一致性检验。本书采用 $CR$ 这个一致性指标，$CR = CI/RI$，判断矩阵随机一致性比率公式为：$CI = \dfrac{\lambda_{max} - n}{n - 1}$，$RI$ 标准值见表 1 − 3。

表 1 − 3 　　　　　　　　　　　一致性指标 $RI$ 标准值

| 指标 | 矩阵阶数 | | | | | | | | |
| :---: | :---: | :---: | :---: | :---: | :---: | :---: | :---: | :---: | :---: |
| | 1 | 2 | 3 | 4 | 5 | 6 | 8 | 9 | 10 |
| $RI$ | 0 | 0 | 0.58 | 0.90 | 1.12 | 1.24 | 1.41 | 1.45 | 1.49 |

### （三）最终权重确定

层次总排序从上到下逐层展开。

## 五、多层次模糊综合评价法

模糊综合评价法作为模糊数学的一种综合评价方法，主要是用模糊数学对事物或现象的多种制约因素从定量角度展开总体评价。具体步骤如下：

（1）构建风险评价指标集，具体采用因子分析结果，建立风险评价指标集。

（2）评价指标权重确定，基于对指标的差异性，赋予不同指标不同权重，区别指标在评价方法和结论中的相对重要程度。

（3）评价指标评分等级标准确定。课题组将对外大型公共投资项目风险等级划分为五级。风险评价标准集表示为：$V = \{V_1, V_2, V_3, V_4, V_5\}$；风险程度描述为：｛高，较高，中等，较低，低｝，赋值（5，4，3，2，1）。

（4）评价矩阵评分、构造。处理相关专家打分的数据，各风险指标 $R_{ij}$ 按标准打分，记为 $d_{ij}(i = 1, 2, \cdots, m; j = 1, 2, \cdots, n)$，得到 $D$，$D = d_{ij}^T(i = 1, 2, \cdots, m; j = 1, 2, \cdots, n)$，即评价矩阵。

（5）评价灰数确定。根据评价等级 $V$，确定 5 类评价灰类，即灰数序号 $h = 1, 2, 3, 4, 5$。各评价灰类及白化权函数为：

第一灰类"高风险"，5 分或者 5 分以上评分，白化权函数 $f_1$ 为：

$$f_1(d_{ij}) = \begin{cases} \dfrac{d_{ij}}{5}, & d_{ij} \in [0, 5] \\ 1, & d_{ij} \in (5, +] \\ 0, & 其他 \end{cases}$$

第二灰类"较高风险"，4 分左右评分，白化权函数 $f_2$ 为：

$$f_2(d_{ij}) = \begin{cases} \dfrac{d_{ij}}{4}, & d_{ij} \in [0, 4] \\ \dfrac{1}{4}(8 - d_{ij}), & d_{ij} \in (4, 8] \\ 0, & d_{ij} \notin [0, 8] \end{cases}$$

第三灰类"中等风险"，3 分左右评分，白化权函数 $f_3$ 为：

$$f_3(d_{ij}) = \begin{cases} \dfrac{d_{ij}}{3}, & d_{ij} \in [0, 3] \\ \dfrac{1}{3}(6 - d_{ij}), & d_{ij} \in (3, 6] \\ 0, & d_{ij} \notin [0, 6] \end{cases}$$

第四灰类"较低风险"，2 分左右评分，白化权函数 $f_4$ 为：

$$f_4(d_{ij}) = \begin{cases} \dfrac{d_{ij}}{2}, & d_{ij} \in [0, 2] \\ \dfrac{1}{2}(4 - d_{ij}), & d_{ij} \in (2, 4] \\ 0, & d_{ij} \notin [0, 4] \end{cases}$$

第五灰类"低风险",1分左右评分,白化权函数 $f_5$ 为:

$$f_5(d_{ij}) = \begin{cases} 1, & d_{ij} \in [0, 1] \\ 2 - d_{ij}, & d_{ij} \in (1, 2] \\ 0, & d_{ij} \notin [0, 2] \end{cases}$$

(6) 灰色评价系数计算。对指标 $U_{ij}$,第 $h$ 个评价灰类评价系数记为 $M_{ijh} = f_h(d_{ij})$。评价指标 $U_{ij}$ 属于各个评价灰类的灰色评价系数记为 $M_{ij}$,$M_{ij} = \sum\limits_{h=1}^{5} M_{ijh}$。

(7) 灰色评价权向量及权矩阵计算。根据"功能驱动"赋值法,$U_{ij}$ 第 $h$ 个灰类灰色评价权记 $q_{ijh} = M_{ijh}/M_{ij}$。

5个灰类,即 $h = 1, 2, 3, 4, 5$,投资风险指标 $U_{ij}$ 对各个灰类评价权向量,记 $q_{ij} = \{q_{ij1}, q_{ij2}, q_{ij3}, q_{ij4}, q_{ij5}\}$。

综合得到第 $i$ 个一级指标 $U_i$ 所属指标灰色评价权矩阵 $Q_i$,记

$$Q_i = \begin{bmatrix} q_{i1} \\ q_{i2} \\ \vdots \\ q_{ij} \end{bmatrix} = \begin{bmatrix} q_{i11} & q_{i12} & q_{i13} & q_{i14} & q_{i15} \\ q_{i21} & q_{i22} & q_{i23} & q_{i24} & q_{i25} \\ \vdots & \vdots & \vdots & \vdots & \vdots \\ q_{ij1} & q_{ij2} & q_{ij3} & q_{ij4} & q_{ij5} \end{bmatrix}, \quad (i = 1, 2, \cdots, m; \; j = 1, 2, \cdots, n)$$

(8) 综合评价 $U$。$U_{ij}$ 综合评价结果记为 $B_i$,记 $B_i = A_i \times Q_i = [b_{i1}, b_{i2}, b_{i3}, b_{i4}, b_{i5}]$,得到 $U_i$ 指标的灰色评价权系数 $Q$,记

$$Q = \begin{bmatrix} B_1 \\ B_2 \\ \vdots \\ B_m \end{bmatrix} = \begin{bmatrix} b_{11} & b_{12} & b_{13} & b_{14} & b_{15} \\ b_{21} & b_{22} & b_{23} & b_{24} & b_{25} \\ \vdots & \vdots & \vdots & \vdots & \vdots \\ b_{m1} & b_{m2} & b_{m3} & b_{m4} & b_{m5} \end{bmatrix}$$

综合评价一级指标 $U_i$,综合评价结果记为 $B = A \times Q$。

(9) 综合评价价值计算。将各评价灰类等级按"灰水平"(阈值)赋值,则各评价灰类等级值化为向量 $C = (5, 4, 3, 2, 1)$,综合评价值为 $R = B \times C^T$($T$ 为各评价灰类等级值化向量的转置)。

# 第四节　研究思路与内容框架

## 一、研究框架、主要内容与预期目标

研究框架、研究内容、预期目标如图 1-3 所示。本书主要从以下十四个方面展开研究，具体主要内容如下：

第一章为导论，对本书进行整体性介绍，具体包括问题的提出、研究问题与研究意义、研究方法与技术路线，在此基础上提出研究思路与内容框架，基于研究目标，提出本书研究的创新尝试与未来方向。

第二章为对外大型公共投资项目理论基础与研究动态。从公共投资及其项目风险管理定义、公共投资项目复杂风险因素、公共投资项目风险形成与演化机理、公共投资项目复杂风险因素识别方法、公共投资项目风险评估与预警模型、大型公共投资项目风险管理等方面展开文献回顾。

第三章为对外大型公共投资项目社会责任风险研究。总结归纳了社会责任风险理论动态，总结"三重底线""金字塔""利益相关方""主要议题""单一替代"等模式，以外部不经济理论、可持续发展理论、利益相关者理论等为理论基础，为深入研究中国对外大型公共投资项目社会责任风险实证研究提供理论依据。

第四章为对中国对外公共投资项目社会责任风险的实证研究。回归结果表明，人权、劳工实践、环境、公平运行实践、消费者问题、社区参与和发展六大主题均与中国对外大型公共投资项目社会责任风险显著相关。

第五章至第十章围绕组织治理，基于 567 份调查问卷，分别对人权、劳工实践、环境、公平运行实践、消费者问题、社区参与和发展等六大主题展开中国对外大型公共投资项目社会责任风险影响因素的实证研究。

第十一章中国对外大型公共投资项目社会责任风险综合评价实证研究。构建了 3 个一级指标、9 个二级指标、21 个三级指标的中国对外公共投资项目社会责任风险综合评价体系。

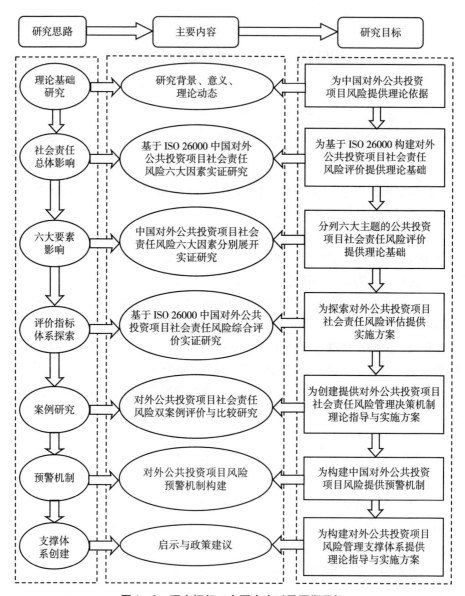

**图 1-3 研究框架、主要内容以及预期目标**

　　第十二章对外大型公共投资项目社会责任风险双案例评价与比较研究。运用多层次灰色模糊综合评价法对三峡集团竞标巴西水电站项目与柬埔寨甘再水电项目进行对外公共投资项目社会责任风险双案例评价与比较研究。

第十三章为对外大型公共投资项目风险预警机制构建研究。从风险管理决策的大数据处理、复杂风险识别方法与流程、复杂风险构成要素、复杂风险动态监测与预警机制等途径构建。

第十四章为创建中国对外大型公共投资项目风险管理支撑体系研究。主要从风险管理信息平台支撑体系、复杂风险全过程管理体系、复杂风险协同管理支撑体系、风险管理支撑体系、基于 ISO 26000《社会责任指南》标准构建社会责任风险预警政策支撑、践行社会责任，重塑中国对外投资项目海外形象、加强中小企业深度融入对外公共投资项目等七个方面创建中国对外大型公共投资项目风险管理支撑体系。

## 二、中国对外公共投资项目社会责任风险研究内容与框架的内在逻辑关系

如图 1-4 所示，本书主要研究内容提出的五个部分，研究内容相互衔接、逐层推进，研究意义与研究目标上相互呼应、协同一致，能够完成本书主要目标之一，即建立健全中国对外大型公共投资项目社会责任风险评价、预警与决策机制提供相关理论框架、实施方案与新途径。为探索中国对外大型公共投资项目社会责任风险评价机制问题提供深入的系统的创新性研究。

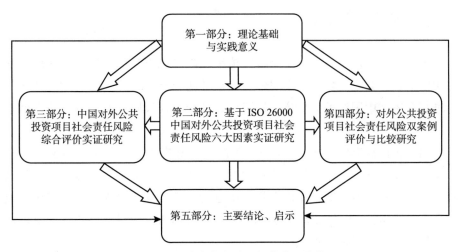

**图 1-4 本书各部分之间的关系结构**

　　其中，第一部分，理论基础与实践意义，主要从社会责任理论、利益相关者理论、外部不经济理论、可持续发展理论等理论基础上对中国对外公共投资项目社会责任风险来探讨。第二部分和第三部分主要从 ISO 26000《社会责任指南》标准整体以及标准中人权、劳工实践、环境、公平运行实践、消费者问题、社区参与和发展六大主题以企业组织治理为中心，构建 Logit、Probit、OLS 等模型，基于 567 个样本展开基于 ISO 26000《社会责任指南》标准中国海外大型公共投资项目社会责任风险实证研究。第四部分，基于多层次模糊综合评价法，以三峡集团竞标巴西水电站与柬埔寨甘再水电站为例，展开中国对外大型公共投资项目社会责任风险双案例综合评价与比较研究。第五部分，有关中国对外大型公共投资项目社会责任风险研究的主要结论与启示。可以说，五大部分间关系很好反映在图 1-4 中。第二、第三、第四、第五部分研究基础是第一部分，第三、第四部分研究基础是第二部分；第五部分则是在第一、第二、第三部分及第四部分基础上得出结论、启示。进而五部分之间相互衔接、逐层推进、相互呼应、协同一致的研究内容框架体系。

# 第五节　创新尝试与未来方向

## 一、研究创新之处

　　第一，在政治风险、经营风险等传统风险基础上从国际社会责任角度探讨中国对外公共投资项目风险问题。特别是基于 ISO 26000《社会责任指南》标准综合考虑中国对外大型公共投资项目社会责任风险问题是本书研究创新之一。

　　第二，依据 ISO 26000《社会责任指南》标准人权、公平运行实践、社区参与和发展等六大主题设计调查问卷、实地考察等对中国海外大型公共投资项目社会责任风险综合评价定量分析进行了大胆探索与尝试，并构建了包括 3 个一级指标、9 个二级指标、21 个三级指标的中国对外公共投资项目社会责任风险评价指标体系。

　　第三，创建了中国对外大型公共投资项目风险管理支撑体系研究，主要从风险管理信息平台支撑体系、复杂风险全过程管理体系、复杂风险协同管理支撑体系、风险管理支撑体系、基于 ISO 26000《社会责任指南》标准构建社会责任风险预警政策支撑、践行社会责任，重塑中国对外投资项目海外形象、加强中小企业深度融入对外公共投资项目等七个方面创建中国对外大型公共投资项目风险管理支撑体系。

## 二、研究未来方向

基于涉及海外公共投资项目的利益相关者，故存在数据收集的困难性，本书对 2000～2018 年从事对外公共投资项目的 179 家企业 1000 多个项目为研究对象，共发放 2415 份，收回 876 份，回收率 36.3%，有效问卷 567 份，有效率 64.7%。虽具有一定代表性，但需进一步扩大样本量，增加研究结论的代表性，使研究更加科学性与合理性。

ISO 26000《社会责任指南》标准颁布于 2010 年 11 月 1 日，不同国家或地区对其运用的程度不一致，不同国家不同地区对该标准的实施与制定过程存在一定疑问，认为该标准的制定发达国家起到主导作用，维护了发达国家的利益。但是，跨国企业履行社会责任已成为未来发展的趋势，是必须践行的。为此，基于异质性理论，发展程度、地缘政治、风俗习惯等不同对中国对外公共投资项目风险研究展开异质性研究将成为未来研究的主题。

# 对外大型公共投资项目风险
# 理论基础与研究动态

通过对本书研究背景的论述，国内外大转换大变革大调整的新形势已经对我国大型公共投资项目风险动态监测与管理决策带来了强烈的倒逼机制。大型公共投资项目风险决策等问题成为当前我国政府应当考虑的重大课题。为此，本书拟从公共投资及其项目风险管理定义、公共投资项目复杂风险因素、公共投资项目风险形成与演化机理、公共投资项目复杂风险因素识别方法、公共投资项目风险评估与预警模型、大型公共投资项目风险管理等六个方面进行综述分析。

## 第一节　公共投资及其项目
## 风险理论研究动态

国内外有关公共投资风险研究代表性成果，如表 2－1 所示。

**表 2 – 1** 　　　　　　　　　　国内外有关公共投资风险研究代表性成果

| 研究视角 | 代表人物 |
|---|---|
| 风险定义 | Willett（1901）；Hayes et al.（1987）；武井勋（1983）；Cooper & Chapman（1997）；Boehm（1991）；Haimes（1991）；Williams（1993）；美国公共投资项目协会（1992）；Sideman（1992）；Jaafari（2001）；Kasap & Kaymak（2007）；Fang & Marle（2012）；文兼武等（2014）；尹贻林（2010）；王立国（2009）；郭长强（2004）；陈赞等（2003）；王宏伟（2008） |
| 风险因素分类与识别 | Zioa et al.（2012）；Car & Tah（2010）；Said & El-Rayes（2010）；Luu（2009）Jiang et al.（2009）；Fang & Marle（2012）；Lee et al.（2009）；Guikema（2009）；Dikmen et al.（2007）；Kasap & Kaymak（2007）；Burkle et al.（2005）；Motawa（2006）；Rehan & Tahir（2005）；Fan & Yu（2004）；Tummala & Burchett（1999）；Ebrahimnejad et al.（2010）；Lee & Daniel（2003）；Poller et al.（1993）；Knight & Robinson（2002）；Lin & Chen（2004）；方卿（2002）；孙成双和顾国昌（2005）；高小平（2006）；沈固朝和朱红（2003）；李金昌（2007）；张月鸿等（2008）；简新华等（2009）；汪涛等（2010）；贾康（2010）；郑玉歆（2011）；汪同三等（2014）；黄志刚（2014）；张金隆等（2000）；符志民（2007）；姜蓓蕾等（2008）；王雪青等（2010）；张一文等（2010）；刘炳胜（2010） |
| 风险形成与演化机理 | Chen et al.（2012）；Mihalache & Ionescu（2010）；Xie et al.（2010）；Simonsen et al.（2008）；Lehtonen（2008）；Hunsucker（1996）；George & Holt（2006）；Li et al.（2008）；Ward & Chapman（2003）；Elisabeth et al.（1998）；Tummala et al.（1994）；蔡宁等（2012）；王勇胜和冷亚军（2011）；于立等（2010）；张金隆等（2010）；殷显焕和贾岩（2008）；高云莉等（2007）；曹朝喜等（2007）；姚洪珠等（2007）；袁勇等（2005）；谭力文等（2004）；孙成双等（2003） |
| 风险评估与管理研究 | Javid et al.（2010）；孙峥等（2008）；Papamichail（2005）；Lee et al.（2009）；李林（2007）；冯珍等（2010）；Nokhbatolfoghahaayee（2010）；Nieto-Morote & Ruz-Vila（2011）；Li et al.（2008）；Ebrahimnejad et al.（2010）；张所地等（2010）；王巍等（2010）；孙玮玮和李雷（2011）；赵彦云等（2011）；陆莹等（2010）；邱菀华等（2010）；周国华等（2009）；蔡绍宽等（2008）；陈秀山等（2005）；陈伟（2005）；姜蓓蕾等（2008）；赵丽艳（1996）；顾基发（1995）；于九如（1999） |
| 中国对外大型公共投资项目社会责任风险研究 | Zhi（2016）；孙丽（2008）；吴旺和杨仕教（2016）；乔慧娟（2015）；李一文（2016）；蒲雁（2015）；尚民（2016）；王清平和张胜男（2016）；李一文等（2015）；张中元（2015）；余莹（2016）；王楚楚（2016）；田泽（2016）；孙海泳（2016）；王昱睿（2015）；何帆（2013）；聂名华（2009）；毛显强和刘峥延；刘菲（2013）；聂名华（1995） |

## 一、公共投资及其项目风险管理定义研究

风险是主观不想让其发生而其发生的不确定性。风险是客观存在的，不

确定性是对风险识别者的主观判断。项目风险是某一事件发生对项目预期目标产生不利影响的可能性（Wideman，1992）。

王早生（2003）从广义上认为，只要通过财政、政府融资等公共财政投资建设的工程项目都是公共投资项目。陈赞等（2003）认为，具有垄断性、超余性、公共性、福利性、外部性等特征性质的非营利性、低收费的基础性设施的建设的项目界定为地方公共工程项目。

郭长强（2004）将公共投资项目从狭义上界定为政府财政性资金投资的非营利性的建设工程项目，广义上界定为关乎国计民生的非排他性的由政府出资建设的工程。

沃德和查普曼（Ward & Chapman，1995）提出了项目的九个阶段，具体包括概念、计划、设计、控制、分配、调试、移交、后续、回顾等，在这些阶段上对应相应的风险，以及相应的对策。查普曼（Chapman，1997）在此基础上进一步将项目风险管理从九个阶段一般化，并持续实施于项目全过程。贾法里（Jaafari，1996）基于全寿命期理论，提出实时计划思想，提出实时计划编制方法，全过程规避与防范项目风险。

从过程视角定义风险识别，表现为风险发现、定义、描述、分类以及交流等内容产生于实际发生之前的过程，并从信息源、风险识别、风险清单等三个部分对风险识别进行描述（Kasap & Kaymak，2007）。传统风险管理过于强调计划，以及项目活动与计划一致性，基于多个学科理论基础上，提出项目风险和机会产生的内外部环境是项目不确定性，对项目来说，风险具有负面性，机会具有正面性（Perminova et al.，2008）。

项目风险管理作为一个系统，由风险识别、分析以及对策等组成（Hayes et al.，1987），主要包括风险评价（识别、分析与排序）、控制（风险管理规划、控制计划、跟踪、纠正措施）两部分六要素的项目风险管理活动（Boehm，1991）。为达到利益最大化总目标，项目风险管理贯穿于项目整个生命周期，项目风险管理进行识别、评价及应对贯穿于项目整个生命周期（美国公共投资项目协会，1992）。为此，全面风险管理应运而生，这是风险管理理论的一大变革。全面风险管理将风险估价、概率、决策者风险偏好三者综合考虑对实施过程中的项目的全部风险的全面控制（Haimes，1991）。基于项目决策者决策的间断性，项目风险评价与管理也要随决策变动而连续、动态变动（Williams，1993）。基于项目生命周期（Ren，1994），全寿命期项目风险管理理论将项目风险管理方法与技术贯穿于项目全过程从而服务于项目全寿命目标（Jaafari，2000，2001），这又是一次重大变革。同时，这一思想扩散到海洋与陆上石化项目风险管理之中（Crawley，2004）。风险识别、评估以及分析网络构成了项目综合决策支持系统框架（Fang & Marle，2012）。

基于过程、方位、风险、组织措施的全面特征基础上，王宏伟（2008）提出构建以目标制度、方法、流程、环境等体系为支柱的项目全面风险管理。以能源统计为基础，文兼武等（2014）基于调查全过程，建立质量管理体系。

## 二、公共投资项目复杂风险因素研究

按不同原则和标准，风险有着不同分类。孙成双和顾国昌（2005）按风险主要承担者、可管理性和作用强度三个标准对工程风险进行分层分类；张月鸿等（2008）从后常规科学角度分析了综合风险治理理念及其分类体系，将风险按大小分为小、较小、中、较大、大五类，但过于简单；吉克马（Guikema，2009）利用大量统计数据，借助统计学理论提出了风险分类体系和方法，并把该方法应用于基础设施的风险评估；齐奥等（Zioa et al.，2012）针对核电设施事件，阐述了风险识别与分类问题，并给出了类似的风险管理框架；姜伟杰等（Jiang et al.，2009）采用模糊聚类及模糊相似度方法对水利设施风险进行识别、分类与评估，该方法对水利设施风险管理提供了技术支持，在一定程度上降低了人的主观偏好对结果的影响程度，但单纯采用模糊数学方法刻画事件发生的概率，仍不可避免地受到专业知识、经验等主观因素的影响。

由于投资项目实施是一个动态的过程，除费用、工期等不确定性传统因素外，管理或决策者决策行为不确定性也是主要制约因素之一（Huseby & Skogen，1992）。基于 1990～1992 年美国 3215 件突发事件，霍尔等（Hall et al.，1994）将突发事件界定为公共投资项目风险的影响因素之一。突发事件主要包括：非常规战争、恐怖主义等复杂非常规事件（Burkle et al.，2005）、公共卫生突发事件及其耦合关联事件（Lawrence et al.，2009）、社会责任（周绍朋和任俊正，2010）、政治关联（黄新建和唐良霞，2012）等。

马龙等（Malone et al.，1999）认为在应急响应决策中，复杂的响应任务、资源、响应者和信息流中共享依赖、流依赖和共同依赖的相互依赖性影响公共投资项目复杂风险。戈什和金塔纳帕坎特（Ghosh & Jintanapakanont，2004）通过应用因子分析法识别项目工程中关键风险因素。基于模糊集理论风险因素分析模型，奈特和罗宾逊（Knight & Robinson，2002）、摩特拉瓦等（Motawa et al.，2006）、雷汉和塔希尔（Rehan & Tahir，2005）、李和丹尼尔（Lee & Daniel，2003）等分别从项目成本风险、投标风险、项目变化风险、安全风险、环境风险等视角对项目风险展开评价。

史丹（2002）认为能源利用效率影响着我国公共投资项目的产业选择。慕海平（2004）认为宏观经济发展状况影响公共投资。丛树海、周炜和于宁（2005）认为，公共投资绩效评价影响着我国公共投资方向与风险程度。基于上市公司信息，李维安（2007）提出良好的公司治理能够提升公共投资项目绩效，成为公共投资风险的一个重要因素。简新华和叶林（2009）认为资源节约型社会构建影响公共投资项目复杂风险。郑玉歆（2011）认为，为了真正有效缓解中国面对的资源环境压力，能源节能减排影响着我国公共投资项目的投资取向。林兆木（2014）认为，全球总需求及其结构、宏观经济环境、实体经济竞争态势、贸易和投资环境新变化，以及国内经济比较优势与发展约束条件变化，中国公共投资项目转型升级将发生变化。周杰琦和汪同三（2014）认为，外商直接投资在一定时期内在促进经济增长的同时，加剧了二氧化碳排放量，在一定程度上延缓了公共项目投资。

玛丽娜等（Marina et al.，2009）基于环境影响健康水平决策系统视角展开了环境对公共投资项目复杂风险影响因子的研究。基于实物期权新技术，邢小强等（2009）提出投资项目风险管理框架。张月鸿等（2008）从后常规科学角度分析了综合风险治理理念及其分类体系。通过贝叶斯网络分析技术，汪涛等（2010）对北京某项目的火灾风险展开研究，得出其关键因素。

基于突发事件多样化、复合化等特征，高小平（2006）建议建立健全政府公共危机管理体制。陈志霞等（2014）通过对2007~2012年120起网络舆情重大事件的调查总结，发现政府管理者受网民对社会公正、信任、安全、道德、经济民生、国家荣誉等方面影响投资项目，并促进其积极应对。

黄志刚（2014）认为货币政策通过公共政策传导效应影响企业风险管理。陈辉华等（2008）基于决策主体、程序、方法、制度建设等因素建立公共投资项目决策机制，并基于评价反馈构建公共投资项目决策机制与运行机制模型。王俊豪（2011）、王立国（2008）、何德旭和周中胜（2012）等认为，通过监督管理制度建立、失误决策责任追究制度、项目后评价机制健全、加强政府金融审计、公共投资耦合关联性（韩传峰等，2009）、政府公共人力资本投资（郭庆旺和贾俊雪，2006）等方面提高政府公共投资项目科学决策水平。

## 三、公共投资项目风险形成与演化机理研究

公共投资项目风险发生后的动态演化过程有其自身的规律和机理。风险管理过程（RMP）是一个动态循环过程，包括风险识别、测量、估计、评价、控制与监测等在内，主张项目全过程可持续风险管理（Tummala et al.，1994）。项目全过程风险管理计划集成问题，亨萨克（Hunsucker，1996）认为计划集成是项目风险管理集成基础。兹洛特金和罗森斯坦特（Zlotkin & Rosenschein，1996）提出一个适用于非协作领域的理论协商模型与协议。基于协调理论视角，管理软件需求开发环境下依赖性的协调机制的动态性影响着公共投资项目复杂风险的动态演化。

基于 ConSERV 风险管理模型，风险管理加强和决策支持智能化。吉特尔（Gittell，2002）认为，常规、边界管理人员、团队会议这三个组织协调机制有利于处理包括公共投资项目复杂风险的动态性在内的具有更多动态变化情形问题。公共投资项目风险管理重点是加强不确定性管理，加强机会管理（Ward & Chapman，2003）。霍尔特（Holt，2006）根据金融风险演化规律，对高风险的投资组合和市场描述建立了一个模型框架，对风险演化形式进行了分析；沃多赛克（Vodosek，2007）认为关系、过程和任务这三类群体内部冲突动态发展的关系促进公共投资复杂风险的动态性。

考虑到大型工程项目中存在着传播效应，对风险因素给出了定量研究，提出了风险传播理论。西蒙森等（Simonsen et al.，2008）基于项目系统理论知识，提出自然风险演化模型；莱顿（Lehtonen，2008）研究了风险复杂系统涌现出所有单独主体或部分主体不具有的整体行为特性——涌现性；谢刚等（Xie et al.，2010）基于可变精度粗糙集模型对石油投资项目提出了动态风险管理；塞比和卡拉玛（Cebi & Kahrama，2010）基于模糊信息理论开发

了群决策支持系统。根据 WBS 技术和风险因素传输理论，从风险分解结构来描述工程链的风险传递效应，根据项目链中可能发生的资源占用混乱现象，定义熵风险元素来描述风险所导致的资源重新分配，基于连续的子项目之间的关系、条件概率和矩函数，构建风险传输模型，并用期望值和方差系数评估项目链的风险程度（Chen et al.，2012）。

在国内，学者高云莉等（2007）认为风险集合、管理目标和管理组织都具有动态性，并将工程项目风险管理的动态性和集成化统一起来，初步确立了工程项目风险演化模型；姚洪珠和邓飞其（2007）从演化角度基于美国风险投资行业演化过程，总结了风险投资业的演化规律；常虹和高云莉（2007）建立了多维风险管理矩阵，通过每隔一定时间计算风险矩阵中风险 Borda 值，以此绘制风险函数图，形象地描绘出风险动态变化过程；陈之强和次仁欧珠（2011）基于青藏铁路建设常见的地域分布特征分析了生态风险扩散演化路径，阐述了生态风险扩散演化机理；容志和李丁（2012）根据"项目链"和"时间链"理论得出风险演化具有链式规律的结论，并提出风险叠加的分析框架，用以解释各类公共危机生成的内在机理和过程；蔡宁和黄纯（2012）从复杂网络理论出发，运用仿真模拟方法构建集群结构模型，刻画了不同风险类型下集群结构演化过程，前提是各输入风险变量相互独立，该方法不能显示实际存在的输入风险变量间的相互关系，无法了解诸多风险因素中的关键因素。

谭力文和李文秀（2004）借助 PAEI 分析法对集群的生命周期进行划分，希望从中找到投资项目复杂风险动态演化与政策机制。夏立明等（2005）提出政府项目投资复杂风险动态研究及决策程序建议。孙成双和王要武（2003）、张亚莉等（2004）基于风险因素变化时间性视角，提出风险动态分析方法与项目全寿命期风险管理的系统模型，实施公共投资项目风险动态评价与管理。

陈涛等（2010）、王勇胜和冷亚军（2011）、殷显焕和贾岩（2008）、曹朝喜等（2007）、翟永俊和陆惠民（2007）、袁勇等（2005）、金德民和郑丕谔（2005）等基于工程项目全寿命期集成化理论，提出风险量化与风险评价方法，设计了相应风险管理信息系统框架与风险理论框架，对项目群进行风险演化。

## 四、公共投资项目复杂风险因素识别方法研究

目前，较完善与较成熟的投资项目风险方法有：头脑风暴法、德尔菲法、风险登记表法（PRR）、风险矩阵分析法、风险核对表法、故障树分析法（FTA）、主观概率判断、事件树分析法（ETA）、影响图模型、层次分析法（AHP）、蒙特卡洛模拟法（MC）等。

关于公共投资项目投资冲突，基于冲突协商模型，尹燕超等（Yin et al.，2008）采用粒子群优化算法求解。张丽等（Zhang et al.，2006）利用粒子群算法对决策冲突消解方法求解。

基于多 Agent 建立了冲突检测与解决模型（Polar et al.，1993）。里格斯等（Riggs et al.，1994）借助计算机技术解决了技术、费用、工期等集成风险管理问题。伯切特和布切特（Tummala & Burchett，1999）首次在超高压输送线路费用风险管理中运用 RMP 方法，提出项目风险管理的知识库方法、管理框架及其计算机原型系统。应用因子分析法来识别项目工程中的关键风险因素，提出进度风险分析方法，核电项目安全评定中引入贝叶斯信念网络方法（Jun & Poong，2004），即 JRAP 方法。

范金凤和元昌宇（Fan & Yu，2004）、戴拉和姆查兰（Dey & Ramcharan，2008）、赛义德和艾尔－雷斯（Said & El-Rayes，2010）等应用 BBN 方法识别、分析、预测软件项目以及建设项目风险问题。将风险识别定义为在风险变成问题或影响工程之前发现风险、定义风险、描述风险、对风险进行分类和交流的过程，并描述风险识别的步骤为收集所有信息的来源、识别风险和列出风险清单三步；将贝叶斯网络模型应用到大型工程风险管理中，容易构造风险的因果关系图，同时通过熵计算可以识别工程风险；用相似的理论解决方案（FTOPSIS）和模糊线性规划技术（FLINMAP）的方法建立了 BOT 工程项目风险识别的模型；基于决策支持系统概念和项目风险管理的步骤提出了一种综合决策支持系统框架，该框架包括风险识别、风险评估和风险分析网络。

目前，国内比较典型的投资项目风险分析模型主要有：基于 AHP、模糊理论、灰色理论、影响图分析、神经网络等视角的风险评价模型。

杨继君等（2010）基于突发性、不可预测性等特征提出公共投资项目应

急资源调试模型，对公共投资项目风险因素进行识别。张一文等（2010）基于不确定性演变、群体扩散性特征，系统地分析项目风险涨落规律。符志民（2007）针对航天项目研发提出随机网络模型。冯利军和李书全（2005）通过最优超平面支持向量机 SVM 引入，识别工程项目风险。

王铁成和李新华（2006）在层次分析法确定权重基础上，提出不确定型概念，引入变权概念来考虑各影响因子不均衡性，对影响风险的因素进行识别和综合，得到主要风险因素，该方法分析结果比较接近实际，可应用于重大工程项目的风险识别和评估；付聪和尹贻林（2009）基于政策过程理论针对风险因素进行了系统识别和风险分析，有效地降低政策风险；郭丽强和田延军（2009）识别与分析了分解后项目过程中的风险因素，提高风险识别准确性；刘炳胜等（2010）认为从博弈视角识别工程项目风险更能客观刻画其复杂风险的本质属性；姜蓓蕾等（2008）运用层次分解方法识别了南水北调东线工程可能影响提水、输水和蓄水三大系统正常运行的工程风险因子。上述成果可为进一步开展工程项目风险评估、制订风险预案以及实现系统的项目风险管理奠定基础，但其方法更偏重工程本身的技术层面。

## 五、公共投资项目风险评估与预警模型研究

公共投资项目风险评估与预警是管理和控制风险损失的必要手段。

在国外，构建工程风险评价模糊法，持续性地识别和定量评价项目实施过程中风险源及其后果（Carr & Tah，2001）。莫汉蒂等（Mohanty et al.，2005）集成模糊理论和网络分析法评价与选择工程项目风险。帕帕米切尔（Papamichail，2005）为核安全识别与评估，针对紧急事件，设计了智能决策支持系统。多姆波斯（Doumpos，2010）为银行信用分析与评价，针对信用等级，设计了多目标决策支持系统。贾维德等（Javid et al.，2010）以公共投资修建机场停车站点为例，从成本与利益角度出发，利用蒙特卡洛算法对投资风险进行分析，对项目中存在的未知风险进行检测与监控。阿齐兹等（Aziz et al.，2006）构建经济学模型和风险模型，对项目投资与回报之间的联系进行描述，根据项目涉及的建筑物、现金流等重要部分进行分析整合，构建项目相关经济构架和风险评价模型，并以 BOT 模式下的高速公路为例，验证相关模型的可行性；探讨经济增长与基础设施项目投资之间的关系

（Chatterjee et al.，2006），为工程项目风险预警指标设计提供参考。墨菲和加多尼（Murphy & Gardoni，2006）提出复杂风险评估包含可能性评估和社会损失评估两个方面，其中社会损失评估是评定复杂风险的关键。尼托－莫罗特和鲁兹－维拉（Nieto-Morote & Ruz-Vila，2011）利用不同的数学方法对基础设施建设风险进行评估，该方法适用于评估项目的投资与建设风险，并能够进行初步的项目风险预测，但其通用性是项目风险评估中亟待解决的问题。

在国内，孙峥（2008）提出了大型项目风险评估内容的四维模式，组合构成风险评估空间，使用模糊聚类方法构建风险等级模式，建立先聚类后识别的项目风险等级评估方法体系，为工程项目风险预警指明了重点。王化成和尹美群（2005）认为价值链促进了公共投资项目复杂风险动态预警模式。冯珍和张所地（2010）以公共投资的农业高新项目为例，从外部环境风险、技术本身风险和企业内部风险三方面设计风险评估指标体系，建立了动态评估指标的投资风险模糊决策参数模型。孙玮玮和李雷（2011）将线性加权法应用于水利大坝风险后果的综合评估，较客观地反映大坝风险程度，具有过程直观、计算简单等特点，但仅适用于基础数据和历史资料较全面、完整的工程项目。唐任伍和赵国钦（2012）认为，框架结构完备、组织关系共享、传输机制弹性等跨界合作支持公共服务风险管理。黄速建和王钦（2006）认为中国企业发展环境动态地影响公共投资产业选择，公共投资产业选择动态地影响着公共投资项目复杂风险的预警机制。李金华（2009）从环境经济核算体系构建公共投资复杂风险评估模型。王巍和李强（2010）提出混合智能预警模型，对不同风险状态的自动动态评估，对风险进行智能预警。

## 六、大型公共投资项目风险管理研究

采用 BBN 方法分析、评价项目风险，基于贝叶斯信念网络，提出项目风险管理流程（Lee et al.，2009）。考虑到大型公共投资项目中存在着传播效应，定量研究风险因素，并提出风险传播理论（Li et al.，2008）。用相似的理想解决方案（FTOPSIS）和模糊线性规划技术（FLINMAP）方法建立 BOT 大型公共投资项目风险识别模型（Ebrahimnejad et al.，2010）。

钟学义和张一凡（1991）分析了 1987 年 9 月国家计划委员会颁发的《建设项目经济评价方法与参数》中国民经济评价方法对于超大型工程的适

用性；于九如（1999）对大型工程风险相关理论进行了全面系统的阐述。

基于影响范围大、作用深远、技术复杂、不确定性高以及利益相关者众多等特性，李平和王宏伟（2011）认为，评价理论与方法的科学性和规范性成为大型项目决策的关键。赵彦云等（2011）、陈伟（2005）等基于系统论与生命周期理论，分别将绿色经济、决策机制等作为大型公共投资项目风险的制约因素之一。唐坤和卢玲玲（2004）提出建筑工程项目全面风险管理模型，提出实施全面风险管理十大原则与可应用的工具、方法。马丽仪等（2010）、顾基发（1995）、赵丽艳（1996）等提出大型公共投资项目风险决策方法，避免主观因素影响，用于国防、航空、京沪高铁（周国华和彭波，2009）等重大投资项目。

姜蓓蕾等（2008）运用层次分解方法识别南水北调东线工程可能影响提水、输水和蓄水三大系正常运行的工程风险因子，但其方法更偏重工程本身的技术层面。以地铁安全运营为例，陆莹等（2010）集成创新建立模糊贝叶斯网络风险评价方法。孙玮玮和李雷（2011）将线性加权和法应用于水利大坝风险后果的综合评估，较客观地反映大坝风险程度，具有过程直观、计算简单等特点，但该方法仅适用于基础数据和历史资料较全面、完整的公共投资项目。

# 第二节　简要述评

## 一、简要述评

从以上文献看出，国内外学者对于公共投资项目复杂风险形成与演化机理、识别、评估与预警模型等研究得较多且较系统。对创建对外大型公共投资项目复杂风险动态监测与预警防范机制的研究较少。为此：

（1）针对某个特定公共投资项目本身风险识别、模拟、评估和预警管理的各种方法、实证和相应风险防范预警支持系统方面研究较多，侧重经济风险评估及预警的实现技术与方法或对已有方法在某些方面改进意见的较多，然而，针对公共投资项目特有复杂背景和风险识别、多种方法综合动态监测与预警机制研究等还比较少。

（2）项目风险演化的研究大部分针对单一风险演化规律，多数研究普遍以静态分析为隐含方法论基础，不符合项目风险的复杂性与动态性特征，风险防控效应严重滞后。

（3）由国内外文献检索可知，国内外学者对公共投资项目风险定义、因素分类与识别方法、形成与演化机制、评估与管理等理论进行了长期、多角度的大量研究，形成了较系统的理论体系。从本书以上分析看，对外公共投资项目风险的研究主要是从经济风险视角进行研究的比较多，基于社会责任视角的对外公共投资项目风险问题研究较少。为此，对中国对外公共投资项目风险的研究应该从社会责任风险视角展开深入研究。

（4）由国内外文献检索可知，国内外专家学者主要从利益相关者、外部不经济、社会责任、可持续发展等理论对公共投资项目风险展开了研究，形成大量投资项目风险理论相关理论研究成果，这为本书的研究提供了较多理论与实践指导，为本书构建中国对外公共投资项目社会责任风险综合评价指标体系打下了良好的基础。同时本书也发现，国内外学者对中国对外公共投资项目风险的研究的内容体系没有基于一定社会责任标准展开系统性的研究，更没有基于国际社会责任标准进行综合性研究。

## 二、有待研究的问题

（1）如上所述，当前国内外学者对对外公共投资项目风险研究较多，但是，当前有关对外公共投资项目风险的研究主要针对经济风险视角，针对社会责任风险研究视角比较少。基于当前中国对外公共投资项目风险已从传统的经济风险向社会责任风险转变，为此，急需从社会责任风险视角对中国对外公共投资项目风险展开系统性的研究。

（2）国内外研究对外公共投资项目社会责任风险的研究虽然有一定成果，但是，未能按照国际社会责任标准对中国对外公共投资项目社会责任风险展开研究，更没有按照国际标准化组织最新颁布的 ISO 26000《社会责任指南》标准展开中国对外公共投资项目社会责任风险的研究。

# 第三章

# 对外大型公共投资项目社会责任风险研究

　　随着社会责任日益成为当前理论界与实践界关注的热点问题，中国对外大型公共投资项目社会责任风险问题更是作为西方部分发达国家作为新的"贸易壁垒"来抑制中国对外公共项目投资，加剧了中国对外大型公共投资项目风险，这是当前迫切需要解决的问题。2010 年 11 月颁布的 ISO 26000《社会责任指南》标准为我国对外公共项目投资提出了新的要求，也带来新的机遇。如何基于 ISO 26000《社会责任指南》标准减少或者避免我国对外大型公共投资项目风险成为当前研究对外投资风险的攻坚与关键期。为此，本书将从国内外有关中国对外大型公共投资项目社会责任风险、ISO 26000《社会责任指南》标准对中国对外大型公共投资项目社会责任风险影响研究等方面的研究现状及发展动态进行综述分析。

　　国内外有关公共投资风险研究代表性成果，如表 3 - 1 所示。

表 3 – 1　　　　　　国内外有关公共投资风险研究代表性成果

| 研究视角 | 代表人物 |
| --- | --- |
| 中国对外大型公共投资项目社会责任风险研究 | 徐昕旖等（2010）；孙丽（2008）；吴旺和杨仕教（2016）；乔慧娟（2015，2019）；张水波、杨秋波和张毅文（2016）；李一文（2016）；蒲雁（2015）；尚民（2016）；王清平和张胜男（2016）；李一文和唐莉（2015）；张中元（2015）；余莹（2016）；王楚楚（2016）；田泽（2016）；孙海泳（2016）；王昱睿（2015）；何帆（2013）；聂名华（2009）；姚凯和张萍（2012）；毛显强等（2013）；聂名华（1995） |
| ISO 26000《社会责任指南》标准对中国对外大型公共投资项目社会责任风险影响研究 | 何伟俊（1995）；徐启明（2003）；丰帆（2005）；阎寒梅（2008）；黎友焕等（2010）；徐海云（2010）；罗素婧等（2013）；李仲学等（2013）；黎友焕等（2010，2012）；刘青（2010）；徐海云（2010）；王晓光（2011）；黄志雄（2011）；李清（2011）；王立峰（2013）；蒋伏心（2009）；张向前（2013）；中国标准化研究院课题组（2010）；许晖等（2006，2007，2009）；李青（2010）；齐丽云（2017） |

# 第一节　中国对外大型公共投资项目社会责任风险研究

## 一、中国对外大型公共投资项目社会责任风险研究

关于中国对外公共投资项目社会责任风险有关问题主要在国内展开。具有代表性的有：徐昕旖等（2010）等从环境视角研究了对外公共投资项目的社会责任风险问题，强调要对环境、社会、生态等效益与经济效益之间的关系进行正确处理，不得出现偏失。孙丽（2008）基于国际投资发展规律，采用模糊综合评价方法纳入中国对外公共投资项目风险评估体系中，构建了中国对外公共投资项目风险评估体系框架，并进一步运用案例进行验证。吴旺和杨仕教（2016）以中国矿业企业对外投资风险为例，将 G1 法与灰色关联分析法结合，构建了矿业企业对外公共投资项目风险的评价模型，并验证了该模型的有效性与适用性。乔慧娟（2015，2019）针对中国对外承包工程在投资中面临的政治、政策变动、自然、法律、企业管理等方面的问题，通过尽职调查、海外投资保险、企业风险监控体系等减少对外承包工程投资风险。

张水波、杨秋波和张毅文（2016）从东道主环境、对外投资项目复杂性、对外投资项目利益相关者等多个维度阐述了当前对外基础项目投资面临的风险，提出寰球化视野、全过程管控、多层次的系统保障等应对策略。米家龙和李一文（2015）从政治、文化、自然、经营、法律等五个维度分析了境外投资风险，运用全概率定义中国对外公共投资项目风险预警指标。通过修正预警指标，得出对外公共投资项目与海外股票投资具有二次曲线关系的结论。

蒲雁（2015）通过对中国铁路企业对外投资项目面临的风险问题，从经济、社会、政治等视角对风险因素进入深度分析，进而把控与预防投资风险。

尚民（2016）从知识产权角度分析了当前对外公共投资风险问题，提出通过制定知识产权相关政策法规提升中国对外公共投资项目国际竞争力。

随着人民币国际化的深入，王清平和张胜男（2016）深入分析了其对中国对外直接投资的影响，得出人民币国际化的不断推进将成为中国对外经济交往与对外直接投资的重要组成部分。

李一文和唐莉（2015）从宏观、中观、微观三个维度分析了中国海外公共投资风险主要面临的问题，运用模糊综合评价法针对湖南省海外公共投资项目风险类型与程度加以识别、量化与综合评价，并为湖南省海外公共投资项目可持续发展提供对策和建议。

张中元（2015，2019）认为，随着中国企业对外投资增长的迅速发展，企业环保意识不足、与东道主居民冲突不断、劳资关系紧张、投资利益损失等问题加剧了中国对外公共投资项目风险，为此，提出履行社会责任加强软实力竞争可以化解对外公共投资风险问题。

余莹（2015）认为，"一带一路"倡议为中国大规模对外基础设施投资提供了机遇，源于地缘政治压力与复杂化的影响，从项目政策定位明确、BIT保护加强、多种投资方式综合、透明度原则加强等加强政治风险管控，化解对外基础投资项目政治风险。

王楚楚（2016）认为，随着中国对印度尼西亚经济贸易与投资力度的加大，但从贸易规模以及贸易排名视角中国企业对印度尼西亚进行投资必然存在一定政治风险，为此，需要深入了解与风险相应的政治风险，并制定相应对策措施规避中国对印度尼西亚公共投资项目的政治风险。

田泽等（2019）以中国高铁对外投资为例，运用主成分与聚类分析法，量化分析"一带一路"沿线沙特阿拉伯等20多个国家或地区投资环境，根据风险大小划分为Ⅰ类、Ⅱ类、Ⅲ类国家，进一步提出海外投资风险预警机制、高铁全球布局、新型跨境融资模式、中国高铁标准国际化等策略。孙海泳（2018）通过对中国参与非洲港口建设项目的案例展开研究，认为环境保护问题、东道主民族主义情节等社会风险问题，外加地缘政治风险等相互交织、互为触发，增加了中国对外基础设施项目投资风险，为此，需要强化社会风险防范系统，构建多方合作平台的利益相关方共同体。王立国和王昱睿（2019）基于海外投资体制视角，从微观、中观、宏观三个层次分析"一带一路"沿线国家或地区对外基础设施投资项目特征及面临风险，并进一步从政府、金融机构、企业三个层面提出防范"一带一路"项目风险政策建议。朱鹤、李若杨和何帆（2019）从当前海外直接投资现状出发，从当地政府、当地社区、非政府组织、员工对海外投资潜在风险四个方面考察了中国对外公共投资公司的合法性，认为这种合法性与直接冲突合法性的定义不同是中国海外公共投资项目风险的主要来源。

聂名华和齐昊（2019）认为政治、民族主义、汇率、恐怖主义、文化、政策、法律等引起的国际政治经济动荡与国际竞争加剧、投资环境不稳定等因素增多，加大了中国对外公共投资项目的风险。姚凯和张萍（2012）在对政治风险量化分析中引入理论模型，通过构建中国企业对全球政治风险量化评估基础上有效预测东道主国家或地区的政治风险。张剑智、张泽怡和温源远（2021）以对非洲合作现状为例研究了非洲对绿色发展与环境保护的要求，就有关对非洲投资的环境管控等方面提出了相关建议。许军（1989）构建了中国海外直接投资风险估量方法，并加以验证与应用。

## 二、ISO 26000《社会责任指南》标准对海外大型公共投资项目社会责任风险影响研究

### （一）国外关于ISO 26000《社会责任指南》标准研究

国外关于ISO 26000《社会责任指南》标准研究，研究主题主要包括：

（1）关于ISO 26000《社会责任指南》标准制定程序的质疑研究。ISO 26000《社会责任指南》标准在制定过程中参与者主要是西方发达国家的代表，未能很好地保障欠发达国家或地区代表者的意见表达。

（2）ISO 26000《社会责任指南》标准对现有社会责任国际体系进行了

挑战研究。从供应链企业视角研究 ISO 26000《社会责任指南》标准实用性，并进一步从质量管理体系视角研究了 ISO 26000《社会责任指南》标准对现有质量管理体系的挑战。同时，还指出了 ISO 9000 与 ISO 14000 如何影响 ISO 26000《社会责任指南》标准的制订。谈判如何推动 ISO 26000《社会责任指南》标准制订（徐海云，2010），并从公共政策、跨国民主等视角研究了其对 ISO 26000《社会责任指南》标准的影响。

（3）ISO 26000《社会责任指南》标准应用问题（罗素婧，2013），主要探讨了 ISO 26000《社会责任指南》标准如何通过供应链在发展中国家或地区进行推广，以及如何适用问题、社会责任对发展中国家和中小企业、ISO 26000《社会责任指南》标准在各行业应用实践等问题，得出了《社会责任指南》标准极大影响发展中国家及企业。

（4）ISO 26000《社会责任指南》标准对管理水平与标准化的影响。ISO 26000《社会责任指南》标准对企业声誉和忠诚度影响、对 ISO 26000《社会责任指南》标准对国际标准化影响；履行 ISO 26000《社会责任指南》标准对跨国企业管理水平与决策提升有一定促进作用。其他相关研究主题还有：基于 ISO 26000 社会责任报告研究、社会责任议题处理方式导致与特定背景脱离的研究批判等。

（二）国内关于 ISO 26000《社会责任指南》标准研究

国内关于 ISO 26000《社会责任指南》标准对中国海外公共投资项目影响的研究，研究主题主要包括：

（1）ISO 26000《社会责任指南》标准对中国海外直接投资影响（徐海云，2010；罗素婧等，2013）。

李仲学等（2013）在中国对外直接投资过程中，从系统风险（包括政治、经济、社会以及技术等）和组织能力建设（包括治理、技术、经济、素质等）两个方面提出了应对 ISO 26000《社会责任指南》标准风险的策略。黎友焕和郑茜（2015）详细阐述了社会责任的基本概念及其特征，强化基于 ISO 26000《社会责任指南》标准，强化中国海外直接投资的社会责任，鼓励机构投资者履行社会责任。

刘青（2010）从环境信息披露视角研究了 ISO 26000《社会责任指南》标准对中国对外直接投资的影响，得出环境信息披露完整性与对外直接投资风险呈反方向变动。黎友焕和陈小平（2010，2012）认为，ISO 26000《社会责任指南》标准作为发达国家新的贸易壁垒加剧了中国对外直接投资的风险。

徐海云（2010）认为，当前中国企业承担社会责任主要表现为被动、跟风与分散状况，因此，ISO 26000《社会责任指南》标准的履行在一定阶段内对中国海外直接投资不利，加大中国海外直接投资风险。王晓光和付先凤（2021）等将 ISO 26000《社会责任指南》标准视为发达国家针对发展中国家的新的贸易壁垒。

（2）影响中国海外公共投资项目社会责任因素。

关于影响中国海外公共投资项目社会责任因素，主要包括：黄志雄和左文君（2012）等基于《跨国公司和其他工商业在人权方面的责任准则（草案）》（2003）和《工商企业与人权：实施联合国"保护、尊重和补救"框架指导原则》（2011）论述了企业人权对中国海外公共投资项目的社会责任的影响。花拥军、王冰和李庆（2020）等基于利益相关者理论研究了消费者问题对中国海外公共投资项目的社会责任的影响。李臻和张向前（2018）、舒欢和蒋伏心（2020）、赵锡斌（2010）等论述了保护环境角度对中国海外公共投资项目的社会责任的影响。这些研究得出比较一致的结论是：ISO 26000《社会责任指南》标准履行在一定时期内能够有效监管企业社会责任问题。

（3）中国企业国际化社会责任风险及应对措施。

中国标准化研究院课题组（2010）经过研究得出 ISO 26000《社会责任指南》标准履行与遵守是全球未来趋势。超鸿燕（2014）认为我国企业在"走出去"过程中面临巨大社会责任调整，从企业战略、外部供应链、组织治理等方面履行社会责任促进中国海外投资可持续发展。

王明月（2018）以中国电建为例，基于社会责任视角探究了中国企业"走出去"战略中面临的问题，认为履行相关社会责任有利于实现中国企业"走出去"战略的实施。

于鹏和李丽（2016）以密松水电站项目停建为例，对照 ISO 26000《社会责任指南》标准，研究了社会责任要求对中国"走出去"企业的实际影响，并从 ISO 26000《社会责任指南》标准七大主题提出相应对策。

马金华、刘锐和许晖（2019），黄晓英和肖云月（2005）等从当地社区发展、相关人员、东道主地区环境等视角研究了中国企业"走出去"面临的社会责任风险。其他有关 ISO 26000《社会责任指南》标准的研究主题还有：ISO 26000《社会责任指南》标准条件下中国企业国际化之路（李青，2010）、ISO 26000《社会责任指南》标准风险与绩效评价研究（齐丽云、汪瀛和吕正纲，2021）等。

## 第二节 国内外有关公共投资项目社会 责任风险理论基础研究动态

### 一、利益相关者理论

传统的企业理论是股东至上理论。股东至上理论指的是股东作为企业所有者，其投入实物资本形成的企业财产因其承担了企业相应剩余风险而享有企业剩余控制权与剩余索取权。追求股东利益最大化是企业经营唯一目标，管理者仅仅作为企业员工，接受企业股东委托遵照股东意愿行使利益控制权。利益相关者理论是对传统理论在实践中的质疑中发展起来的。利益相关者概念最早溯源 1790 年，意为赌博下注的人或物，后来延伸至某项活动或企业"投注"之人。首次正式提出利益相关者是 1963 年的斯坦福研究院。企业是人力资产和人际关系的集合概念奠定了现代利益相关者理论基石。安索夫（Ansoff）于 1964 年将利益相关者界定为综合考虑管理人员、股东、供应商、工人以及分销商等各个利益相关者，他们通过追求各自的相互间冲突的索取权促使企业制定出兼顾各个利益相关者利益的理想企业目标[1]。但是，到目前为止，对外利益相关者的界定在学术界尚未统一（多纳德逊和邓非，2001）。

---

① 吕臣，孟华，刘肖梅. 探寻利益相关者理论的产生与发展［J］. 广东财经职业学院学报，2008（4）：39 – 42.

## （一）利益相关者界定

利益相关者经典概念是弗里曼（Freeman）于 1983 年界定的，认为能影响企业目标实现或者被企业目标实现所影响的个人或群体都可以界定为企业利益相关者，将企业股东、员工、供应商、政府部门、债权人、消费者以及相关社会组织、社会团体、社区人员等有利益相关的都纳入其范畴。随后，他从三个角度划分，将持有公司股票的股东界定为企业所有权利益相关者，将与公司有利益相关的债权人、经理人员、供应商、员工等界定为企业有经济依赖性的利益相关者，将政府媒体、公众等界定为社会阶层的利益相关者。克拉克森（Clarkson，1995）认为作为利益相关者组成系统的企业，企业目标应该是为所有利益相关者创造财富与提升价值。依据与企业紧密程度及在企业经营活动中所承担经营风险方式不同，分为主动利益相关者与被动利益相关者两类。主动利益相关者是指那些向企业投入了专用性资本并承担相应的企业风险的个体或群体，这包括人力资本和非人力资本。被动利益相关者是指由于企业风险行为使得其被动处于风险之中的个体或者群体。这被后来认为是从狭义上对利益相关者进行分类。克拉克森又进一步将利益相关者界定为首要利益相关者与次要利益相关者，具有较强的认同性。米切尔（Mitchell，1994）在考察了 27 种定义后，经过梳理，总结了利益相关者一般具备影响力、合法性、紧迫性三个条件。影响力是指在企业决策中的地位、能力及相应手段的话语权。合法性是指道德与法律赋予的索取权的程度。紧迫性是指向企业管理层拥有诉求权程度。后来，利益相关者又进一步细分为三类：第一，确定型利益相关者，是指包括大股东、拥有人力资本的经理层等拥有对企业合法性以及影响性的群体；第二，预期型利益相关者，影响程度小于第一类，仅为企业合法性、影响性以及紧迫性中的两项；第三，潜在型利益相关者，仅为企业合法性、影响性以及紧迫性中的一项。大卫·惠勒（David Wheeler）于 1998 年依据与企业紧密性程度差异将利益相关者分为四类：第一类，一级社会性利益相关者，是指消费者、投资者、员工、债权人、商业合伙人等与企业有直接利益关系的群体或者个人；第二类，二级社会性利益相关者，是指当地居民、相关企业、社会团体等与企业有间接利益关系的群体或者个人；第三类，一级非社会性利益相关者，是指自然环境、人类后代等与企业有直接影响，但不与具体的人发生联系的群体或者个人；第四类，二级非社会性利益相关者，是指不包括与人联系，如非人物种等对企业有间接影响的群体。国内学者贾生华和陈宏辉（2002）基于专用性投资角度，将利益相关者界定为兼顾专用性投资与承担风险，对企业目标有影响力的个体或者群体。

### （二）利益相关者理论的理论基础

第一，资产专用性资源依赖理论与关键资源提供者理论。企业资本来自两个部分：企业股东，其提供的是物质资本；员工、债权人、消费者等，其提供的是特殊的人力资本。基于资产专用性资源依赖理论以及关键资源提供者理论，提供物质资本的主体股东及提供人力资本主体员工、管理者等享有企业剩余控制权与剩余索取权，即企业所有权。

第二，企业本质理论。团队生产理论、科斯交易费用论、委托－代理理论共同点在于企业本质是"一系列契约连接"而成，认为企业为股东所有，基于传统认识，物质资本相对于人力资本更稀缺性，更具有专用性，承担相应更多的风险。因此，股东是企业所有剩余所取权的享有者。利益相关者理论认为，作为企业特殊群体的员工、债权人、客户、供应商等向企业提供人力资本。人力资本通过其专用性越来越成为现代企业存在发展关键性要素之一，其投资者相应承担更大风险。作为难以被复制的专用性资本与可以被市场复制的资本，人力资本所有者与非人力资本所有者基于专用性投资共同性在承担相应风险的同时，都应该获得企业剩余索取权的分享权。布莱尔等（Blair et al.，1995）认为剩余风险承担者不仅仅是股东，还包括雇员、债权人、供应商。杨瑞龙等（2001）基于基本企业理论模型，提出从单边治理到多边治理概念。周其仁（1996）提出企业是人力与非人力资本的特别市场合约的概念。方竹兰（1997）提出了劳动雇佣资本新概念。特别是21世纪是知识经济时代，人力资本所有者越来越具有稀缺性，其承担风险也越来越大，人力资本成为主要的创新能力与创新源。股东在现代企业组织中仅承担有限责任，通过投资多元化化解风险，部分剩余风险转移给债权人等其他利益相关者，不能独享剩余索取权。基于"企业是一组契约"的企业本质论，利益相关者理论把企业理解为"所有相关利益者之间的一系列多边契约"，既包括传统理论上的股东，也包括管理层、员工等在内的其他利益相关者。基于契约理论，契约各参与者享有平等谈判权，确保利益共享。契约又分为显性契约和隐性契约。企业股东、管理层、员工等与企业关系为显性契约；债权人、政府、消费者、社区等与企业签订隐契约，这些隐性契约基于专用性投资为基础。

第三，企业目标。全球开始关注企业社会责任可以追溯到 20 世纪 70 年代。随着工人实践运动的兴起，企业不再仅仅承担经济责任，企业也应当承担社会责任。社会与企业开始意识到企业在承担经济责任的同时，还要相应承担法律、环境保护、道德和慈善等方面社会责任。为此，美国《宾夕法尼亚州 1310 法案》于 1990 年 3 月 27 日通过，要求在进行反收购时更多考虑各利益相关者利益。企业在追求经济利益最大化的同时，也要兼顾其他利益相关的利益。当今世界是社会责任实践。为此，现代企业目标不仅仅是股东所追求的经济利益，而是追求企业社会效益与经济效益并存，实现可持续发展。

## 二、外部不经济理论

外部不经济是指基于环境资源不可分割特性，某些经济体因其他经济体某一经济行为导致自身受到一定损失，但又得不到相应补偿的经济现象。即，A 经济体为获得一定经济利益而采取了一定的经济活动，生存在同一环境下，B 经济体却因为 A 经济体采取的这一经济活动而遭受了一定的经济损失，但是，B 经济体的这一部分经济损失，A 经济体却不需要承担成本。这就是外部不经济产生的过程。基于经济体所处的经济环境的不可分割性，或者经济成本界定较高或无法界定等原因导致外部不经济产生。物品的公共性以及物品部分公共性属性产生经济体不会因使用它而付出成本，也不会因不使用它而获得补偿。外部不经济是相对外部经济而言。

外部经济是指当整个产业产量扩大时，产业内各企业生产成本平均下降的生产模式，有时，也被称为外部规模经济、范围经济等。一般来说，市场容量与区位、企业发展、产品地区分布等属于企业外部范畴。外部经济表明产品消费或生产收益小于社会收益，即物品消费或生产成本高于社会成本。外部经济引起外部经济的物品供应不足。

## 三、社会责任理论

### (一) 企业社会责任概念研究

奥利弗·谢尔顿于 1923 年提出企业社会责任概念。良好运行的商业活动与商业道德实践更好地促使公司发展。在实践中，约克郡郎特里公司首次将社会责任纳入道德因素中，并在实践中尝试满足企业内外各种人需要。戴维斯 (Davis, 1960) 认为，社会中每个人都应从社会整个系统来界定个人行为，并对其自己的行为承担相应的责任。卡罗尔和夏巴纳 (Carroll & Shaba-na, 2010) 首先提出企业在行驶自己公司行为的同时考虑其对社会的影响纳入企业社会责任思想中。

麦圭尔 (McGuire, 1963) 从经济、法律环境等视角解释企业责任，企业应当履行包括社会责任在内的经济、法律规定的或者没有规定的义务。社会责任是指在考虑自身利益的基础上这一经济行动决策者有义务积极采取措施增加社会福利。

美国经济发展委员会 (CED) 在《工商企业的社会责任》 (1971 年 6 月) 中提出，社会对企业期望用企业责任的三个"同心圆"来描述。作为企业最基本功能责任的内圈责任促进经济功能有效执行，具体表现为产品与服务提供、就业机会增加等；中圈责任与经济功能相联系，围绕并由经济功能派生，起到社会价值观、社会偏好变化的有效感知，主要包括环境保护、员工关系、产品安全、公平待遇、信息对称等；外圈责任作为新出现但未确定的特征进一步超越经济功能，是对社会环境积极改善、社会问题解决等的期望，主要包括城市病、应对社会贫困等。

卡罗尔 (Carroll, 2021) 将企业社会责任界定为在某一特定时期内社会各方对组织所寄托的期望，即：企业所有社会责任 = 经济责任期望 + 法律责任期望 + 伦理责任期望 + 慈善责任期望。经济责任期望是企业最基本的责任，也是社会对企业的最基本的要求。盈利是经济责任期望目标，通过制定正确政策降低成本，关注股息政策合理性。通过法律形式对企业提出的必须履行的要求是法律责任期望。企业承担包括消费者权益等在内的法律所赋予的一切责任。伦理责任期望是社会对企业的伦理期望。基于企业为获得长期经营而遵循的游戏规则，法律责任期望和伦理责任期望也可视为法律规则和伦理规则。慈善责任期望表现为希望企业通过企业救助、捐款、产品和服务赠送、社区建设与发展、教育投入等慈善公益性活动来为政府解决一定社会问题。慈善责任期望是企业自身主动承担，不是法律要求，也不是一般伦理要求。根据重要性，卡罗尔将社会责任内涵用"金字塔"形结构进行先后次序。经济责任期望、法律责任期望、伦理责任期望、慈善责任期望依次递减，即为"卡罗尔结构"，4—3—2—1 依次为其相应权数。具体如图 3－1 所示。

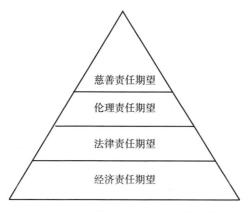

**图 3－1　企业社会责任"金字塔"模型**

**（二）企业社会责任主要支持理论**

20 世纪 80 年代至 90 年代末，企业社会责任主要支持理论，例如，企业社会契约理论、社会投资理论等逐步形成，并推动了欧美企业社会责任运动。

基于社会契约，企业与社会关系产生。社会提供了企业的存在条件，企业履行社会要求的社会责任。作为企业社会契约两个主体企业与社会，由于利益冲突导致分开的实体，通过协调解决其冲突问题，进而构建包括企业与社会在内的社会契约。这个社会契约在社会法律体系与道德体系层面达成相对满意共识，并随时间、环境等变化而变化。

克拉克森（Clarkson，2001）认为，企业社会责任作为一种特殊投资，呈现在企业对社会环境的一种表现形式。作为企业社会责任的一种社会投资，沃德克（2000）把经济领域的利益相关者界定为内部利益相关者，把社会与生态环境领域的利益相关者界定为外部利益相关者。企业要将投资同时投向内部与外部相关利益相关者；企业通过履行社会责任获得长远利益，这种利益包括经济利益与社会利益。企业主要是通过慈善行为履行其社会责任，这种行为长期看来是作为"市场"投资而存在，其投资回报以"无形资产"形式体现在政府、社区、社会、员工等对其的看法与认可。

豪普金斯（Hopkins，2009）认为，企业社会责任是企业对社会投资的一种积累，企业通过社会投资提高其社会美誉度，引起消费者更多关注，对企业产品或服务的忠诚度与认可度进一步提升，"无形资产"的市场价值进一步溢价。

斯密斯（Smith，2003）认为，企业社会责任是企业通过经营活动获得的声望或荣誉资本的积累结果，主要在社会上获得，这种声望/荣誉资本促进企业经济与社会效益的提高。

对企业社会责任影响与支持最大的是利益相关者理论。利益相关者理论已经在上面进行详细论述了。

兰托斯（Lantos，2001）首先将利益相关者理论与企业社会责任思想联系起来。结合企业对利益相关者和伦理规范的关注与企业对社会责任的关注，企业决策行为、企业产出与企业经济行为等有利于企业广义上的利益相关者。利益相关者理论成为评估企业社会责任的最主要的理论框架之一。

（三）企业社会责任准则

"可持续性"作为欧洲企业社会责任核心概念，源于联合国报告关于"可持续发展"的界定。企业定期举行与利益相关者对话是欧洲企业管理层在实践中为实现可持续发展所发起一项活动，这一活动得到欧洲企业界普遍认可。特别突出的就是英国石油公司与英荷壳牌石油公司。20 世纪 70 年代，西方发达国家逐渐兴起的企业社会责任运动，主要是围绕劳工、新环境保护、消费者的运动展开的。企业行动所影响到的他人、环境、社会等一切后果承担相应责任成为企业社会责任的主题，自然资源、商业伦理、生态环境、劳动者权益等与企业自身利益一并成为企业追求的目标，最终达到人类与自然环境高度一致的可持续发展的终极目标。在多边国际组织、众多非政府组织共同努力下，联合国"全球契约"、社会责任国际 SA 8000、国际标准化组织 ISO 14000 和 ISO 26000、《跨国公司准则》（经合组织）、《可持续发展报告指南》（全球报告倡议组织）等一系列国际公约、标准、准则、指南等相继诞生。

第一，联合国"全球契约"。联合国时任秘书长科菲·安南1999年1月提出，2000年7月正式启动。"全球契约"（联合国）提出全球共识十项原则，主要包括劳工、人权、反腐败、环境等。截至2022年5月，联合国"全球契约"已成为世界上最大的、自愿性的企业社会责任倡议，囊括了多达10000家企业和3000多家其他利益相关方会员，涉及国家或地区170多个。

第二，社会责任国际SA 8000。社会责任国际SA 8000是1997年社会责任国际（SAI）发布的社会道德责任标准。社会责任国际SA 8000涉及童工、强迫与强制劳动、结社自由和集体谈判权、歧视、健康与安全、惩戒措施、报酬、管理系统、工作时间等九个方面，是供第三方认证体系使用的统一、可供核查的标准，主要涉及供应商、公司自身、分包商及供应商人员和家庭工等利益相关者。截至2011年，社会责任国际SA 8000囊括了62个国家或地区的2919个机构，涉及行业65个，获得认证机构最多的前十位国家或地区依次为印度、中国、意大利、巴西、巴基斯坦、越南、西班牙、罗马尼亚、中国台湾、菲律宾。

第三，国际标准化组织ISO 14000和ISO 26000。1996年9月，国际标准化组织ISO 14000正式颁布《环境管理体系规范使用指南》，即ISO 14001。这个环境管理体系主要针对企业行为，是对企业行为产生重大影响的首个国际性文件，主要涉及环境方针、实施与运行、管理评审、规划、检查与纠正措施等五大部分17个要素。截至2015年12月，已有130多个国家或地区采纳国际标准化组织ISO 14000系列标准，成为质量与环境管理体系公认的国际标准。

第四，经合组织《跨国公司准则》。2000年6月，经合组织（OECD）颁布《跨国企业标准》，主要针对规避跨国公示不当行为。经合组织《跨国公司准则》要求加入国政府共同目标是：确保跨国企业业务与政府政策一致性，强化企业与社会相互信任基础；助力外国投资环境改善，尽最大可能减少跨国企业遇到的各种业务困难。

第五，全球报告倡议组织《可持续发展报告指南》。1997年，"全球报告倡议"项目部（GRI）由美国非政府组织"对环境负责的经济体联盟（CE-

RES)"成立。在"超越环境"理念下，确保企业与其他组织遵循 CERES 提出的负责任的环境行为原则，将环境、治理、社会、经济等纳入该报告框架范围内。2000 年 GRI《可持续发展报告指南》首次在全球发布。截至 2014年 11 月，GRI 已收录 20881 份 GRI 报告。

### （四）关于社会责任和风险管理关系

张旭、宋超和孙亚玲（2010）以 2003～2007 年 59 家医药上市公司为例，研究了企业社会责任与竞争力之间关系，得出企业社会责任与企业竞争力呈现正相关关系。同时，公司规模与企业社会责任也呈现正相关。

邵兴东和高清（2016）基于企业资源论、企业动态能力论、企业制度理论等视角，探究战略性企业社会责任行为形成企业竞争力的机制和路径。研究结果表明，战略性企业社会责任行为与企业声誉、企业可持续性竞争力具有正相关关系。

王志乐（2012）、刘藏岩（2010）等认为，履行社会责任促进企业"软竞争力"提升，基于社会责任履行跨越国际壁垒、提升企业国际社会形象，实现可持续发展。王清刚和徐欣宇（2016）认为，在创新驱动国际背景下，社会责任已成为除技术、资本、人才等之外主要的竞争因素，作为创造价值与履行社会责任于一体的企业必须通过履行社会责任提升其国际竞争力，促进实现企业价值创造目标。

吴华明（2015）认为，在民营企业海外投资快速增长背景下，民营企业海外投资履行战略性社会责任的价值与紧迫性，同时，指出民营企业海外投资履行战略性社会责任的不足，进而提出一定对策。

侯仕军（2015）将企业海外投资社会责任风险诱因分为企业网络化、社会属性、企业责任竞争价值、社会责任嵌入行为等，基于微观机制，从现状梳理、战略统领、理念塑造、竞争举措等四个环节加强企业海外投资社会责任风险管理。

穆罕默德·尤努斯（2009）认为，企业社会责任主要分为"弱企业社会责任"和"强企业社会责任"。"弱企业社会责任"界定为人类或地球做恶事，主要包括避免劣质产品销售、不随便丢弃工业废料、不向政府官员进行贿赂等行为；"强企业社会责任"界定为在不影响经济利益同时，为人类或地球做善事，主要包括开发绿色产品或服务、员工培育机会的提供、员工健康职业规划、政府监管企业的透明度与公正度的改进等行为。

德鲁克（1992）认为，经济绩效是企业生存的首要责任，但不是企业唯一责任。企业社会责任是企业的经济行为所承担其带来的一切责任，这个责任包括企业对雇员的责任、对客户提供优质产品的责任、对环境与企业周围社区的成长责任等。

罗宾斯（1997）认为，企业社会责任是一种行为，这种行为超越法律约束与经济约束，从道德意义上履行有关慈善事业、雇员关系、产品质量、定价问题、资源保护等的社会要求，这是企业主动引领社会的行为。

有关社会责任内涵以企业慈善为关注重点。慈善基金会向相关基金管理机构传递信息、最佳受让者选择、捐款接收者绩效提高、实践与知识进一步提升等四个原则与途径。科特勒和南希（Kotler & Nancy，2004）认为，企业社会责任在主流商界已成为一种必需的承诺。

## 四、可持续发展理论

### （一）可持续发展理论界定

1987 年，在联合国世界与环境发展委员会上，联合国"世界环境与发展委员会"发表《我们共同的未来》报告，正式提出可持续发展概念。1992年，可持续发展概念得到联合国环境与发展大会与会者共识与认可。可持续发展理论是指既满足当代人的需要，又不对后代人满足其需要的能力构成危害的发展。第二次世界大战以来，全球发展观经历"增长理论""发展理论""可持续发展理论"等重大变革。全球变暖、资源短缺、荒漠化严重、生态退化、疾病、贫困、石油危机、金融海啸等世界性环境事件频繁发生。这些将严重影响着全球社会与经济发展，为了减少人类生存的环境危险，全世界理论界倡导可持续发展理念。

（1）经济可持续发展视角。在追求经济利益的同时，要保护环境，以最小代价损害环境前提下发展经济。经济增长极限理论由麦多斯主持的罗马俱乐部于 1972 年提出，运用系统动力学研究方法，综合支配物质、社会、经济等世界运行系统。可持续发展理论要在"质"与"量"上界定经济发展。相对不断增长的人口、日益提高的消费需求、不断减少的投入资源、日益严重的环境污染等进一步制约了可持续发展。21 世纪可持续发展理论要求清洁、绿色、生态、节约"四产",以及相应的清洁、绿色、生态、文明"四消费"。

（2）生态可持续发展视角。基于生态系统可持续发展要求,人类社会发展遵循高效、和谐、自我调节三个生态学定律。高效即能源利用的高效与工业等废弃物的循环使用;和谐即系统内各个子系统和睦共生;自我调节即系统内部自我调节完善与持续、协同演化。

（3）社会可持续发展视角。由于社会环境的公共物品属性,社会公平促进公共物品的无价性。为了实现社会公平,可持续发展理论通过环境保护来实现。基于异质性,世界经济体的不同导致经济发展不平衡。同时,经济体处于不同的发展阶段,发展目标同样存在异质性。

可持续发展系统中经济是基础、生态是条件、社会是目标。以人的全面发展为本的经济、生态和社会的人类共同追求的家园是一个持续、稳定、健康、和谐的复合系统。

（二）核心理论

（1）资源永续利用理论。资源永续利用理论认为,人类社会生存依赖于生存发展所需要的自然资源的可利用性。若自然资源可利用性永久持续,则人类社会则永久持续。

（2）外部性理论。外部性理论前面已经详细论述。

（3）财富代际公平分配理论。财富代际公平分配理论认为,当代人消费与使用了过多的财富,特别是对自然财富的过度消费与使用,无法满足后代人消费与使用,导致人类社会发展出现不可持续现象和趋势。

（4）三种生产理论。三种生产理论将人、物质、环境等生产归纳为世界系统物质运动的三大生产活动,这三大生产活动存在于人与自然组成的世界系统中。这个系统物质流动连续性决定了人类社会发展的可持续性。

2000 年 7 月,联合国总部正式启动"全球契约"计划,涉及企业具体内容:第 1 条,国际公认人权支持并尊重;第 2 条,践踏人权行为不参与;第 3 条,结社自由、劳资双方谈判权力给予;第 4 条,强制性劳动避免;第 5 条,童工禁止;第 6 条,歧视行为杜绝;第 7 条,环境挑战应对加强;第 8 条,环保责任积极承担;第 9 条,环保科技发展与推广加强。综上所述,明确涉及可持续发展问题包括第 7~9 条，间接涉及可持续发展包括第 1~6 条等。

可持续发展评价指标与方法的研究主要体现在以下几个方面：第一，对传统 GNP 修复。传统 GNP 将环境污染成本排除在外，修正后的 GNP 将环境污染等造成的损失价值等非经济成本排除，加入闲暇娱乐价值等无形商品与服务价值形成的非市场价值。第二，国家财富法。国家财富法由世界银行提出。国家财富法将人造、自然、人力，以及形成的制度、文化、组织等维持社会正常运转构成社会资本。第三，城市评价模型。城市评价模型由荷兰国际城市环境研究所提出。该模型通过健康环境、资源效率、绿色地面、居民福利、空间开放与可入性、经济社会文化活力、社区参与、社会公平性等 10 个指标展开评价。该模型主要用于评估城市可持续性发展。第四，利弗曼可持续发展标准。利弗曼可持续发展标准主要包含价值性、时空性、整合性、可控性、可用性、可获得性、公平性以及可预测性等。第五，联合国可持续发展指标。联合国可持续发展指标将社会、经济、资源环境、机制等纳入该体系中，涉及 147 条。第六，中国可持续发展指标，主要从社会、经济、环境、人口、资源、科技等方面全面系统地监测、描述与评价中国可持续发展状况。

## 第三节　国内外有关社会责任评价研究动态

### 一、企业社会责任评价"三重底线"模式

企业社会责任评价三重底线模式，以埃尔金顿（Elkington，1997）"三重底线"理论为基础，构建企业社会责任评价体系，进行企业社会责任评价活动。作为企业遵守的最基本的"三重底线"具体包括经济、环境、社会三重底线。全球报告倡议组织（GRI）《可持续发展报告指南》G4 版（2013），构建的企业社会责任评价指标体系，主要包括经济、社会、环境 3 个内容方面，其中，经济责任指数二级指标 4 个、三级指标 9 个；社会责任指数包括人权、产品责任、劳工实践和体面工作、社会等二级指标 4 个、三级指

标 48 个；环境责任指数二级指标 12 个、三级指标 34 个。道琼斯可持续发展指数（DJSI）构建了社会责任评价指标体系，其中一级指标包括经济、社会与环境，二级指标包括不同社会责任议题，三级指标包括具体管理与实践。

《中国企业社会责任调查评价体系与标准》（北京大学民营经济研究院，2006）构建的企业社会责任评价指标体系，其中一级指标包括经济、社会、环境 3 个维度，其中，经济一级维度包括纳税额、经营业绩等二级指标，社会一级维度包括消费者权益、员工权益和福利、慈善捐赠、诚信经营等二级指标，环境责任维度包括绿色生产、环保投入等二级指标。基于三重底线模型，孙景霄（2011）构建的企业可持续发展绩效评价指标体系，主要包括经济绩效、生态绩效、社会绩效 3 个维度，经济绩效维度具体包括偿债、盈利、管理、经营、创新发展、人力资源、资产质量等二级指标；生态绩效维度具体包括资源的节约与利用、环境保护措施与政策有效性、工业等废弃物排放处理等二级指标；社会绩效维度包括人权、劳工措施、产品责任、社会影响等二级指标。以三重底线理论为基础，白睿洁（2013）构建的林业企业社会责任绩效三级综合评价体系，主要包括经济、社会、环境 3 个一级指标。

黄群慧等（2009）构建了囊括市场、管理、环境、社会 4 个一级指标的企业社会责任评价指标体系，市场责任指标涉及股东、客户、伙伴等指标，管理责任指标涉及治理责任、沟通、守法合规、推进等指标，环境责任指标涉及环境管理、降污减排、资源能源节约等指标，社会责任指标涉及政府责任、社区参与、员工责任等指标。吴炜和袁翰林（2012）构建的中国商业银行社会责任评价指标体系，涉及经济、管理、环境、社会 4 个维度，包括一级指标 15 个、二级指标 107 个。

## 二、企业社会责任评价"金字塔"模式

企业社会责任评价"金字塔"模式是以社会责任"金字塔"模型为基础，对企业社会责任展开评价。以卡罗尔结构为基础，构建的企业社会责任评价指标体系，主要包括伦理、经济、法律、慈善 4 个方面内容。马里和戈特（Maignan & Ferrell, 2000）构建的企业社会责任评价指标体系，涉及社会

责任管理和实践 29 项，主要包括伦理经济、自由裁量、法律和伦理 4 个维度。蔡月详（2011）构建的企业社会责任评价指标体系，主要包括法律、经济、慈善、伦理 4 个方面内容，其中，法律责任二级指标 6 个、伦理责任二级指标 9 个、经济责任二级指标 5 个、慈善责任二级指标 6 个。基于法律、经济、慈善、伦理 4 个维度，对 144 家企业社会责任状况进行了评估（Marin et al.，2012）。以马来西亚企业为例，构建的企业社会责任评价指标体系涉及相应社会责任议题 28 个（Mustafa et al.，2012）。

## 三、企业社会责任评价"利益相关方"模式

企业社会责任评价"利益相关方"模式是以利益相关方类别为维度，对企业社会责任展开评价。利用因子分析法，哈里森和威克斯（Harrison & Wicks，2012）等构建了囊括政府、员工、社会、顾客等利益相关方社会责任评价维度两个层次企业社会责任度量体系。王红英（2006）基于政府、环境、公益事业、能源、投资主体、消费者、员工 7 个维度构建企业社会责任行为评价准则。陈宏辉和窦智（2008）构建的企业社会责任三级测量评价体系，主要包括政府、债权人、社区、供应商、分销商、消费者等外部利益相关方与股东、管理层、员工等内部利益相关方两个方面。马少华和黎友焕（2021）构建了包括股东、债权人、管理者、行业伙伴、员工、消费者、政府、特殊利益团体、社区 9 个利益相关方的企业社会责任行为评价准则。孟繁富（2012）构建的企业社会责任行为评价体系，涉及一级指标 7 个、二级指标 43 个，主要包括顾客与商业伙伴、员工发展与产品、慈善与社会、员工、股东、竞争者与供应商、环境等相关责任。陈欣（2013）构建的社会责任评价指标体系，涉及一级指标 4 个、二级指标 11 个，主要包括货币利益相关方、社会利益相关方、生态资本环境利益相关方、人力资源利益相关方等。

## 四、企业社会责任评价"主要议题"模式

企业社会责任评价"主要议题"模式是以企业社会责任所涉及的主要议题为主要维度，对企业社会责任展开评价。最具有代表性的是 ISO 26000 七大议题和联合国"全球契约"十项原则。富时社会责任指数构建的企业社会

责任评价指标体系，主要包括环境、利益相关方、供应链中的劳工、反贿赂、人权和气候变化等六个方面议题。美国经济优先委员会构建的企业社会责任评价指标体系，主要包括慈善捐赠、女性地位、有色人群地位、军事合同、南非问题、信息披露、动物实验、社区服务、核能、环境记录十个议题。经济合作与发展组织（OECD，2001）基于《跨国公司行为准则》修订基础上构建的企业社会责任行为评价准则，主要包括一般政策、信息公布、劳资关系、环境、消费者权益、科学技术、税收、竞争、打击行贿九个方面的议题准则。用企业社会责任信息披露指数囊括十个度量维度度量企业社会责任状况。中国纺织工业协会（2005）构建的企业社会责任评价指标体系主要包括劳务合同、劳动强迫性、童工、管理体系、工作时间、歧视、薪酬福利、工会和集体协商、职业安全与健康、性骚扰与虐待十个议题。李立清（2006）以 SA 8000 标准为参照，构建的企业社会责任评价指标体系，主要包括商业道德、人权保障、社会责任管理、劳工权益、社会公益五大议题。中国可持续发展工商理事会（2007）构建的企业社会责任评价指标体系，主要包括资源节约和生态保护、人权、员工、竞争与合作、环境绩效、社区建设与公益事业、产品和服务、公共关系、文化多样性九个方面。国务院国资委（2008）构建的中央企业社会责任评价指标体系，主要包括诚实守信依法经营坚持、产品质量服务水平切实提高、盈利能力持续不断提升、节约资源加强环保、生产安全保障、职工合法权益维护、技术自主创新、社会公益事业参与八个方面议题。

## 五、企业社会责任评价"交叉复合"模式

基于"金字塔""三重底线""主要议题""利益相关方"等模式，企业社会责任评价"交叉复合"模式是将上述模式相互复合，相互交叉，对企业社会责任展开评价。中国工业经济联合会（2008）将"金字塔"模式与"三重底线"模式交叉复合，形成"三重底线＋主要议题"交叉复合模式。以ESG 理论为基础构建企业社会责任评价指标体系（Cheng et al.，2014）。黄亚平和雷婷婷（2009）将"利益相关方"模式与"责任议题"模式交叉复合，构建了包括员工权益保护、消费者和债权人权益、企业诚信、企业贡献、社企关系、环保及资源利用、社会公益、社会责任披露等在内的企业社会责

任评价指标体系。构建企业社会责任评价指标体系主要包括五个利益相关方责任（员工、顾客、社区、环境、供应商）和公司治理、争议性企业实践程度、企业伦理及最佳实践程度遵守等重要议题。中国企业评价协会和清华大学（2014）构建了五个利益相关方十个一级指标的企业社会责任评价指标体系，具体包括股东、员工、消费者等权益，以及能源环境、社区等。

## 六、企业社会责任评价"单一代替"模式

企业社会责任评价"单一代替"模式是以某一综合性指标，或某一领域指标对企业社会责任展开评价，对企业实施社会责任评价活动。企业社会责任评价"单一代替"模式以单一要素替代综合要素的评价。目前，该模式主要包括"企业慈善"法、"声誉指数"法、"有毒物体排放量"（TRI）法、"社会贡献"法等。美国公共管理协会推出"慷慨指数"来评价企业承担慈善的社会责任。为了解企业社会责任与财务绩效间的关系，用声誉来度量企业社会责任。基于控污表现，美国经济优先委员会（1971）对24家造纸业公司排名，构建了企业社会责任声誉指数。这一声誉指数被福尔杰和纳特（Folger & Nutt，1975）、斯派塞（Spicer，1978）等多个专家学者用于企业社会责任绩效的衡量指标。以部分世界500强企业社会责任为样本，全美有责任感商学院学生联合会在1972年对商学院300名研究生评价得到一个社会责任指数，即声誉指数。沃库奇和斯宾塞（Wokutch & Spencer，1987）、斯宾塞和泰勒（Spence & Taylor，1987）、麦奎尔等（McGuire et al.，1988）采用《财富》杂志创建的"公司声誉评级法"衡量企业社会责任。布朗和弗莱克塞尔（Brown & Fryxell，1995）最早采用TRI法，随后格里芬和马洪（Griffin & Mahon，1997）等学者采用"有毒物体排放量"指标衡量企业社会责任。

# 第四节  对已有文献的评述

综上所述，通过对国内外对投资项目风险、投资项目社会责任风险理论基础以及社会责任评价三个方面研究现状与发展动态的综合分析，发现有以下特点和值得进一步研究的问题：

## 一、关于国内外对外投资项目风险研究述评

由国内外文献检索可知，国内外学者对投资项目风险定义、投资项目风险因素分类与投资项目风险识别方法、形成与演化机制、投资项目风险评估与管理等展开了长期的、多角度的大量研究，形成了较为系统的有关投资项目风险理论体系。本书从以上分析看，目前主要是从经济风险视角对外大型公共投资项目风险的研究，基于社会责任视角的研究较少。为此，从社会责任风险视角展开对中国海外投资项目风险研究应该深入。

## 二、关于国内外投资项目社会责任风险理论基础研究述评

由国内外文献检索可知，目前国内外专家学者对海外投资项目风险主要从外部不经济理论、社会责任理论、利益相关者理论、可持续发展理论等展开，形成了大量的富有成效的海外公共投资项目风险理论的研究成果，为本书的研究提供了较多理论与实践指导。从以上分析看，国内外学者针对海外大型公共投资项目风险研究没有基于一定社会责任标准展开系统性的研究，更没有基于国际社会责任标准进行综合性研究。

## 三、关于国内外社会责任评价研究述评

由国内外文献检索可知，国内外学者主要从企业角度对社会责任评价展开研究，形成"金字塔""三重底线""利益相关方""单一代替""交叉复合""主要议题"等企业社会责任评价模式，取得了大量研究成果。但是，这些社会责任评价模式没有基于国际社会责任标准展开评价，更没有将社会责任评价进行定量化分析。

## 四、有待研究的问题

（1）如上所述，基于当前中国对外大型公共投资项目风险已从传统的经济风险向社会责任风险转变，为此，急需从社会责任风险视角对中国对外大

型公共投资项目风险展开系统性的研究。

（2）ISO 26000《社会责任指南》标准已经成为大部分国家或地区共识，基于 ISO 26000《社会责任指南》标准对中国对外大型公共投资项目社会责任风险展开系统性研究将成为未来有关海外大型公共投资项目风险的研究重点之一。

（3）当前主要从企业视角展开社会责任评价研究，针对海外公共投资项目社会责任风险评价较少。为此，按照 ISO 26000《社会责任指南》标准展开实证研究，本书拟探索与尝试定量分析人权、劳工实践、环境、公平运行实践、消费者问题、社区参与和发展六大因素对中国海外公共投资项目社会责任风险评价。

# 第四章

# 对外大型公共投资项目社会责任风险实证研究

## 第一节　引　　言

中国海外投资随着 2001 年"走出去"战略的实施迅猛发展。截至 2012 年 12 月，中国境外企业投资总额高达 2 万亿美元，遍及全球 179 个国家或地区，涉及境外企业 2.2 万家。中国对外直接投资 2013 年度流量达到 878 亿美元，存量突破 5000 亿美元，名列美日之后，成为第三大对外投资国①。截至 2016 年 12 月，对外直接投资存量超过 1.3 万亿美元，境外资产总额达到 5 万亿美元②。对外基础设施投资增长迅猛。"一带一路"倡议提出与实施为中国企业海外投资提供了新的机遇。但是，近几年，由于环境保护、生态破坏

---

① 徐昂. 我国跨国公司对外直接投资现状及前景分析 [J]. 经济研究导刊，2014（23）：264 - 266.

② 商务部：我国对外投资流量连续两年位居世界第二位 [EB/OL]. 中国网财经，http：//finance. china. com. cn/news/20171012/4412708. shtml，2017 - 10 - 12.

等原因导致中国对外公共投资项目失败。这引发了西方发达国家为主的国际社会质疑中国海外公共投资项目，在一定程度上损害了中国国家形象与海外投资企业形象。

ISO 26000《社会责任指南》标准于 2010 年 11 月 1 日正式颁布，这是国际上相对比较统一的最新的国际社会责任标准体系，得到了国际上大多数国家或地区认可与实施。ISO 26000《社会责任指南》标准六大主题分设 36 个二级议题。ISO 26000《社会责任指南》标准颁布与实施，对于中国海外投资来说既是机遇（阎寒梅，2008；徐海云，2010；王晓光，2011；李清，2011）又是挑战（刘青，2010；黎友焕和陈小平，2010，2012）。那么，ISO 26000《社会责任指南》标准如何影响中国海外投资社会责任风险，如何基于 ISO 26000《社会责任指南》标准六大主题 36 个二级议题减少中国海外投资社会责任风险等问题急需解决。

## 第二节　相关文献综述与理论假设

### 一、相关文献综述

#### （一）对外大型公共投资项目形象问题研究

形象指能引起人的思想或感情活动的具体形态或姿态。中国企业"走出去"进行投资，特别是中国提倡的"一带一路"倡议更加加速了中国企业对外大型公共项目投资。中国境外投资在经营过程中会面临诸多不确定性因素。在面临风险时，中国境外投资需要依法合规、诚信经营，既要遵循商业逻辑，也要践行社会责任，用实际行动塑造中国企业海外投资的良好形象。中国海外投资社会责任形象是指海外投资在实施过程中以及后续管理中由于未能很好地履行社会责任而对未来投资收益的不确定性，在投资中可能会遭受到收益损失甚至本金损失的风险而呈现的处理不当的表现，主要表现为自然风险、社会风险、经济风险、技术风险、人文风险、文化风险等处理机制。当前的社会责任形象的研究，毛显强、刘峥延和刘菲（2013）、张中元（2015）、徐昕旖等（2016）从环保意识缺失、劳资关系处理不当、与当地居民冲突、环境角度研究了海外投资社会责任形象问题。张水波、杨秋波和张毅文（2016）基于东道国环境、基础设施项目复杂性、项目利益相关者三个维度分析了中国对外基础投资面临的形象风险。李一文（2016）基于政治、经营、文化、法律、自然五个维度分析了对外投资形象。蒲雁（2015）基于政治、经济、社会等角度分析了我国铁路企业对外投资形象问题。王立峰（2013）等从尊重人权角度，丰帆和董天策（2004）等基于消费者问题角度，万华集团实践（2002）等基于公平运行实践角度，何伟俊（2001），张向前和刘福金（2011）等基于保护环境角度研究了中国对外大型投资，包括部分公共项目投资社会责任形象问题。但是，以上在社会责任形象方面仅仅从某一方面或某一角度进行研究，没有依据一定国际社会责任标准展开系统性研究，更没有出现针对中国对外大型公共投资项目的社会责任评价体系。为此，本书基于 ISO 26000《社会责任指南》标准（李丽，2015），将标准中人权、劳工实践、环境、公平运行实践、消费者问题、社区参与和发展等六大议题作为中国对外大型公共投资项目社会责任形象评价维度。典型的社会责任形象评价维度情况，如表 4 - 1 所示。

**表 4 - 1**              **典型的社会责任形象评价维度**

| 代表作者（组织） | 评价因素 |
|---|---|
| 罗宾斯（1997） | 慈善事业、定价问题、雇员关系、资源保护、产品质量 |
| 德鲁克（1992） | 雇员、环境即社区、客户 |
| 科特勒和南希（Kotler & Nancy，2004） | 社区卫生、社区安全、教育和就业、社区和经济发展如提供低息住房贷款 |
| 富时社会责任指数 | 利益相关方、环境、供应链中的劳工、人权、气候变化和反贿赂等六个方面 |
| 美国经济优先委员会 | 女性地位、慈善捐赠、军事合同、有色人群地位、信息披露、动物实验、环境记录、社区服务、南非问题、核能等十个议题 |
| 经济合作与发展组织（OECD，2001） | 信息公布、一般政策、环境、劳资关系、消费者权益、打击行贿、科学技术、竞争、税收等九个议题 |
| 马林等（Mallin et al.，2014） | 社会责任信息披露指数来度量 |

续表

| 代表作者（组织） | 评价因素 |
| --- | --- |
| 中国纺织工业协会（2005） | 劳动合同、管理体系、强迫或强制劳动、童工、薪酬福利、工作时间、歧视、性骚扰与虐待、工会和集体协商、职业安全与健康等十个议题 |
| 李立清（2006） | 人权保障、劳工权益、社会责任管理、社会公益和商业道德等五个议题 |
| 中国可持续发展工商理事会（2007） | 人权、资源节约和生态保护、竞争与合作、员工、环境绩效、产品和服务、文化多样性、社区建设与公益事业、公共关系等九个议题 |
| 国务院国资委（2008） | 诚实守信依法经营坚持、盈利能力持续不断提升、产品质量服务水平切实提高、资源节约环境保护加强、自主创新技术进步推进、安全生产保障、职工合法权益维护以及社会公益事业参与等八个议题 |

资料来源：根据相关资料整理而得。

## （二）对外投资项目社会责任风险

风险是一种不确定性，这种不确定性是主观不想让其发生但又发生的概率。风险客观存在，不确定性是风险识别者的主观判断。某一特定环境与时期，由于存在不确定性从事某项特定活动导致经济损失产生的可能性，自然破坏产生的可能性。风险是"认识、潜在冲击与症状的差异"。总的来说，事件发生与损失不确定性、发生可能性与损失的程度成为风险界定的三个角度。项目风险是由于某一事件的发生导致项目预期目标产生差异的可能性。项目投资风险发生是资金、技术、市场、意外事件等原因导致项目无法按照原定目标完成的可能性。公共投资项目风险是指公共投资项目实施过程中，以及后续管理中对未来投资收益的不确定性，在投资中可能会遭受到收益损失甚至本金损失的风险。自然、社会、经济、技术等风险是公共投资项目风险的主要表现形式。综上所述，对外公共投资风险可以表述为海外投资项目在选择、实施及后续管理中出现的与预期目标不一致的不确定性，包括事件发生、损失等不确定性，以及二者兼有发生的可能性与导致的损失程度不确定性。

中国对外投资项目其中相当一部分投资向"一带一路"沿线国家或地区。"一带一路"倡议的提出与实施，契合沿线国家共同需求，是国际合作的新平台，为中国对外投资项目进一步"走出去"提供了契机，也为中国对外投资项目承担社会责任提出了更高的要求。本书研究的对外投资项目主要是指中国政府近年来在"一带一路"倡议新背景下以 EPC、APO、ETP 等模式中国政府提供的买方优惠贷款等对外承担的具有公益性或半公益性的投资规模大、周期长、社会影响复杂，具有重要使用功能与重大社会意义的公共投资项目。抓住"一带一路"倡议新契机，通过承担社会责任减少中国对外投资项目风险。对外投资项目社会责任风险是指"一带一路"沿线国家，中国对其进行公共投资项目选择、实施以及后期运营管理整个过程中履行社会责任标准的不确定性所带来的风险。

## 二、理论假设

东道主国家政治环境、地缘政治等影响到海外投资社会责任的提升，再加上中国海外投资项目"一股独大"的股权结构增加了中国海外投资风险。日本的实践证明，日本企业在对外投资过程中加强与东道主国家的国际合作，在一定程度上减少了海外投资风险。张晓涛、郑雅洁和岳云嵩（2014）研究了东道主行为对中国海外投资社会责任风险的影响，东道主国家地缘政治、东道主国家的政治环境成为中国海外投资社会责任风险的主要因素之一。因此，本书将国际协作共同开发、东道主国内政治形象、东道主国家地缘政治环境等纳入中国对外大型公共投资项目社会责任风险指标中。依据 ISO 26000《社会责任指南》标准体系六大主题 36 个议题中提取的 21 个三级维度指标，构建了包括项目选择、项目实施、项目后续三个一级指标，将国际协作共同开发、东道国国内政治环境、东道国地域政治环境三个二级指标纳入项目选择一级指标中，将人权、劳工实践、环境、公平运行实践纳入项目实施一级指标中，将消费者问题、社区参与和发展纳入项目后续一级指标。

有代表性的国际社会责任准则见表 4 - 2。ISO 26000《社会责任指南》标准于 2010 年 11 月 1 日由国际标准化组织（ISO）正式颁布（详见表 4 - 3）。

表 4 - 2 　　　　　　　　　有代表性的国际社会责任准则

| 准则 | 使用情况 | 内容 |
| --- | --- | --- |
| ISO 14000 (1996) | 130 多个国家和地区，成为全球质量和环境管理体系公认标准 | 环境方针、规划、事实与运行、检查与纠正措施、管理评审等五大部分 17 个要素 |
| SA 8000 (1997) | 62 个国家或地区 2919 个机构，覆盖 65 个行业，获得认证前十位国家和地区：印度、中国、意大利、巴西、巴基斯坦、越南、西班牙、罗马尼亚、中国台湾、菲律宾 | 童工、健康与安全、强迫劳动和强制劳动、歧视、结社自由和集体谈判权、报酬、惩戒措施、管理系统、工作时间 9 个方面 |
| 联合国"全球契约"(1999) | 130 多个国家 8700 个企业，世界上最大的自愿性的社会责任倡议 | 人权、劳工、环境和反腐败领域享有全球共识 10 项原则 |
| 经济合作与发展组织《跨国企业准则》(2000) | 34 个国家政府签署，并逐渐全球推广 | 一般政策、信息公布、劳资关系、环境、打击行贿、消费者利益、科学技术、竞争、税收等九大议题 |
| "全球报告倡议"项目部（GRI，2000） | 截至 2014 年 11 月，发布 GRI 报告 20881 份 | "超越环境"，将报告框架范围扩大到包括社会、环境、经济和治理领域 |

资料来源：根据相关资料整理而得。

表 4 - 3 　　　　　　　ISO 26000《社会责任指南》标准制定过程

| 阶段 | 时间 | 内容 |
| --- | --- | --- |
| 第一阶段 | 2001 年 | 理事会批准 ISO 下属 COPOLCO 提交申请报告，成立 SAG |
| | 2002 年 | ISO 理事会收到 COPOLCO 可行性报告 |
| | 2003 年 | ISO 成立专门战略咨询小组 |
| 第二阶段 | 2004 年 | ISO 正式启动 ISO 26000《社会责任指南》标准项目 |
| | 2005 年 | 成立 ISO 26000 社会责任工作小组，首次会议召开，正式启动 ISO 26000《社会责任指南》标准开发工作 |
| | 2008 年 | 专家组提交 ISO 26000 项目建议和草案，探讨形成委员会草案 |
| | 2010 年 | 修订 ISO 26000 委员会草案，确定国际标准草案，等待批准 |
| | 2010 年 11 月 1 日 | ISO 26000《社会责任指南》标准正式颁布 |

资料来源：根据相关资料整理而得。

作为 ISO 26000 的关键定义，ISO 26000 将社会责任定义为"通过透明和道德行为，组织为其决策和活动给社会和环境带来的影响承担的责任。这些透明和道德行为有助于可持续发展，包括健康和社会福祉，考虑到利益相关方的期望，符合适用法律并与国际行为规范一致，融入整个组织并践行于其各种关系之中。"[①] ISO 26000《社会责任指南》标准体系，主要内容围绕组织治理，涉及六大主题 36 个议题（详见表 4-4）。

表 4-4　　　　　ISO 26000《社会责任指南》标准体系

| 一级议题 | 二级议题 |
|---|---|
| 人权 | 尽责审查 |
| | 人权风险状况 |
| | 避免同谋 |
| | 处理申诉 |
| | 歧视和弱势群体 |
| | 公民权利和政治权利 |
| | 经济、社会和文化权利 |
| | 工作中基本原则和权利 |
| 劳工实践 | 就业和雇佣关系 |
| | 社会对话 |
| | 工作条件和社会保护 |
| | 工作中的健康和安全 |
| | 工作场所中的人的发展与培训 |
| 环境 | 防止污染 |
| | 资源可持续性 |
| | 减缓并适应气候变化 |
| | 环境保护、生物多样性与自然栖息地恢复 |

---

① 冯丽艳，肖翔，赵天骄. 企业社会责任与债务违约风险——基于 ISO 26000 社会责任指南的原则和实践的分析 [J]. 财经理论与实践，2016，37（4）：56-64.

续表

| 一级议题 | 二级议题 |
|---|---|
| 公平运行实践 | 在价值链中促进社会责任 |
| | 反腐败 |
| | 负责任政治参与 |
| | 公平竞争 |
| | 尊重产权 |
| 消费者问题 | 保护消费者健康与安全 |
| | 消费者信息保护与隐私 |
| | 基本服务获取 |
| | 消费者服务、支持及争议处理 |
| | 公平营销、真实公正的信息和公平合同实践 |
| | 教育和意识 |
| | 可持续消费 |
| 社区参与和发展 | 社区参与 |
| | 财富与收入创造 |
| | 教育和文化 |
| | 健康 |
| | 就业创造和技能开发 |
| | 技术开发与获取 |
| | 社会投资 |

资料来源：ISO 26000《社会责任指南》标准体系。

基于 ISO 26000《社会责任指南》标准体系六大主题展开实证研究，结合东道主组织环境、项目是否国际协作共同开发等外部环境，从人权、劳工实践、环境、公平运行实践、消费者问题、社区参与和发展等六大基本范畴，找到当前影响中国对外大型公共投资项目社会责任风险的关键制约因素，为中国对外大型公共投资项目风险防范与预警机制打好基础。

# 第三节　模型设计与实证研究

## 一、样本描述

本书所采用的调查问卷以 ISO 26000《社会责任指南》标准体系为基础，设计的调查问卷（详见本书附录）。2016 年 1 月 ~ 2018 年 9 月到北京、上海、广州、山东、江苏、浙江，以及美国、欧洲、"一带一路"沿线部分国家或地区展开调研，获得问卷 1092 份，剔除部分有问题的调查问卷，剩余有效问卷 567 份，有效率 51.9%。涉及对外大型公共投资项目相关企业、相关项目负责人、相关专家学者、东道主国家或地区员工等核心利益相关者，对当前基于 ISO 26000《社会责任指南》标准体系影响中国对外公共项目投资风险影响具有重要的现实意义与理论价值。

## 二、变量选取与定义

根据理论综述，人权、劳工实践等六大要素对海外公共投资项目风险具有一定相关性。多位专家学者研究认为这些因素对海外公共投资项目实施有影响，故将其设置为自变量。本书参考徐细雄和刘星（2013）提出的计量模型作为参考，设置二元哑变量，以项目实施效果（RISK）为被解释变量，在原模型基础上，加入了发达程度（DV）、国际合作（IC）、国内政治环境（HDP）、地区政治环境（HGE）等控制变量，通过多元回归模型进行实证研究。变量中，对外大型公共投资项目社会责任履行连续性，"连续"赋值为"1"，"中断"赋值为"0"（详见表 4 - 5）。

表 4 - 5　　　　　　　　　　　相关变量界定与赋值

| 类别 | 变量 | 含义 | 赋值 |
| --- | --- | --- | --- |
| 被解释变量 | 项目实施效果（RISK） | 对外大型公共投资项目社会责任履行连续性 | "连续" = 1，"中断" = 0 |

续表

| 类别 | 变量 | 含义 | 赋值 |
|------|------|------|------|
| 解释变量 | 人权（HR） | 所有人享有基本权利的程度 | 赋值1~5，越高越好 |
| | 劳工实践（LP） | 所有在组织内、由组织执行或代表该组织执行工作程度 | 赋值1~5，越高越好 |
| | 环境（ES） | 履行环境义务程度 | 赋值1~5，越高越好 |
| | 公平运行实践（FP） | 涉及组织利用同其他组织关系促进达成积极成果程度 | 赋值1~5，越高越好 |
| | 消费者问题（CI） | 向消费者及其他顾客提供产品和服务负有责任程度 | 赋值1~5，越低越好 |
| | 社区参与和发展（CPD） | 社区参与和发展程度 | 赋值1~5，越高越好 |
| 控制变量 | 发达程度（DV） | 是否为发达国家 | "发达"=1，"非发达"=0 |
| | 国际合作（IC） | 国际协作共同开发 | "合作"=1，"独立"=0 |
| | 国内政治环境（HDP） | 东道主国内政治环境稳定程度 | 赋值1~5，越高越好 |
| | 地区政治环境（HGE） | 东道主地缘政治环境稳定程度 | 赋值1~5，越低越好 |
| 样本数 | | 567 | |

## 三、模型构建

建立 Logit 计量模型：

$$\log[RISK/(1-RISK)] = \beta + \beta_1 HR + \beta_2 LP + \beta_3 ES + \beta_4 FP + \beta_5 CI + \beta_6 CPD + Contorlvaluables + \varepsilon$$

式中，*RISK* 为因变量，解释变量为 *HR*、*LP*、*ES*、*FP*、*CI*、*CPD* 等。*Contorlvaluables* 变量为计量模型中控制变量，为发达程度（*DV*）、国际合作（*IC*）、国内政治环境（*HDP*）、地区政治环境（*HGE*）。

# 第四节 实 证 结 果

## 一、描述性统计与相关性分析

表4-6列示了变量的描述性统计结果。*HR*、*LP*、*ES*、*FP* 等变量均值都在 4 左右，说明其数字越大项目实施效果越好，这与现实情况正好相符；*CI*、*HDP*、*HGE* 等变量均值在 2 左右，说明其数字越小项目实施效果越好，符合当前现实情况。

表4-6 　　　　　　　　变量描述性统计结果（$N = 567$）

| 变量 | 均值 | 中值 | 最大值 | 最小值 |
|------|------|------|--------|--------|
| *RISK* | 0.50 | 0.50 | 1.00 | 0.00 |
| *HR* | 4.53 | 4.00 | 5.00 | 1.00 |
| *LP* | 4.73 | 4.00 | 5.00 | 1.00 |
| *ES* | 3.58 | 3.00 | 5.00 | 1.00 |
| *FP* | 3.47 | 3.00 | 5.00 | 1.00 |
| *CI* | 1.99 | 2.00 | 5.00 | 1.00 |
| *CPD* | 4.21 | 4.00 | 5.00 | 1.00 |
| *DV* | 0.50 | 1.00 | 1.00 | 0.00 |
| *IC* | 0.50 | 1.00 | 1.00 | 0.00 |
| *HDP* | 2.13 | 2.00 | 5.00 | 1.00 |
| *HGE* | 2.10 | 2.00 | 5.00 | 1.00 |

表4-7列举了变量之间的 Pearson 相关系数。结果表明，*LP* 等变量与 *RISK* 相关关系显著。*HR*、*LP*、*ES*、*FP*、*CPD*、*DV*、*HDP* 等变量相关系数显著均为正数，说明这几个相关变量数字越大，项目实施效果（*RISK*）就越好；*CI*、*IC* 等变量相关系数显著均为负数，说明这几个变量数字越小，项目实施效果（*RISK*）就越好。由于相关系数仅仅可以考查两个变量之间的相关关系，故需要通过多元回归模型分析进一步检验。

**表 4-7　变量 Pearson 相关系数检验结果**

| 变量 | RISK | HR | LP | ES | FP | CI | CPD | DV | IC | HDP | HGE |
|---|---|---|---|---|---|---|---|---|---|---|---|
| RISK | 1.00 | | | | | | | | | | |
| HR | 0.89** | 1.00 | | | | | | | | | |
| LP | 0.76 | 0.24* | 1.00 | | | | | | | | |
| ES | 0.66 | 0.40** | 0.39*** | 1.00 | | | | | | | |
| FP | 0.81** | -0.27 | 0.44** | 0.37*** | 1.00 | | | | | | |
| CI | -0.81** | -0.48* | -0.59** | -0.30* | -0.39* | 1.00 | | | | | |
| CPD | 0.69* | 0.55* | -0.24* | 0.17*** | -0.43** | 0.08 | 1.00 | | | | |
| DV | 0.90** | 0.05* | 0.29 | 0.15** | 0.21* | 0.35* | 0.39 | 1.00 | | | |
| IC | -0.71 | 0.33 | -0.06*** | -0.19* | 0.08*** | -0.36* | -0.24* | -0.44 | 1.00 | | |
| HDP | 0.81** | 0.27* | 0.16 | 0.26** | 0.13* | -0.41** | -0.04 | 0.64* | 0.51** | 1.00 | |
| HGE | -0.87** | -0.07* | 0.31* | -0.02 | 0.51** | -0.50* | 0.31** | -0.55** | -0.24** | 0.35*** | 1.00 |

注：* $p < 0.1$，** $p < 0.05$，*** $p < 0.01$。

## 二、回归分析

通过上述实验设计，得出相关数据，进行实证研究，得出研究结果，如表 4 - 8 所示。分别从供给者效应、需求者效应、全效应加入模型，最终形成模型 1、模型 2、模型 3。通过 Stata 14 对所有有效样本进行 Logit 回归分析。

表 4 - 8                                        Logit 回归分析

| 变量 | 模型 1 | 模型 2 | 模型 3 |
|---|---|---|---|
| HR | 1.25E - .05 *** | | 7.70E - 05 *** |
| LP | 0.034 | | 0.447 *** |
| ES | 0.005 * | | 0.011 |
| FP | 0.004 *** | | 0.332 *** |
| CI | - 0.896 ** | | - 0.543 ** |
| CPD | | 1.242 ** | 1.831 *** |
| DV | | - 1.34E - 08 *** | - 7.69E - 06 *** |
| IC | | 0.649 | 0.233 *** |
| HDP | | - 2.29E - 04 *** | - 7.83E - 09 *** |
| HGE | 10.84 *** (11.22) | 13.51 *** (12.51) | 6.47 *** (4.35) |
| F 值 | 30.51 *** | 25.49 *** | 15.06 *** |
| R² | 0.113 | 0.167 | 0.198 |

注：① * $p < 0.1$，** $p < 0.05$，*** $p < 0.01$；②括号内数值为相应 T 统计量（OLS 模型）或 Z 统计量（Logit 模型、Probit 模型）。

回归结果显示：人权、劳工实践、环境、公平运行实践、社区参与和发展、国际合作、地区政治环境等对海外公共投资项目风险具有显著正相关。消费者问题、发达程度等对海外公共投资项目风险具有显著负相关。这与当前现实状况基本一致。

# 第五节　主要研究结论与启示

## 一、主要研究结论

对比原有研究，本书主要从供给和需求两个共生单元，基于对对外大型公共投资项目社会责任风险的调查问卷分析，刻画了基于 ISO 26000《社会责任指南》标准体系六大主题机理，回答了"ISO 26000《社会责任指南》标准体系是如何嵌入以及怎样影响对外大型公共投资项目社会责任风险"相关议题。这是一个新的视角，是对 ISO 26000《社会责任指南》标准体系以及对外大型公共投资项目社会责任风险机制的一个延伸与提升。研究发现：

（一）社会责任风险已成为中国海外投资风险主要风险之一

社会责任竞争将成为 21 世纪国际竞争的主题，履行国际社会责任降低社会责任风险已成为世界各国的共识。ISO 26000《社会责任指南》标准颁布与实施，对正在实施"走出去"战略与"一带一路"倡议的中国，机遇与挑战并重。中国对外公共项目投资企业应当抓住机遇，积极面对挑战。为此，中国政府应积极倡导、社会组织积极参与、海外投资企业积极研究并加以好好履行 ISO 26000《社会责任指南》标准，深入掌握 ISO 26000《社会责任指南》标准在世界各国实施进程，建立健全 ISO 26000《社会责任指南》标准信息平台，加强信息交流与沟通，适时调整中国海外投资战略，将中国海外投资社会责任风险降低到最低点。

（二）中国海外公共项目投资应转变思维

在管理全过程中，中国海外公共项目投资应转变传统国内经营思维模式，深入认知东道主居民经营思维模式，加强经营国际思维模式转变。在与东道主政府良好关系基础上，进一步加强与东道主当地居民沟通，建立健全相应的沟通渠道与交流机制，加强与东道主国家居民人权共享、东道主员工归属感与凝聚力，精准掌握东道主居民等利益相关者认知，促进海外投资良性循环。

**（三）中国海外投资选择时社会责任风险管理**

（1）在海外投资项目选择中，应首先考虑该项目的国际协作共同开发，以增强国际其竞争力，避免恶性竞争，实现利益共享，降低该项目社会责任风险。

（2）加强对东道国地域政治环境风险研究，充分认识到项目东道国的地缘政治环境，在考察评价其地缘政治环境基础上做出科学决策。

（3）在项目实施过程中，充分认识到东道国当地居民人权、当地劳工实践、环境保护及公平运行实践中实现良好的社会责任，降低海外投资项目社会责任风险。

（4）在海外投资后续工作中，需要将该地区的社区参与和发展与消费者纳入该项目的可持续发展战略之中，降低中国海外投资社会责任风险，实现中国海外投资可持续发展。

## 二、实践启示

**（一）组织治理高度定位**

（1）项目选择时，避免"一股独大"传统思维，与国际竞争对手或东道主国家企业合作，实施合作共赢战略。

（2）实施"超事业部"制组织治理结构。针对中国海外公共投资项目，企业总部控制人事、财务以及利润等关键的三个方面，日常经营业务外包给海外东道主国家或地区经营人员。

（3）在人事管理制度方面，实施东道主人员首席负责制。中国派驻管理层人员履行监督职能，挂副职于东道国。

（4）实施东道主国家本土化国际战略。立足于东道国国家实施社会责任管理，将东道主优秀文化传统与价值观融入社会责任管理，适应与积极实施东道主国家本土化国际战略。

（5）创新维权模式，建立维权基金，加强集体维权。基于国外维权成本比较大，当前中国海外投资企业在出现问题时往往选择放弃维权。为减少海外投资维权成本，中国政府可以研究建立相应的创新维权模式，建立维权基金，加强集体维权。

（二）社会责任兼顾多方利益相关者

对外大型公共投资项目涉及利益相关者比较多，有两国政府、投资企业、当地居民、当地企业、当地社区、国内员工、国际价值链供应等。对外大型公共投资项目是以上利益相关者为实现各自利益通过合作实现的共同平台。投资主体在进行项目实施过程中，要兼顾多方利益相关者。助力欠发达地区经济发展助力两国政府友好往来，为当地提供就业、职业培训，员工教育与再教育，扶持当地弱势企业，积极参加当地公益活动，加速当地社区发展，加强环境保护，尊重风俗习惯、宗教信仰等。在错综复杂的利益诉求中寻求共同利益切入点。

（三）上下联动社会责任管理机制

建立健全上下联动社会责任管理机制，成立相关社会责任管理组织机构，实施社会责任风险有效防范机制。根据管理层次、管理部门、职能部门等界定具体社会责任各相关负责部门、负责人和联络人。各管理层次之间建立信息传递和沟通渠道，共同推进对外大型公共投资项目公司社会责任规划与实践活动。

（四）社会责任核心议题精准定位

基于异质性理论，对外大型公共投资项目企业因投资区域、行业等不同，面临社会责任风险也存在一定差异性。对外大型公共投资项目企业应结合自身投资状况，精准识别主要社会责任风险来源，精准定位社会责任核心议题。从识别利益相关者及其期望、评估社会责任议题的风险和收益、肃清社会责任重点领域、抓住社会责任关键节点、实行三级审核制度审核社会责任议题，确立各社会责任领域核心议题等建立健全对外大型公共投资项目企业社会责任核心议题流程。

（五）坚持以人为本，分类履行社会责任

精准定位对外大型公共投资项目社会责任核心议题，投资主体坚持诚信合法合规经营，实施分类履行社会责任。针对劳工实践，按照法规规范用工政策；针对人权，尊重居民宗教信仰、风俗习惯、文化差异，实施差别化文化背景下的差异管理；针对社区参与和发展，积极参加当地社区公益活动，特别是在危机突发事件发生时，与当地政府、社区共同协商寻求解决办法等。

（六）建立健全国际社会责任信息披露体系

建立健全国际社会责任信息披露体系，及时准确、合理、科学地披露社会责任相关信息，针对项目利益相关者关心的议题加强与其沟通，获得其理解与支持，加强对外大型公共投资项目社会责任信息透明度；针对不同利益诉求，分别发布社会责任相关的海外、国别、项目、实践等报告，全面深度地展现中国对外大型公共投资项目企业社会责任履行状况，树立国际社会责任国际形象。

# 第五章

# 基于 ISO 26000 中国对外大型公共投资项目社会责任风险人权因素实证研究

本章基于 ISO 26000《社会责任指南》标准人权主题 8 个议题进行调查问卷的设计，运用 Logit、Probit、OLS 等模型，关于人权展开中国对外大型公共投资项目社会责任风险实证研究，为基于 ISO 26000 中国对外大型公共投资项目社会责任风险综合评价奠定理论基础。

## 第一节　引　　言

ISO 26000《社会责任指南》标准规定：人权是人人享有的权利。作为所有人享有的最基本的权利，从广义上说，人权既包括诸如生存权、自由权、法律面前人人平等、言论自由等政治权利，也包括经济、社会、文化权利，诸如劳动、健康、饮食、最好健康水平获得、教育、社会保障等权利（吴英姿，2015）。ISO 26000《社会责任指南》标准明确规定组织有尊重人权的责任，并将其影响范围纳入在内。投资前，中国海外投资项目企业应当履行 ISO 26000《社会责任指南》标准中规定的尽职审查、避免同谋关系、歧视和弱势群体、人权风险状况、经济、社会和文化权利、公民和政治权利、工作中基本原则和权利等。

## 第二节　相关文献综述与理论假设

作为首要的基本人权，生存权与发展权密切相连。生存权与发展权是对人权本质、人权核心内容的集中概念概括和反映。生存权是指基于一定社会关系与历史条件人们为维持正常生活所享有的必需的基本条件的权利。发展权是指个人、民族或国家享有参与政治、经济、社会和文化权利，并有权公平地享有由此带来利益。消除贫困是首要保障的生存权与发展权，贫困危及生存权，阻碍实现发展权。《发展权利宣言》规定：所有人权和基本自由都在发展权中获得充分实现。

中国人权保障已逐步向发展权转型，发展权也从经济扩展到全领域。但是，生存权与发展权大力推进的同时，经济发展带来的环境、生态系统、公众生命、生活质量等的破坏也逐渐突出。建立全方位、立体式、多层次的保障体系，坚持"绿色发展""生态发展"确保生存权与发展权可持续发展。

在对外大型公共投资项目过程中，中国以基础设施和能源建设经济合作为主，这些投资与大众利益息息相关，为世界欠发达国家或地区展开人才培育的教育合作。中国跨国企业以医院、住房、港口、水电站、高铁、水坝、学校等援建项目为主体的对外公共投资践行社会责任，以包容性、可持续性增长，不断形成与配置人力资本等实现海外公共投资项目可持续发展（查尔斯·奥努奈居，2015）。在现阶段乃至更长时期，西方发达国家以人权等在国际上对我国展开攻势，进一步增加了我国对外公共项目投资风险。特别是在寻求多元化文明人权共识（皮埃尔·贝尔西斯，2012）背景下，"新人权"特指文化多样性，例如，文化与语言多样性。中国对外公共项目投资需要加强人权。

海外公共投资项目周期长，风险复杂，危险大。在实施过程中，项目企业应考虑东道主当地居民习俗、文化及经济等基本权利。肯尼亚宪法明确规定肯尼亚人民享有"清洁和健康环境权利"（蒋建湘等，2010）。秘鲁国家法律《原居民或当地人的事前会商权法》《矿产和碳氢化合物法》等规定，当地群众有权得知在当地投资项目的权利，公听会是比较有效的信息交流、沟通平台。中国海外公共投资项目企业在项目正式实施前，应按照秘鲁国家相关法律，依托公听会与秘鲁当地居民展开交流磋商，项目投资企业就项目涉及的环境等评估问题展开详细说明，认真回答相关社区居民提出的异议，达成有关项目的谅解录。本地居民与社区公共关系问题已成为国际环境和社会风险管理最为重要一环，成为中国海外公共投资项目风险管理中最为薄弱的环节（韩秀丽，2013），中国海外公共投资项目企业不能够较为完善地处理与此相关问题。由于某些原因，对东道主国家或地区居民基本诉求不了解、不理解或了解得不够深入，针对海外投资项目相关信息由于风俗习惯、人文环境不同，沟通的方式不精准，或者沟通不到位，发生错位现象。在出现争议时，处理的方式不适合、时间不及时等引起海外投资企业与当地居民出现不和谐的情况，增加了海外重大公共投资风险。当地政府迫于压力往往实施不利于中国海外投资项目的措施。出于法律规定的居民基本权利，为安抚东道主居民与社区群众，东道主国家政府采用撤销行政许可证、停止续发等措施（庞明礼，2007），加剧了中国海外公共投资项目相关的社会责任风险。环境等问题掺杂政治、文化等基本人权问题成为中国海外公共投资项目风险的主要来源之一。因此，中国海外公共投资项目全过程运行中应尊重并积极管理项目利益相关者的公民、经济、文化、政治、社会等权利。

# 第三节 模型设计与实证研究

## 一、变量选取与定义

综合前文相关文献可知，到目前为止，尚未有一套社会责任风险量表，用来测量企业对外公共投资项目。基于 ISO 26000《社会责任指南》标准，依据前文相关文献，本书采用 5 点 Likert 量表设计中国海外公共投资项目的量化表，量化表中得分越高，说明该指标越优。主要变量选择与设计如下。

（一）对外大型公共投资项目社会责任风险变量

对外大型公共投资项目社会责任风险特指中国海外公共投资项目未能遵守契约，由于社会责任承担不足导致的项目运行的不确定性的程度。本书将对外大型公共投资项目社会责任风险定义为海外大型公共投资项目投入运营整个阶段连续性程度，若连续性好则表示海外投资项目履行社会责任较好，赋值为1，若连续性不好，则表示海外投资项目履行社会责任不好，赋值为0。变量的具体含义：中国海外公共投资项目由于社会责任履行原因导致的项目连续性的影响，连续性中断发生，赋值为0，连续性中断为发生，赋值为1，该变量的代码为 RISK。

（二）对外大型公共投资项目社会责任风险的影响因素变量

依据 ISO 26000《社会责任指南》标准人权主题下设：尽责审查，人权风险状况，避免同谋，处理申诉，歧视和弱势群体，公民权利和政治权利，经济、社会和文化权利，工作中基本原则和权利8个议题，以此作为变量选择依据。具体如表5-1所示。

**表5-1** **公共投资项目社会责任风险潜在人权影响因素**

| 依据 | 变量名称 | 变量代码 |
|---|---|---|
| | 尽责审查 | RR |
| | 人权风险状况 | HRS |
| | 避免同谋 | AC |
| ISO 26000《社会责任指南》标准（2010）、齐丽云和魏婷婷（2013）、赵越春和王怀明（2013）等 | 处理申诉 | HC |
| | 歧视和弱势群体 | DVG |
| | 公民权利和政治权利 | CPR |
| | 经济、社会和文化权利 | ESCR |
| | 工作中基本原则和权利 | BP |

（三）其他控制变量

除上述变量之外，影响中国海外公共投资项目运营连续性还与东道主国家或地区发达程度、东道主国家或地区实施开发方式，是否共同开发（Mintz & Tsiopoulos，1992）、东道主国内政治环境稳定性（Hankanson & Nobel，1993）等有关。为此，本书界定变量，东道主国家或地区发达程度变量，若发达 = 1，若不发达 = 0；东道主国家或地区实施开发方式变量，若国际合作共同开发 = 1，若独立开发 = 0；东道主国内政治环境稳定性变量，若稳定性很好 = 5，若稳定性很差 = 0。具体变量见表 5 – 2。

**表 5 – 2**　　　　　　　　公共投资项目社会责任风险潜在影响因素

| 依据 | 变量 | 变量代码 |
| --- | --- | --- |
| Mintz & Tsiopoulos（1992） | 东道主发达程度与否 | *DV* |
| 肖红军（2014） | 开发方式 | *IC* |
| Hankanson & Nobel（1993） | 东道主国内政治环境 | *HDP* |
| 胡超（2011） | 东道主地缘政治环境 | *HGE* |

## 二、问卷设计与发放

### （一）问卷设计

在上述理论基础上，本书问卷通过文献研究回顾与归纳，以及 ISO 26000《社会责任指南》标准中人权因素设计而成，涉及中国海外公共投资项目社会责任风险影响因素与风险后果。中国海外公共投资项目社会责任风险调查问卷设计经历了以下阶段：

第一阶段，文献研究。通过相关文献研究，参考齐丽云和魏婷婷（2013）所设计的企业社会责任绩效评价模型，依据 ISO 26000《社会责任指南》标准人权主题，设计了一级指标 8 个，二级指标 37 个。一级指标分别为尽责审查、人权风险状况、避免同谋、处理申诉、歧视和弱势群体、公民权利和政治权利、经济社会和文化权利、工作中的基本原则和权利，以及二级指标 37 个。

第二阶段，问卷访谈与实地访谈。通过征询有关公共投资项目风险研究的理论界与中国对外公共项目投资企业的企业界展开调查问卷的访谈与征询意见，进一步完善调查问卷，并对调查问卷进行测试。中国海外公共投资项目企业的高层管理者、海外管理层、海外政府、海外企业等进行实地访谈与面对面交流，验证调查问卷的科学性与合理性，加强调查问卷的可行性，精准调查问卷内容，经过专家咨询与座谈、讨论等方式，最终形成调查问卷的测量表。

第三阶段，将最终形成的调查问卷对从事海外公共投资项目企业高层决策者、中层管理者、海外项目运作执行者、东道主国家政府工作人员、东道主社区居民等发放，对调查问卷信度与效度初始检验。最终形成中国海外公共投资项目社会责任风险的调查问卷。调查问卷主要包括中国海外公共投资项目企业基本情况、人权等方面内容（详见本书附录）。

(二) 问卷发放与回收

本书将对 2000～2018 年从事对外公共投资项目的 179 家企业 1000 多个项目为研究对象，进行问卷发放、收集、整理、归纳等。第一部分问卷，本书课题组成员到从事海外公共项目投资企业进行实地访谈，对参与海外公共投资项目的实施者与运营者，特别是中国海外公共投资项目的高层决策者，以及东道主国家或地区管理者、当地居民认知等进行访谈，共发放 135 份，全部收回。第二部分通过微信调查、网络 E-mail、大数据中心等中介机构发放调查问卷，共发放 2280 份，回收 876 份，回收率 38.4%。经过筛选，剔除无效调查问卷，剩余有效问卷 567 份，有效率 56.1%。被调查的海外公共投资项目情况见表 5－3。

表 5－3 问卷样本描述

| 地区 | 对外大型公共投资项目数（个） | 比重（%） |
| --- | --- | --- |
| 亚洲 | 288 | 50.8 |
| 北美洲 | 87 | 15.4 |
| 欧洲 | 72 | 12.7 |

续表

| 地区 | 对外大型公共投资项目数（个） | 比重（%） |
|------|------|------|
| 非洲 | 63 | 11.1 |
| 拉丁美洲 | 36 | 6.3 |
| 大洋洲 | 21 | 3.7 |
| 合计 | 567 | 100.0 |

根据中国对外直接投资统计公报的中国海外投资现状对世界各大洲进行调查样本的选择。《2015 年度中国对外直接投资统计公报》统计：2015 年末，中国境外企业亚洲 17108 家，占比 55.5%；北美洲 4433 家，占比 14.4%；欧洲 3548 家，占比 11.5%；非洲 2949 家，占比 9.6%；拉丁美洲 1769 家，占比 5.7%；大洋洲 1007 家，占比 3.3%。

## 三、问卷信度与效度检验

### （一）问卷信度检验

问卷信度是指设计的调查问卷的可靠性与真实性，用来表示测量结果一致性或者稳定性。本书采用验证性因子分析法（CFA）对调查问卷进行信度判断。为考察调查问卷各问项间一致性，本书采用 Cronbach's $\alpha$ 系数，Cronbach's $\alpha$ 系数值越高，表示设计的调查问卷信度越高。表 5-4 为中国海外公共投资项目社会责任风险调查问卷的验证性因子分析模型检验值。各海外公共投资项目社会责任风险因素拟合指数，从检验值看，$\chi^2/df$ 取值介于 1.26~2.69，其中检验值小于 2 指标有：劳工实践、环境、反腐败、社会参与和发展，5 个指标检验取值均小于 5，接近于或大于 0.9 的有：NNFI、CFI、IFI，小于或接近于 0.6 的有：RMSEA。模型拟合指数均处于研究可以接受的范围之内（Bagozzi, 1981; Hu & Bentlerb, 1999），这表明调查问卷检验信度模型较为满意。各个指标测量载荷值见表 5-5，各个指标载荷值大部分在 0.7 以上，大于门槛值，少部分因子载荷大于 0.5，表明调查问卷汇聚效度较好（Bagozzi，1981）。根据载荷测算出对应的平均方差萃取（AVE）和综合信度系数（CR），各个测量平均方差萃取（AVE）均大于门槛值0.5，综合信度系数（CR）均大于0.7。Cronbach's $\alpha$ 系数值均大于门槛值0.7，符合Pearson 等建议的信效度基本要求。

表5－4　　　　　　中国海外公共投资项目社会责任风险问卷验证性
因子分析（CFA）模型检验值

| 指标 | 人权 | 劳工实践 | 环境 | 反腐败 | 消费者 | 社区参与和发展 |
|---|---|---|---|---|---|---|
| $\chi^2/\mathrm{df}$ | 2.43 ** | 1.26 *** | 1.96 ** | 1.45 *** | 2.69 *** | 1.74 *** |
| NFI | 0.78 | 0.92 | 0.93 | 0.94 | 0.89 | 0.94 |
| NNFI | 0.82 | 0.91 | 0.91 | 0.93 | 0.81 | 0.92 |
| CFI | 0.81 | 0.93 | 0.93 | 0.95 | 0.96 | 0.94 |
| IFI | 0.94 | 0.93 | 0.96 | 0.92 | 0.91 | 0.93 |
| RMSEA | 0.087 | 0.064 | 0.072 | 0.057 | 0.092 | 0.055 |

注：* p < 0.1，** p < 0.05，*** p < 0.01。

表5－5　　　　　　中国对外大型公共投资项目社会责任风险
人权因素问卷信度检验

| 类别 | 问项 | | 载荷 | Cronbach's $\alpha$ | AVE | CR |
|---|---|---|---|---|---|---|
| $B_1$：尽责审查 | $B_{11}$ | 组织人才政策对组织内部及利益相关者指导意义程度 | 0.86 | 0.89 | 0.78 | 0.90 |
| | $B_{12}$ | 组织活动影响人权评估程度 | 0.91 | | | |
| | $B_{13}$ | 贯彻人权政策程度 | 0.69 | | | |
| | $B_{14}$ | 人权绩效变革程度 | 0.87 | | | |
| | $B_{15}$ | 决策与活动产生消极影响时组织行动及时性 | 0.81 | | | |

续表

| 类别 | 问项 | | 载荷 | Cronbach's $\alpha$ | AVE | CR |
|---|---|---|---|---|---|---|
| $B_2$：人权风险状况 | $B_{21}$ | 组织面对人权挑战的敏感度 | 0.86 | 0.91 | 0.88 | 0.91 |
| | $B_{22}$ | 组织致力促进与捍卫人权程度 | 0.90 | | | |
| | $B_{23}$ | 组织回应人权复杂风险敏感程度 | 0.89 | | | |
| $B_3$：避免同谋 | $B_{31}$ | 安保应对侵犯人权同谋时措施的有效程度 | 0.65 | 0.89 | 0.71 | 0.92 |
| | $B_{32}$ | 安保应对侵犯人权同谋时措施处理时效程度 | 0.80 | | | |
| | $B_{33}$ | 组织尽责审查程度 | 0.81 | | | |
| | $B_{34}$ | 提供物品或服务用来侵犯人权的程度 | 0.89 | | | |
| | $B_{35}$ | 侵犯人权达成正式或非正式合同关系的程度 | 0.78 | | | |
| | $B_{36}$ | 了解产品和服务生产社会和环境条件的程度 | 0.91 | | | |
| $B_4$：处理申诉 | $B_{41}$ | 组织补救机制可利用合法性的程度 | 0.91 | 0.91 | 0.81 | 0.87 |
| | $B_{42}$ | 组织补救机制可利用可获得性的程度 | 0.86 | | | |
| | $B_{43}$ | 组织补救机制可利用可预测性的程度 | 0.80 | | | |
| | $B_{44}$ | 组织补救机制可利用公正性的程度 | 0.81 | | | |
| $B_5$：歧视和弱势群体 | $B_{51}$ | 组织自身行动确定歧视行为的程度 | 0.75 | 0.92 | 0.77 | 0.91 |
| | $B_{52}$ | 组织行动助长歧视行为的程度 | 0.89 | | | |
| | $B_{53}$ | 组织帮助弱势群体成员提高权利认识的程度 | 0.82 | | | |
| | $B_{54}$ | 组织给予弱势群体获得平等资源与机会的程度 | 0.87 | | | |
| | $B_{55}$ | 组织对残疾人员技能和能力歧视的程度 | 0.91 | | | |

| 类别 | 问项 | | 载荷 | Cronbach's $\alpha$ | AVE | CR |
|------|------|------|------|---------------------|-----|-----|
| B_6：公民权利和政治权利 | B_{61} | 组织尊重个人生命权的程度 | 0.75 | 0.91 | 0.79 | 0.93 |
| | B_{62} | 组织尊重个人言论、表达自由的程度 | 0.81 | | | |
| | B_{63} | 组织尊重个人和平集会、结社自由的程度 | 0.82 | | | |
| | B_{64} | 组织尊重个人获得信息自由的程度 | 0.90 | | | |
| | B_{65} | 组织尊重个人财产权的程度 | 0.87 | | | |
| | B_{66} | 组织尊重个人公正听证权的程度 | 0.89 | | | |
| B_7：经济、社会和文化权利 | B_{71} | 组织给予社区成员享有教育和终身学习权利的程度 | 0.94 | 0.89 | 0.75 | 0.92 |
| | B_{72} | 组织给予其他组织、政府机构经济、社会和文化权利的程度 | 0.86 | | | |
| | B_{73} | 组织给予结合自身核心活动探究的程度 | 0.84 | | | |
| | B_{74} | 组织给予产品或服务购买力相匹配的程度 | 0.83 | | | |
| B_8：工作中的基本原则和权利 | B_{81} | 组织员工结社、集体谈判自由的程度 | 0.89 | 0.88 | 0.73 | 0.89 |
| | B_{82} | 组织员工强迫劳动的程度 | 0.87 | | | |
| | B_{83} | 组织给予员工机会平等与非歧视的程度 | 0.90 | | | |
| | B_{84} | 组织给予童工劳动国际、本国法律标准的程度 | 0.79 | | | |

（二）问卷效度检验

问卷效度，也就是测量有效性与准确度，表示通过调查问卷测出的内容与事物本质属性差异程度。如果能够客观地、真实地反映事物本质属性，表明调查问卷测试的内容准确程度较高；反之，如果不能够客观地、真实地反映事物本质属性，表明调查问卷测试的内容准确程度较低。本书通过两种方法对问卷测量判别效度进行比较。第一，依据福尔梅尔和拉克尔（Formell & Larcker，1981）研究成果，比较平均方差萃取（AVE）与各变量系数平方，若平均方差萃取（AVE）大于各变量系数平方，表明各变量之间效度良好；若平均方差萃取（AVE）小于各变量系数平方，表明各变量之间效度不良。第二，限制任意两个相关系数为 1，比较有限制与无限制两个模型间卡方，若卡方变化显著，说明判别效度较好；若卡方变化不显著，说明判别效度不好。经课题组对调查问卷计算，限制前后，任意两个相关系数卡方发生显著变化，这表明中国对外公共投资项目社会责任风险测量问卷判别效度良好。

## 四、模型构建

基于鉴证中国海外公共投资项目社会责任风险的关键制约因素的目标，本书拟采用调查问卷各个指标测量值的均值作为当前中国海外公共投资项目社会责任风险之人权主题中各个可能的影响因子。基于各个变量之间的相关系数，各个变量间不具有严重多重共线性关系。结合专家学者已验证的影响因子，本书构建多元回归模型，基于中国海外公共投资项目经营连续性这一因变量取值是 0 与 1，课题组采用 Logit 和 Probit 回归分析法，为进一步验证模型的稳健性，运用 OLS 回归分析法进行比较，便于回归结果更为可信。具体模型如下：

### （一）构建 Logit 计量模型

$$\log\left[RISK/(1-RISK)\right] = \beta + \beta_1 RR + \beta_2 HRS + \beta_3 AC + \beta_4 HC + \beta_5 DVG$$
$$+ \beta_6 CPR + \beta_7 ESCR + \beta_8 BP$$
$$+ Contorlvaluables + \varepsilon \qquad (7.1)$$

式（7.1）中，$RISK$ 为因变量，解释变量为 $RR$、$HRS$、$AV$ 等。$Contorlvaluables$ 变量为计量模型中控制变量，为 $DV$、$IC$、$HDP$、$HGE$ 等。以此研究方法为主。

## （二）构建 Probit 计量模型

$$\mathrm{p}(Y_i = 1 \mid X_i) = \Phi(\alpha + \beta SR_i + \beta_z Z_i) = \int_{-\infty}^{\alpha + \beta SR_i + \beta_z Z_i} \frac{1}{\sqrt{2\pi}} \exp\left(-\frac{z2}{2}\right) \mathrm{d}z$$

$$(7.2)$$

式（7.2）中，$\Phi(\alpha + \beta SR_i + \beta_z Z_i)$ 把概率取值限定在 0 ~ 1 之间，此时概率模型为 Probit 模型。

## （三）构建 OLS 计量模型

$$RISK_i = \alpha + \beta SR_i + \beta_z Z_i + \varepsilon_i \qquad (7.3)$$

式（7.3）中，被解释变量 $RISK_i$ 表示对外公共投资项目经营连续性与否，解释变量 $SR_i$ 表示对外公共投资项目社会责任变量构成向量集，$Z_i$ 表示其他控制变量所构成向量集，$i$ 表示被调查样本量，$\alpha$ 是常数项向量，$\beta$、$\beta_z$ 是系数向量，$\varepsilon_i$ 是随机扰动项。

# 第四节　实　证　结　果

## 一、描述性统计与相关性分析

表 5 - 6 列示人权主题各个变量及描述性统计结果。$RR$、$HRS$、$AV$ 等变量介于 2.34 ~ 3.21 之间，说明其数字越大政策实施效果越好，与现实情况正好相符；$DV$ 均值 0.28、$IC$ 均值为 1.08，说明其数字越小政策实施效果越好，符合当前现实情况。

## 二、人权因素对中国对外大型公共投资项目社会责任风险影响分析

表 5 - 7 报告了人权因素对中国海外大型公共投资项目社会责任风险的影响。

**表 5-6** 人权变量描述性统计及相关系数

| 变量 | 均值 | 标准差 | RISK | RR | HR | AV | HC | DVG | CPR | ESCR | BP | DV | IC | HDP | HGE |
|---|---|---|---|---|---|---|---|---|---|---|---|---|---|---|---|
| RISK | 0.61 | 0.43 | 1.00 | | | | | | | | | | | | |
| RR | 3.21 | 1.06 | 0.71** | 1.00 | | | | | | | | | | | |
| HRS | 2.89 | 1.23 | -0.33 | 0.30 | 1.00 | | | | | | | | | | |
| AV | 2.78 | 0.94 | 0.51 | 0.22** | 0.33*** | 1.00 | | | | | | | | | |
| HC | 2.65 | 1.04 | 0.81** | -0.42 | 0.18 | -0.24 | 1.00 | | | | | | | | |
| DVG | 2.34 | 0.59 | 0.73*** | 0.19** | 0.29** | 0.10 | 0.33*** | 1.00 | | | | | | | |
| CPR | 2.79 | 1.07 | 0.32 | 0.28 | -0.44 | 0.18** | 0.39** | 0.31* | 1.00 | | | | | | |
| ESCR | 2.93 | 1.02 | 0.86** | 0.49*** | 0.06 | 0.39 | -0.51* | 0.03 | 0.32 | 1.00 | | | | | |
| BP | 2.91 | 1.03 | -0.32 | 0.39 | 0.11* | 0.27*** | 0.35 | 0.31*** | -0.05 | 0.26 | 1.00 | | | | |
| DV | 0.28 | 0.45 | -0.61 | 0.59* | 0.03 | 0.37 | 0.36** | 0.51 | 0.26 | 0.34* | 0.25 | 1.00 | | | |
| IC | 1.08 | 1.21 | 0.89*** | 0.38*** | 0.35*** | -0.27* | 0.53 | 0.30 | 0.51 | 0.09 | -0.10* | 0.49** | 1.00 | | |
| HDP | 3.68 | 1.03 | 0.80*** | 0.19** | 0.43** | 0.35 | 0.50 | 0.43** | -0.54 | 0.21* | 0.19 | 0.21** | 0.37*** | 1.00 | |
| HGE | 3.74 | 1.04 | 0.69*** | 0.03 | 0.30** | 0.44*** | 0.31*** | 0.59 | 0.21 | -0.23 | 0.47** | 0.02 | 0.07** | 0.52* | 1.00 |

注：$*p<0.1$，$**p<0.05$，$***p<0.01$。

**表 5 - 7 人权因素对中国对外大型公共投资项目社会责任风险影响分析回归结果**

| 变量 | Logit 模型 | Probit 模型 | OLS 模型 |
|---|---|---|---|
| RR | 1.624 **<br>(2.281) | 0.747 **<br>(2.214) | 0.115 ***<br>(3.284) |
| HRS | -0.212<br>(-0.347) | -0.193<br>(-0.720) | 0.065 *<br>(1.973) |
| AC | 1.301<br>(1.061) | 0.583<br>(0.701) | 0.083 **<br>(2.258) |
| HC | 1.004 **<br>(2.398) | 0.575 **<br>(2.535) | 0.031<br>(0.486) |
| DVG | 0.902 **<br>(2.303) | 0.453 **<br>(2.099) | 0.087 ***<br>(3.021) |
| CPR | 0.021<br>(0.053) | 0.059<br>(0.264) | 0.018<br>(0.404) |
| ESCR | 2.205 ***<br>(3.612) | 1.049 ***<br>(3.178) | 0.088 **<br>(2.455) |
| BP | -0.352<br>(-0.697) | -0.240<br>(-0.764) | -0.001<br>(-0.023) |
| DV | -0.474<br>(-0.602) | -0.321<br>(-0.926) | -0.065 **<br>(-2.326) |
| IV | 1.175 ***<br>(3.505) | 0.619 ***<br>(2.696) | 0.045 ***<br>(2.299) |
| HDP | 1.461 ***<br>(4.538) | 0.895 ***<br>(3.278) | 0.042<br>(1.246) |
| HGE | 0.848 **<br>(2.537) | 0.438 ***<br>(2.163) | 0.042<br>(1.764) |
| 常数项 | -27.929 ***<br>(-6.964) | -13.797 ***<br>(-8.547) | -0.887 ***<br>(-16.683) |

续表

| 变量 | Logit 模型 | Probit 模型 | OLS 模型 |
|---|---|---|---|
| 样本数 | 567 | 567 | 567 |
| F/Chi$^2$ | 73.683 *** | 95.182 *** | 193.525 *** |
| R$^2$/Pseudo R$^2$ | 0.903 | 0.928 | 0.837 |

注：① * p < 0.1，** p < 0.05，*** p < 0.01；②括号内数值为相应 T 统计量（OLS 模型）或 Z 统计量（Logit 模型、Probit 模型）；③回归估计所用软件为 Stata 12.0；④Logit 模型与 Probit 模型为 Chi$^2$ 统计量，OLS 模型为 F 统计量。

多元回归结果显示：

（1）RR 尽责审查因子。Logit 模型回归系数 $\beta = 1.624$，系数正且显著；Probit 模型回归系数 $\beta = 0.747$，系数正且显著，OLS 模型回归系数 $\beta = 0.115$，系数正且显著。因此，尽责审查因子对中国海外大型公共投资项目社会责任风险正向关系，且显著。

（2）HRS 人权风险状况因子。Logit 模型回归系数 $\beta = -0.212$，系数无显著；Probit 模型回归系数 $\beta = -0.193$，系数无显著；OLS 模型回归系数 $\beta = 0.065$，$p < 0.1$，系数正且边界显著。因此，人权风险状况因子对中国海外大型公共投资项目社会责任风险影响不显著。

（3）AC 避免同谋因子，Logit 模型回归系数 $\beta = 1.301$，系数正且不显著；Probit 模型回归系数 $\beta = 0.583$，系数正且不显著；OLS 模型回归系数 $\beta = 0.083$，系数正且显著。因此，避免同谋因子对中国海外大型公共投资项目社会责任风险影响不显著。

（4）HC 处理申诉因子。Logit 模型回归系数 $\beta = 1.004$，系数正且显著；Probit 模型回归系数 $\beta = 0.575$，系数正且显著；OLS 模型回归系数 $\beta = 0.031$，系数正且显著。因此，处理申诉因子对中国海外大型公共投资项目社会责任风险正相关，且显著。

（5）DVG 歧视和弱势群体因子。Logit 模型回归系数 $\beta = 0.902$，系数正且显著；Probit 模型回归系数 $\beta = 0.453$，系数正且显著；OLS 模型回归系数 $\beta = 0.087$，系数正且显著。因此，歧视和弱势群体因子对中国海外大型公共投资项目社会责任风险正相关，且显著。

（6）CPR 公民权利和政治权利因子。Logit 模型回归系数 $\beta = 0.021$，系数无显著影响；Probit 模型回归系数 $\beta = 0.059$，系数无显著影响；OLS 模型回归系数 $\beta = 0.018$，系数无显著影响。因此，因子歧视和弱势群体对中国海外大型公共投资项目社会责任风险影响不显著。

（7）*ESCR* 经济、社会和文化权利因子，Logit 模型回归系数 $\beta = 2.205$，系数正且显著；Probit 模型回归系数 $\beta = 1.049$，系数正且显著；OLS 模型回归系数 $\beta = 0.088$，系数正且显著。因此，经济、社会和文化权利因子对中国海外大型公共投资项目社会责任风险正相关，且显著。

（8）*BP* 工作中的基本原则和权利因子。Logit 模型回归系数 $\beta = -0.352$，系数无显著影响；Probit 模型回归系数 $\beta = -0.240$，系数无显著影响；OLS 模型回归系数 $\beta = -0.001$，系数无显著影响。因此，工作中的基本原则和权利因子对中国海外大型公共投资项目社会责任风险影响不显著。

（9）*DV* 到 *HGE* 均为控制变量，在这 4 个控制变量中，东道主发达程度与否和开发方式对中国海外大型公共投资项目社会责任风险影响显著。回归模型解释因变量力度与 $R^2$ 正相关，$R^2$ 越大，解释力度越强。对中国海外大型公共投资项目社会责任风险影响成功的解释力度，回归模型 Logit、Probit、OLS 分别为 90.3%、92.8%、83.7%。

综上所述，Logit、Probit、OLS 等模型均得到一致结果，模型 Logit、模型 Probit 更显示出各变量相关强，解释力度大。

# 第五节　主要研究结论与启示

通过回归分析，得出以下具体结论。

## 一、主要研究结论

人权主题中，*RR* 尽职审查变量，*HC* 处理申诉变量，*DVG* 弱势群体变量，*ESCR* 经济、社会和文化权利变量与中国海外大型公共投资项目社会责任风险正相关，且显著。研究发现：

（1）人权越来越在中国对外大型公共投资项目社会风险乃至整个风险中的突出作用越来越大。在新时代背景下，随着中国经济实力增强以及"一带一路"倡议下，以美国为首的西方发达国家时常以人权名义对我国企业进行制裁，加剧中国对外大型公共投资项目风险。因此，加大对人权的研究，减少由于人权导致的对外大型公共投资项目风险。

（2）人权影响对外大型公共投资项目中因更加注重人才政策能对组织内部及利益相关者有指导意义的尽责审查，面对人权风险状况审查增强敏感度，积极及时正面回应关注尊重人权预期目标真正实现程度。

（3）加强避免同谋，不与侵犯人权的合作伙伴达成正式或非正式的伙伴关系或合同关系，组织建立补救机制或确保有可利用的补救机制的合法性、可获得性、可预测性，加强公正性。

（4）加强对弱势群体保护，帮助弱势群体成员提高对其权利的认识，给予弱势群体获得平等的资源与机会；加强公民权利和政治权利，尊重个人的生命权程度、言论和表达自由程度、和平集会和结社自由程度、财产权或共同财产权程度、公正的听证权等。

## 二、实践启示

（1）强化"以人为本"的认知理念，在与东道主国家政府认知基础上，加强与当地居民"双重"认知。既认可当地居民的风俗习惯、惯性对海外公共投资项目的认知，也让当地居民认可海外公共投资项目的社会责任。

（2）进一步加强东道主居民对海外大型公共投资项目有关信息的获取权与知情权，加强海外公共投资项目相关信息的披露工作，定期或不定期地向当地居民公布有关投资项目在实施过程中遇到的，特别是当地居民关注的热点问题、棘手问题，与东道主国家政府、当地居民一起协商共同寻求解决关键问题的途径，保障当地居民经济、社会、文化等相关权利。

（3）熟知东道主国家相关法律法规，加强对东道主国家或居民文化习俗、信仰等传统文化的学习，收集整理东道主国家地域政治以及国际组织有关居民与企业权力的相关法律法规，进一步探寻切入点，达到中国海外大型公共投资项目投资企业、东道主国家或地区、东道主国家或地区地缘政治等三者共鸣。

# 第六章

# 基于 ISO 26000 中国对外大型公共投资项目社会责任风险劳工实践因素实证研究

## 第一节 引　　言

　　ISO 26000《社会责任指南》标准规定：组织劳工实践包含所有在组织内、由组织执行，代表该组织执行、分包的工作在内的有关政策和做法。劳工实践包括为劳动者提供报酬和补偿、创造安全、平等就业机会等。21 世纪是知识经济世纪，是人力资本时代。基于利益相关者理论与资源依赖性理论，人力，依托劳工实践，作为人力资本的附体，发挥着资本专用性。人力资本凭借其专用性成为 21 世纪企业生存与发展的关键性要素，人力资本投资者承担相应的责任风险。人力资本的不可复制性，物质资本的可复制性，二者所依托的所有者共同承担相应的经济、社会等风险，基于"谁承担风险谁获利"原则共同分享企业剩余索取权。员工，作为人力资本的载体，通过人力资本效率的提高获得最大风险报酬、职业稳定机会，以及与效率相对应的工薪报酬（楚金桥和李振涛，2008）。

中国海外公共投资项目企业为实现项目的可持续性，减少由于劳工实践问题导致的社会责任风险，首先要将劳工实践纳入企业高层战略决策。从公平、公开、公正的工作环境的提供开始为员工，特别是东道主国家或地区员工考虑。ISO 26000《社会责任指南》标准中有关劳工实践的主要议题，明确规定杜绝童工的使用、休息权、生命健康权、培训权和福利保险权、确保员工职业选择权等。麦肯齐·金认为企业员工与企业之间的劳资双方从对立面已经走向和平，可以成为共赢的伙伴关系。

## 第二节　相关文献综述与理论假设

联合国国际劳工组织（ILO）《1998 年宣言》为推动贸易自由于全球经济增长，确定了劳工权益的核心劳工标准。ILO 通过与政府、工人、雇主三方代表协商，确立了国际核心劳工标准，在全球价值链对劳工权益予以保护，并在《1998 年宣言》中体现，要求"即使尚未批准有关公约，仅从作为 ILO 成员国这一事实出发，均有义务真诚地并根据《国际劳工组织章程》尊重、促进和实现关于作为这些公约之主题的基本权利的各项原则"[①]。国际核心劳工标准规定了包括结社自由、有效集体谈判权、强迫或强制劳动消除、废除童工、消除职业歧视等在内的劳工普遍享有的权利。

自由贸易协定（Free Trade Agreements，FTA）要求给予劳工最低社会保障条款，给予劳工保护中人权最低承诺，也提供了磋商、合作等手段解决冲突。《北美劳工合作协议》（1994 年）开始将劳工条款在美国与其参加的所有双边、区域自贸协定中予以体现。美国《2002 年贸易法》"促进贸易授权"条款、2007 年美国《两党贸易政策协定》等要求美国签署、批准的自贸协定要具体体现劳工条款。

为消除劳工实践带来的负面影响，欧盟采取劳工社会保障权益国际协调机制（李靖堃，2012），实施"开放性协调"政策，制定相应社会保障协调法令（刘世元，2006；郭喜和白维军，2013），促使劳动自由流动，维护劳

---

① 参见 ILO《1998 年宣言》中第二部分。

工社会保障权益。印度推动劳工社会保障权益国际协调，积极与劳工主要目的地国谈判，先后缔结社会保障双边协定（Tiwari et al.，2017）。TPP 协定某些缔约国批准 ILO 部分基本公约，详见表 6-1。到目前为止，中国尚未批准 ILO 基本公约中第 87 号、第 98 号两个强迫劳动公约，但是，中国每年向 ILO 提交年度报告①。中国企业按照国内惯性思维，加剧了中国对外公共项目投资的风险。

表 6-1　　　　　　　TPP 协定某些缔约国批准 ILO 基本公约简况

| 国家 | 已批准 | 数量（项） |
|------|--------|-----------|
| 美国 | 最恶劣形式童工、消除强迫劳动等公约 | 2 |
| 日本 | 强迫劳动、结社自由和保护组织权利、组织和集体谈判权利、同工同酬、最低年龄、最恶劣形式童工等公约 | 6 |
| 马来西亚 | 强迫劳动、组织和集体谈判、同工同酬、最低年龄、最恶劣形式童工等公约 | 5 |
| 墨西哥 | 强迫劳动、结社自由和保护组织权利、同工同酬、消除强迫劳动公、歧视、最低年龄、最恶劣形式童工等公约 | 7 |

企业提供的员工培训与员工工薪水平、当地经济、社会发展具有显著正相关关系（姚先国和翁杰，2005）。罗宾斯（2005）将员工作为企业社会责任风险评价的核心要素。通过对 KLD 指数中员工关系、产品安全、环境保护、妇女和少数民族等主要议题来进行社会责任的评价，企业社会责任与企业长期绩效具有显著的正相关关系。袁凌、李建和贾玲玲（2014）从现实发展出发，基于理论诉求，得出当前企业增强核心竞争力的关键要素是员工工作投入。资源螺旋效应由个体与组织资源相互促进员工与个体资源增长的螺旋式上升而产生。中国海外投资企业应遵照东道主国家或地区法律基本要求，提供安全、舒适的员工劳动与生活环境。强化员工劳动保护制度，确保员工合理薪酬待遇与工作时间。增加员工政策透明度，邀请员工参与企业战略决

---

① Bellace J R. Human Rightss at Work：The Need for Definitional Coherence in the Global Governance System [J]. The International Journal of Comparative Labor Law and Industrial Relations，2014，30（1）：180.

策中，让员工了解对外公共投资项目具体内容中。积极从就业、发展、升迁等实施员工职业规划，营造心理安全良好环境，摒弃性别、种族、宗教、年龄、信仰等歧视。从劳工实践视角提升我国海外公共投资项目社会与经济效益，实现我国海外公共投资项目可持续发展。

# 第三节　模型设计与实证研究

## 一、变量选取与定义

从前文的文献回顾可知，至今尚未有一套测量企业对外公共投资的社会责任风险量表。因此，本书基于 ISO 26000《社会责任指南》标准以及相关文献采用 5 点 Likert 量表设计量表，得分越高说明对该指标的评价越优。主要的变量选择和设计如下。

（一）对外大型公共投资项目社会责任风险变量

对外大型公共投资项目社会责任风险特指中国海外公共投资项目未能遵守契约，由于社会责任承担不足导致的项目运行的不确定性的程度。课题组将对外大型公共投资项目社会责任风险定义为海外大型公共投资项目投入运营整个阶段连续性程度，若连续性好则表示海外投资项目履行社会责任较好，赋值为 1；若连续性不好，则表示海外投资项目履行社会责任不好，赋值为 0。变量的具体含义：中国海外公共投资项目由于社会责任履行原因导致的项目连续性的影响，连续性中断发生，表示为 0，连续性中断为发生，表示 1，该变量的代码为 $RISK$。

（二）对外大型公共投资项目社会责任风险的影响因素变量

ISO 26000《社会责任指南》标准劳工实践下设就业和雇佣关系、社会保护与工作条件、社会对话、工作中安全与健康、工作场所中人的培训与发展 5 个议题，以此作为变量选择依据，具体见表 6-2。

**表6－2** 公共投资项目社会责任风险劳工实践潜在影响因素

| 依据 | 变量名称 | 变量代码 |
|---|---|---|
| ISO 26000《社会责任指南》标准（2010）、齐丽云和魏婷婷（2013）、赵越春和王怀明（2013） | 就业和雇佣关系 | EM |
| | 工作条件和社会保护 | WS |
| | 社会对话 | DA |
| | 工作中的安全与健康 | HS |
| | 工作场所中人的培训与发展 | TRA |

### （三）其他控制变量

详见人权中响应的其他控制变量。

## 二、问卷设计与发放

### （一）问卷设计

在上述理论基础上，本书问卷通过文献研究回顾与归纳，以及 ISO 26000《社会责任指南》标准中劳工实践因素设计而成，涉及中国海外公共投资项目社会责任风险影响因素与风险后果。中国海外公共投资项目社会责任风险调查问卷设计经历了以下阶段：

第一阶段，文献研究。通过相关文献研究，参考齐丽云和魏婷婷(2013)、赵越春和王怀明（2013）所设计的企业社会责任绩效评价模型，依据 ISO 26000《社会责任指南》标准劳工实践主题，设计了一级指标5个，二级指标18个。一级指标分别为就业和雇佣关系、工作条件和社会保护、社会对话、工作中的健康与安全、工作场所中人的发展与培训，以及二级指标18个。

第二阶段、第三阶段同人权研究程序。

### （二）问卷发放与回收

问卷发放与回收同人权研究程序。

# 三、问卷信度与效度检验

## （一）问卷信度检验

问卷信度检验同人权研究程序。检验结果见表 6-3。

**表 6-3** 　　　　中国对外大型公共投资项目社会责任风险
劳工实践因素问卷信度检验

| 类别 | 问项 | | 载荷 | Cronbach's $\alpha$ | AVE | CR |
|---|---|---|---|---|---|---|
| $C_1$：就业和雇佣关系 | $C_{11}$ | 工作由法律上认可的劳工完成程度 | 0.85 | 0.89 | 0.76 | 0.90 |
| | $C_{12}$ | 承认就业对劳工和社会重要性程度 | 0.84 | | | |
| | $C_{13}$ | 组织变化时信息及时减少消极影响程度 | 0.91 | | | |
| $C_2$：工作条件和社会保护 | $C_{21}$ | 工作条件符合法律劳工标准程度 | 0.90 | 0.94 | 0.83 | 0.91 |
| | $C_{22}$ | 组织提供适宜工作条件的程度 | 0.91 | | | |
| | $C_{23}$ | 组织遵守传统和习俗程度 | 0.89 | | | |
| | $C_{24}$ | 组织同工同酬保证程度 | 0.86 | | | |
| $C_3$：社会对话 | $C_{31}$ | 组织承认社会对话制度重要性程度 | 0.91 | 0.93 | 0.77 | 0.91 |
| | $C_{32}$ | 尊重工人自身利益或集体谈判的程度 | 0.93 | | | |
| | $C_{33}$ | 组织对待员工集体谈判行为的程度 | 0.86 | | | |
| | $C_{34}$ | 组织变革时最大限度地减轻消极影响的程度 | 0.85 | | | |
| $C_4$：工作中健康与安全 | $C_{41}$ | 采用健康与安全管理原则与政策程度 | 0.83 | 0.91 | 0.72 | 0.89 |
| | $C_{42}$ | 控制自身活动中健康与安全风险程度 | 0.84 | | | |
| | $C_{43}$ | 提供职业损害、疾病、事故及处理紧急情况程度 | 0.78 | | | |
| | $C_{44}$ | 为非正常员工提供平等健康与安全保护程度 | 0.85 | | | |

| 类别 | 问项 | 载荷 | Cronbach's α | AVE | CR |
|------|------|------|--------------|-----|-----|
| C₅：工作场所中人的发展与培训 | C₅₁　组织提供技能开发、培训、职业晋升机会程度 | 0.84 | 0.94 | 0.76 | 0.88 |
| | C₅₂　确保被裁员的员工获得再就业、培训和咨询帮助程度 | 0.88 | | | |
| | C₅₃　制订劳资联合计划来促进健康和福利程度 | 0.90 | | | |

## （二）问卷效度检验

问卷效度检验同人权研究程序。

## 四、模型构建

基于鉴证中国海外公共投资项目社会责任风险的关键制约因素的目标，本书拟采用调查问卷各个指标测量值的均值作为当前中国海外公共投资项目社会责任风险之劳工实践主题中各个可能的影响因子。基于各个变量之间的相关系数，各个变量间不具有严重多重共线性关系。结合专家学者已验证的影响因子，本书构建多元回归模型，基于中国海外公共投资项目经营连续性这一因变量取值是 0 与 1，课题组采用 Logit 和 Probit 回归分析法，为进一步验证模型的稳健性，运用 OLS 回归分析法进行比较，便于回归结果更为可信。具体模型如下：

## （一）构建 Logit 计量模型

$$\log[RISK/(1-RISK)] = \beta + \beta_1 EM + \beta_2 WS + \beta_3 DA + \beta_4 HS + \beta_5 TRA$$
$$+ Contorlvaluables + \varepsilon \tag{8.1}$$

式（8.1）中，$RISK$ 为因变量，解释变量为 $EM$、$WS$、$DA$、$HS$、$TRA$ 等。$Contorlvaluables$ 变量为计量模型中控制变量，为 $DV$、$IC$、$HDP$、$HGE$ 等。以此研究方法为主。

## （二） 构建 Probit 计量模型

$$p(Y_i = 1 \mid X_i) = \Phi(\alpha + \beta SR_i + \beta_z Z_i) = \int_{-\infty}^{\alpha + \beta SR_i + \beta_z Z_i} \frac{1}{\sqrt{2\pi}} \exp\left(-\frac{z2}{2}\right) dz$$

$$(8.2)$$

式（8.2）中，$\Phi(\alpha + \beta SR_i + \beta_z Z_i)$ 把概率取值限定在 0～1 之间，此时概率模型为 Probit 模型。

## （三） 构建 OLS 计量模型

$$RISK_i = \alpha + \beta SR_i + \beta_z Z_i + \varepsilon_i \qquad (8.3)$$

式（8.3）中，被解释变量 $RISK_i$ 表示对外公共投资项目经营连续性与否，解释变量 $SR_i$ 表示对外公共投资项目社会责任变量构成向量集，$Z_i$ 表示其他控制变量所构成向量集，$i$ 表示被调查样本量，$\alpha$ 是常数项向量，$\beta$、$\beta_z$ 是系数向量，$\varepsilon_i$ 是随机扰动项。

# 第四节  实 证 结 果

## 一、描述性统计与相关性分析

表 6 - 4 列示了变量的描述性统计结果。$EM$、$WS$、$DA$、$HS$、$TRA$ 等变量均值介于 2.23～3.54 之间，说明其数字越大政策实施效果越好，这与现实情况正好相符；$DV$ 均值为 0.29、$IC$ 均值为 1.03。说明其数字越小政策实施效果越好，符合当前现实情况。

## 二、劳工实践因素对中国对外大型公共投资项目社会责任风险影响分析

表 6 - 5 报告了劳工实践因素对中国海外大型公共投资项目社会责任风险的影响。

表6-4　　劳工实践变量描述性统计及相关系数

| 变量 | 均值 | 标准差 | RISK | EM | WS | DA | HS | TRA | DV | IC | HDP | HGE |
|---|---|---|---|---|---|---|---|---|---|---|---|---|
| RISK | 0.60 | 0.49 | 1.00 | | | | | | | | | |
| EM | 2.47 | 0.93 | 0.78*** | 1.00 | | | | | | | | |
| WS | 3.54 | 0.52 | 0.80** | 0.39 | 1.00 | | | | | | | |
| DA | 2.23 | 0.55 | 0.72* | 0.42** | 0.10** | 1.00 | | | | | | |
| HS | 3.31 | 1.11 | 0.51 | -0.32* | 0.19* | 0.33** | 1.00 | | | | | |
| TRA | 3.12 | 0.89 | -0.74** | 0.53*** | -0.26** | 0.46 | 0.37*** | 1.00 | | | | |
| DV | 0.29 | 0.44 | -0.38 | 0.46 | 0.52 | -0.49* | 0.51** | -0.33 | 1.00 | | | |
| IC | 1.03 | 1.20 | 0.81** | -0.53* | 0.33* | 0.17* | -0.33 | 0.34*** | 0.49** | 1.00 | | |
| HDP | 3.66 | 1.04 | 0.80*** | 0.45*** | 0.24** | 0.34*** | 0.17*** | 0.08** | 0.22** | 0.41*** | 1.00 | |
| HGE | 3.73 | 1.05 | 0.80*** | 0.28 | 0.02*** | -0.07 | 0.41** | 0.11*** | 0.04 | 0.07** | 0.55* | 1.00 |

注：* p<0.1，** p<0.05，*** p<0.01。

**表6-5** 劳工实践因素对中国对外大型公共投资项目
社会责任风险影响分析回归结果

| 变量 | Logit 模型 | Probit 模型 | OLS 模型 |
|------|-----------|------------|----------|
| EM | 11.461 ***<br>(4.656) | 6.091 ***<br>(3.849) | 0.416 ***<br>(5.747) |
| WS | 2.426 **<br>(2.012) | 0.969 *<br>(1.767) | - 0.005<br>( - 0.163) |
| DA | 3.577 *<br>(1.466) | 1.469<br>(1.392) | 0.061 **<br>(2.196) |
| HS | 2.474<br>(0.514) | 1.458<br>(0.632) | 0.233 ***<br>(8.429) |
| TRA | - 9.213 ***<br>( - 5.243) | - 4.817 ***<br>( - 4.073) | - 0.088 ***<br>( - 5.029) |
| DV | - 0.370<br>( - 0.362) | - 0.164<br>( - 0.216) | - 0.096 **<br>( - 2.214) |
| IC | 2.575 ***<br>(3.608) | 1.437 ***<br>(2.915) | 0.052 ***<br>(2.961) |
| HDP | 5.947 ***<br>(3.569) | 3.124 ***<br>(2.897) | 0.011<br>(0.869) |
| HGE | 4.706 ***<br>(4.601) | 2.139 ***<br>(3.795) | 0.064 ***<br>(3.219) |
| 常数项 | - 70.215 ***<br>( - 5.225) | - 35.686 ***<br>( - 4.614) | - 0.637 ***<br>( - 4.813) |
| 样本数 | 567 | 567 | 567 |
| F/Chi$^2$ | 43.951 *** | 51.484 *** | 268.499 *** |
| R$^2$/Pseudo R$^2$ | 0.895 | 0.906 | 0.857 |

注：①* $p < 0.1$，** $p < 0.05$，*** $p < 0.01$；②括号内数值为相应 T 统计量（OLS 模型）或 Z 统计量（Logit 模型、Probit 模型）；③回归估计所用软件为 Stata 12.0；④Logit 模型与 Probit 模型为 Chi$^2$，统计量 OLS 模型为 F 统计量。

多元回归结果显示：

（1）*EM* 就业和雇佣关系因子。Logit 模型回归系数 $\beta = 11.461$，系数正且显著；Probit 模型回归系数 $\beta = 6.091$，系数正且显著，OLS 模型回归系数

$\beta = 0.416$，系数正且显著。因此，就业和雇佣关系因子对中国海外大型公共投资项目社会责任风险正向关系，且显著。

（2）*WS* 工作条件和社会保护因子。Logit 模型回归系数 $\beta = 2.426$，系数正且显著；Probit 模型回归系数 $\beta = 0.969$，系数正且显著；OLS 模型回归系数 $\beta = -0.005$，系数负且显著。因此，工作条件和社会保护因子对中国海外大型公共投资项目社会责任风险正相关，且显著。

（3）*DA* 社会对话因子。Logit 模型回归系数 $\beta = 3.577$，系数正且显著；Probit 模型回归系数 $\beta = 1.469$，系数正且不显著；OLS 模型回归系数 $\beta = 0.061$，系数正且显著。因此，社会对话因子对中国海外大型公共投资项目社会责任风险影响不显著。

（4）*HS* 工作中的健康与安全因子。Logit 模型回归系数 $\beta = 2.474$，系数正且不显著；Probit 模型回归系数 $\beta = 1.458$，系数正且不显著；OLS 模型回归系数 $\beta = 0.233$，系数正且显著。因此，工作中的健康与安全因子对中国海外大型公共投资项目社会责任风险正相关，且显著。

（5）*TRA* 工作场所中人的发展与培训因子。Logit 模型回归系数 $\beta = -9.213$，系数为负且显著；Probit 模型回归系数 $\beta = -4.817$，系数为负且显著；OLS 模型回归系数 $\beta = -0.088$，系数为负且显著。因此，工作场所中人的发展与培训因子对中国海外大型公共投资项目社会责任风险负相关，且显著。

（6）*DV* 到 *HGE* 均为控制变量，在这 4 个控制变量中，东道主发达程度与否和开发方式对中国海外大型公共投资项目社会责任风险影响显著。回归模型解释因变量力度与 $R^2$ 正相关，$R^2$ 越大，解释力度越强。对中国海外大型公共投资项目社会责任风险影响成功的解释力度，回归模型 Logit、Probit、OLS 分别为 89.5%、90.6%、85.7%。

综上所述，Logit、Probit、OLS 等模型均得到一致结果，模型 Logit、模型 Probit 更显示出各变量相关强，解释力度大。

## 第五节　主要研究结论与启示

通过回归分析，得出以下具体结论。

## 一、主要研究结论

劳工实践主题中，*EM* 就业和雇佣关系变量、*WS* 工作条件和社会保护变量与中国海外大型公共投资项目社会责任风险正相关，且显著；*TRA* 工作场所中人的发展与培训变量与中国海外大型公共投资项目社会责任风险负相关，且显著，究其原因可能是随着员工技能与知识等的培训提升了其知识和技能，增强其维权意识，对企业社会责任提出了更高的要求，加剧了海外大型公共投资项目的社会责任风险。研究发现：

（1）劳工实践已成为中国对外大型公共投资项目社会责任风险乃至于整个风险中的制约瓶颈。解决好劳工实践问题有利于提升中国对外大型公共投资项目的可持续性与高质量发展。因此，加大对劳工实践各项制约因素的研究与开展，深入剖析相关劳工实践微观制约因素有利于减少中国对外公共项目投资风险。

（2）加强与东道主国家或地区的就业和雇佣关系，具体表现为：基于法律意义上男女雇员或自雇人员来完成所有工作；增强有保障就业对于劳动者个人和全社会重要性的承认性，并在组织变化时，及时准确地将信息发布，同时，积极共同考虑如何最大限度地减少消极影响。

（3）工作条件与社会保护与中国对外公共项目投资风险负相关，工作条件越好，对于社会保护越有利，对外公共项目投资风险就越小。具体表现为：符合国际法和国内法律法规国际劳工标准的工作条件与适宜的工作条件、尽可能允许遵守国家或宗教的传统和习俗，保证同工同酬；加强工作过程中的劳工的健康与安全，采用健康与安全管理原则，制定、执行并保持职业健康安全政策，及时记录、调查、分析并控制劳工在工作活动中的健康与安全风险等。

（4）加强与劳工社会对话，增加工作场所中劳工发展与培训。组织树立与劳工社会对话制度的重要性意识，尊重劳工为促进自身利益或进行集体谈判而组建或加入组织的权利，不阻挠劳工寻求组建或加入自己组织并进行集体谈判的行为，在组织变革时合理告知有关政府主管当局和工人代表，以便共同审查其影响，最大限度地减轻消极影响；增加工作场所中劳工发展与培训，在平等与非歧视基础上提供技能开发、培训和学徒及获得职业晋升机会，确保必要时被裁员的劳工获得接受再就业、培训和咨询方面的帮助，有机会制订劳资联合计划来促进健康和福利等。

## 二、实践启示

（1）进一步向东道主国家或地区释放一定技术红利。在保持中国技术5~8年国际领先条件下加强技术转让。通过东道主国家居民本地员工教育与培训，或者到中国对东道主员工进行技术培训与教育，提升其所在国家技术水平与技术条件。

（2）在保持投资项目可持续发展前提条件下优先加强对东道主国家或地区员工的雇佣，为东道主国家就业问题提供解决途径。加强科技创新合作，促进包容性经济增长、创造就业等方面增强东道主国家或地区员工的本土化。与东道主国家或地区共同面对包括环境、能源、粮食、水、土壤、农业和生物科技等方面的挑战。

（3）针对员工安全与健康工作环境，定期或不定期加强社会对话。积极应对东道主国家或地区在内的国际社会共同的经济挑战，加强针对中小企业、妇女、儿童等弱势群体的工作环境等领域对话与重点合作。

（4）深入开展东道主国家文化本质属性研究，树立东道主传统文化的深度融合意识，培养本土化员工熟悉加以认知的企业文化。探讨投资者国家与东道主国家或地区之间在价值观，规范，习俗以及传统在内的文化差异，分析文化差异原因和影响，特别是中西方跨文化差异与影响，对于加强中西方投资者与东道主之间的理解与尊重，减少文化冲突，促进文化融合意义重大。进一步培养本企业的东道主国家员工认知的企业文化。

# 第七章

# 基于 ISO 26000 中国对外大型公共投资项目社会责任风险环境因素实证研究

## 第一节 引 言

ISO 26000《社会责任指南》标准规定：作为人类生存与繁荣的前提条件，环境责任是组织承担社会责任的重要方面。组织决定与活动时刻影响自然环境。气候变暖、自然资源枯竭、环境污染、栖息地破坏、物种灭绝、生态系统整体崩溃、城市与乡村聚集地退化等问题已成为当前社会面临的环境挑战。人口的增长、消费的不断增加加剧了人类生存安全与社会健康，威胁着人类福祉。减少并进一步消除生产方式的不可持续性，转变消费方式，实现可持续性的生产与消费已成为全球共识。环境问题涉及地方、区域以及全球层面，需要全面、系统、共同体系加以解决。《中华人民共和国公司法》（2006 年）明确规定公司必须"承担相应社会责任"；《关于加强上市公司社会责任承担工作的通知》（上海证券交易所，2008）

明确规定社会、环境及生态、经济等方面的可持续性必须体现在上市公司社会责任报告中。从社会、环境两个关系方面评价了企业社会责任。

斯派塞（Spicer，1978）对环境污染企业股票价格展开了研究，研究结果表明，在环境污染数据公布前两天，环境污染企业股票价格会出现不正常下滑的现象，特别是在环境污染数据公布当点，其表现较差，这引起投资下降。研究也表明，毒气排放比较多的上市公司在第一次公布有毒物体排放量（TRI）后，股票回报明显下降。通过研究表明，环境保护企业由于环保问题排名靠前，从而促使其股票价格出现非正常上升。负环境责任的企业，相对于不负环境责任的企业，其企业利润相对比较高（Jain，2001）。

广义上讲，对外投资环境风险问题，物理、化学、生物等层面环境问题都纳入环境风险范畴；也包括狭义上的投资企业日常经营活动、投资国政治、经济、战略，以及国际形象等由于不良问题对东道主国家环境造成的一切不利影响。以西方发达国家为主体的国际社会普遍认为，中国"一带一路"倡议以及实施"走出去"战略等作为国家政府行为推行且进行实施，不是企业自主经营行为。中国海外大型公共投资项目更是作为"中国形象"代言人的角色出现在西方主流媒体上。苏丹麦洛维水电站大坝环境影响评估不合格等环境问题的报道时常发生。英国BBC、《金融时报》等国际媒体指责中国政府以及相关金融机构不作为，这不仅仅是环境问题，更是由于环境问题引出的国际政治冲突、经济利益斗争。2011年9月，缅甸密松大坝项目由于环境问题被迫停工，这时已经正常运营近两年之久，总投资额高达36亿美元。以西方媒体为主流的国际话语权基于政治考虑对此问题加以扩大，玷污中国国际形象，在一定程度上加大了中国海外公共投资项目社会责任风险。生态环境责任已成为中国海外大型公共投资项目考虑的首要责任之一。

## 第二节　相关文献综述与理论假设

国际上，联合国于1972年第一次提出了并通过了《人类环境宣言》；世界环境与发展委员会于1987年发表《我们共同的未来》报告中指出环境问题已成为世界公认的全球性问题。中共十八大报告首次指出"要把生态文明建设放在突出地位，融入经济建设、政治建设、文化建设、社会建设各方面和全过程，努力建设美丽中国，实现中华民族永续发展"。"建设美丽中国"成为党和政府构建环境、社会、经济、人口等和谐生态发展的绿色道路，实现健康生态和谐的"中国梦"。为解决全球环境污染严重问题，经济学家庇古率先提出"政府利用宏观税收调节环境污染行为"的环境税收思想，成为环境规制的理论基础。目前，依据我国《大气污染防治法》规定，污染企业最高罚款 10 万元，对于污染企业处罚额度非常低，对于较大企业来说，处罚力度与违法成本不成正比，甚至与行政监管的行政成本不匹配。污染企业根深蒂固躲避污染治理的思想使得世界各国政府环境保护法制定与环境保护执法人员处境尴尬，再加上政府环境保护法制定与环境污染投资方向的腐败等问题严重影响了环境污染治理的进程。2011 年 ISO 26000 新国际社会责任标准颁布后，环境污染治理成为新社会责任标准的七大主题之一。国内外大变革大转换大调整的大背景下，在国内新政新理念新时期，构建生态和谐社会，保持生态环保可持续发展是绿色财富，发展生态环保事业更是发展生产力，因此，研究环境污染与政府环境规制、经济社会发展问题成为当前亟须的重大课题。

在经济发展过程中，特别是在经济转轨过程中权力寻租造就了权力腐败，腐败通常来自市场经济中的政府管制或计划经济下政府对经济的全面控制（孙刚等，2005）。腐败是世界各国所面临的共同敌人，不同国家在不同发展阶段表现出不同的腐败问题。经济学中将腐败定义为"公共权力被用来以违反规则的方式追求个人利益的行为"（Jain，2001）。腐败对经济发展的负面影响为很多专家学者所证实。腐败与环境关系的研究始于 20 世纪 90 年代末。近年来，国内外学者越来越关注腐败对经济增长、社会发展和自然环境的影响（Mauro，1998）。洛佩兹和米特（Lopez & Mitra，2000）得出政府是否与污染企业合作，EKC 曲线都存在，腐败会提升 EKC 污染拐点的收入水平的结论。腐败通过扭曲资源配置、增加交易成本、降低政府效率等多种机制对国内投资、外商直接投资和对外贸易模式等产生显著的负面影响，阻碍一国的经济和社会发展。除此之外，腐败还能通过降低环境规制、扭曲环境和资源政策、改变外资和对外贸易模式、阻碍经济发展等多种路径，对一国的自然环境产生影响（Leitao，2010）。国内外学者主要从收入、环境管制或环境政策、开放经济三个方面对腐败对环境污染的影响。

早在 20 世纪 70 年代经济学家就开始将规制纳入环境，环境规制成为当前规制经济学研究的一个新兴热点领域。到目前为止，形成了以明确产权、形成交易市场达到配置最优的科斯定理和通过征收庇古税或发放排污许可等方式达到限制外部性目的的政府规制。从逆向选择、有限责任、道德风险混合模型等角度探讨了环境规制问题；规制间不断重叠促使发生效率损失概率增大，环境规制低效率和规制成本增加；目标明确的规制政策及成本补贴是降低公共运输所造成的环境污染行之有效办法；提高制度和政策完善性保护环境；较高自由降低一些污染物，但不是所有污染物的结论；非民主政治体制环境质量会更低；政府体制完善程度与森林遭受破坏程度呈反向关系。以上研究，政府规制对环境污染治理已成为世界各国经济社会进一步发展所要解决的一致问题，世界各国政府大多采用成立环境规制机构对企业污染进行规制。我国政府也是通过成立环境局、制定《中华人民共和国环境保护法》等对企业污染进行规制。在环境规制经济学中存在环境污染企业与政府环境保护执行部门之间的博弈。

# 第三节　模型设计与实证研究

## 一、变量选取与定义

综上前文相关文献可知，到目前为止，尚未有一套社会责任风险量表，用来测量企业对外公共投资项目。基于 ISO 26000《社会责任指南》标准，依据前文相关文献，课题组采用 5 点 Likert 量表设计中国海外公共投资项目的量化表，量化表中得分越高，说明该指标越优。主要变量选择与设计如下。

### （一）对外大型公共投资项目社会责任风险变量

对外大型公共投资项目社会责任风险特指中国海外公共投资项目未能遵守契约，由于社会责任承担不足导致的项目运行的不确定性的程度。本书将对外大型公共投资项目社会责任风险定义为海外大型公共投资项目投入运营整个阶段连续性程度，若连续性好则表示海外投资项目履行社会责任能较好，赋值为 1；若连续性不好，则表示海外投资项目履行社会责任不好，赋值为

0。变量的具体含义：中国海外公共投资项目由于社会责任履行原因导致的项目连续性的影响，连续性中断发生，表示为 0，连续性中断为发生，表示为 1，该变量的代码为 *RISK*。

（二）对外大型公共投资项目社会责任风险的影响因素变量

ISO 26000《社会责任指南》标准环境主题下设防止污染、资源可持续利用、减缓并适应气候变化、环境保护、生物多样性和自然栖息地恢复 4 个议题，以此作为变量选择依据，具体见表 7 - 1。

表 7 - 1　　　　　　　公共投资项目社会责任风险潜在影响因素

| 依据 | 变量名称 | 变量代码 |
| --- | --- | --- |
| ISO 26000《社会责任指南》标准（2010）、齐丽云和魏婷婷（2013）、赵越春和王怀明（2013） | 防止污染 | *PP* |
| | 资源可持续利用 | *SU* |
| | 减缓并适应气候变化 | *CC* |
| | 环境保护、生物多样性和自然栖息地恢复 | *NR* |

（三）其他控制变量

详见人权中响应的其他控制变量。

## 二、问卷设计与发放

（一）问卷设计

在上述理论基础上，本书问卷通过文献研究回顾与归纳，以及 ISO 26000《社会责任指南》标准中环境因素设计而成，涉及中国海外公共投资项目社会责任风险影响因素与风险后果。中国海外公共投资项目社会责任风险调查问卷设计经历了以下阶段：

第一阶段，文献研究。通过相关文献研究，参考齐丽云和魏婷婷（2013）所设计的企业社会责任绩效评价模型，依据 ISO 26000《社会责任指南》标准环境主题，设计了一级指标 4 个，二级指标 15 个。一级指标分别为防止污染、资源可持续利用、减缓并适应气候变化，以及环境保护、生物多样性和自然栖息地恢复，以及二级指标 15 个。

第二阶段、第三阶段同人权研究程序。

## （二）问卷发放与回收

问卷发放与回收同人权研究程序。

## 三、问卷信度与效度检验

## （一）问卷信度检验

问卷信度检验同人权研究程序。检验结果见表 7 - 2。

表 7 - 2　　中国对外大型公共投资项目社会责任风险环境因素问卷信度检验

| 类别 | 问项 | 载荷 | Cronbach's $\alpha$ | AVE | CR |
|---|---|---|---|---|---|
| $D_1$：防止污染 | $D_{11}$　组织识别决策和活动与周边环境关系和影响程度 | 0.92 | 0.92 | 0.74 | 0.94 |
| | $D_{12}$　识别组织活动有关污染来源和废弃物来源程度 | 0.81 | | | |
| | $D_{13}$　测量、记录并报告污染来源和耗能减少的程度 | 0.85 | | | |
| | $D_{14}$　妥善管理无法避免的污染和废弃物程度 | 0.86 | | | |
| | $D_{15}$　就污染排放和废弃物与当地社区沟通程度 | 0.87 | | | |
| $D_2$：资源可持续利用 | $D_{21}$　组织识别能源、水等资源来源程度 | 0.76 | 0.89 | 0.72 | 0.91 |
| | $D_{22}$　采取资源效率措施减少对能源使用程度 | 0.82 | | | |
| | $D_{23}$　采取可持续、可再生、低环境影响资源的程度 | 0.86 | | | |
| | $D_{24}$　回收材料和促进水资源再利用程度 | 0.89 | | | |

| 类别 | 问项 | | 载荷 | Cronbach's α | AVE | CR |
|---|---|---|---|---|---|---|
| D₃：减缓并适应气候变化 | D₃₁ | 组织采取减缓气候变化有效措施程度 | 0.84 | 0.83 | 0.74 | 0.81 |
| | D₃₂ | 组织采取适应气候变化有效措施程度 | 0.87 | | | |
| D₄：环境保护、生物多样性和自然栖息地恢复 | D₄₁ | 消除生物多样性和生态系统服务潜在消极影响程度 | 0.83 | 0.93 | 0.73 | 0.91 |
| | D₄₂ | 参与市场机制从保护生态系统服务中创造经济价值程度 | 0.87 | | | |
| | D₄₃ | 生态系统服务未来获益的行动程度 | 0.71 | | | |
| | D₄₄ | 建立并实施管理土地、水资源和生态系统的整体战略程度 | 0.92 | | | |

## （二）问卷效度检验

问卷效度检验同人权研究程序。

## 四、模型构建

基于鉴证中国海外公共投资项目社会责任风险的关键制约因素的目标，课题组拟采用调查问卷各个指标测量值的均值作为当前中国海外公共投资项目社会责任风险之环境主题中各个可能的影响因子。基于各个变量之间的相关系数，各个变量间不具有严重多重共线性关系。结合专家学者已验证的影响因子，课题组构建多元回归模型，基于中国海外公共投资项目经营连续性这一因变量取值是 0 与 1，课题组采用 Logit 和 Probit 回归分析法，为进一步验证模型的稳健性，运用 OLS 回归分析法进行比较，便于回归结果更为可信。具体模型如下：

## （一）构建 Logit 计量模型

$$\log\left[RISK/(1-RISK)\right] = \beta + \beta_1 PP + \beta_2 SU + \beta_3 CC + \beta_4 NR$$
$$+ Contorlvaluables + \varepsilon \qquad (9.1)$$

式（9.1）中，*RISK* 为因变量，解释变量为 *PP*、*SU*、*CC*、*NR* 等。*Contorlvaluables* 变量为计量模型中控制变量，为 *DV*、*IC*、*HDP*、*HGE* 等。以此研究方法为主。

（二）构建 Probit 计量模型

$$p(Y_i = 1 \mid X_i) = \Phi(\alpha + \beta SR_i + \beta_z Z_i) = \int_{-\infty}^{\alpha+\beta SR_i+\beta_z Z_i} \frac{1}{\sqrt{2\pi}} \exp\left(-\frac{z2}{2}\right) dz$$

(9.2)

式（9.2）中，$\Phi(\alpha + \beta SR_i + \beta_z Z_i)$ 把概率取值限定在 0～1 之间，此时概率模型为 Probit 模型。

（三）构建 OLS 计量模型

$$RISK_i = \alpha + \beta SR_i + \beta_z Z_i + \varepsilon_i \tag{9.3}$$

式（9.3）中，被解释变量 $RISK_i$ 表示对外公共投资项目经营连续性与否，解释变量 $SR_i$ 表示对外公共投资项目社会责任变量构成向量集，$Z_i$ 表示其他控制变量所构成向量集，$i$ 表示被调查样本量，$\alpha$ 是常数项向量，$\beta$、$\beta_z$ 是系数向量，$\varepsilon_i$ 是随机扰动项。

# 第四节  实 证 结 果

## 一、描述性统计与相关性分析

表 7-3 列示了变量的描述性统计结果。*PP*、*SU*、*CC*、*NR* 等变量均值介于 2.24～3.17 之间，说明其数字越大政策实施效果越好，这与现实情况正好相符；*DV* 均值为 0.31、*IC* 均值为 1.03，说明其数字越小政策实施效果越好，符合当前现实情况。

**表 7－3**

**环境变量描述性统计及相关系数**

| 变量 | 均值 | 标准差 | RISK | PP | SU | CC | NR | DV | IC | HDP | HGE |
|------|------|--------|------|-----|-----|-----|-----|-----|-----|-----|-----|
| RISK | 0.60 | 0.49 | 1.00 | | | | | | | | |
| PP | 3.17 | 1.10 | 0.83*** | 1.00 | | | | | | | |
| SU | 2.89 | 0.65 | 0.81*** | -0.34 | 1.00 | | | | | | |
| CC | 2.79 | 0.97 | 0.84*** | 0.03*** | 0.54*** | 1.00 | | | | | |
| NR | 2.24 | 0.52 | 0.89*** | 0.43* | 0.51* | -0.21* | 1.00 | | | | |
| DV | 0.31 | 0.46 | 0.32 | 0.42** | -0.21 | 0.65** | 0.54** | 1.00 | | | |
| IC | 1.03 | 1.20 | 0.86*** | -0.59 | 0.07** | 0.31* | -0.50** | 0.49** | 1.00 | | |
| HDP | 3.66 | 1.04 | 0.77** | 0.08** | -0.53** | -0.09*** | 0.45*** | 0.22** | 0.37*** | 1.00 | |
| HGE | 3.73 | 1.05 | -0.82*** | 0.20*** | 0.46*** | 0.18* | 0.09 | 0.03* | 0.07** | 0.55* | 1.00 |

注：* p<0.1，** p<0.05，*** p<0.01。

## 二、环境因素对中国对外大型公共投资项目社会责任风险影响分析

表7-4报告了环境因素对中国海外大型公共投资项目社会责任风险的影响。

表7-4　　　　　　　环境因素对中国对外大型公共投资项目
社会责任风险影响分析回归结果

| 变量 | Logit 模型 | Probit 模型 | OLS 模型 |
|------|-----------|------------|----------|
| PP | 5.393 *** <br> (3.634) | 3.814 *** <br> (3.516) | 0.271 *** <br> (8.359) |
| SU | 18.147 ** <br> (2.750) | 10.141 ** <br> (2.455) | 0.151 *** <br> (4.371) |
| CC | 16.653 ** <br> (2.318) | 9.413 ** <br> (2.717) | 0.147 *** <br> (5.485) |
| NR | 6.143 *** <br> (2.588) | 3.481 *** <br> (2.464) | 0.086 ** <br> (2.401) |
| DV | 1.661 <br> (0.814) | 0.689 <br> (0.673) | -0.057 * <br> (-1.689) |
| IC | 6.896 ** <br> (2.117) | 3.943 ** <br> (2.657) | 0.035 *** <br> (3.327) |
| HDP | 9.570 ** <br> (2.530) | 5.641 ** <br> (2.033) | 0.010 <br> (0.692) |
| HGE | -1.230 ** <br> (-1.919) | -0.860 ** <br> (-2.104) | 0.042 <br> (1.151) |
| 常数项 | -62.370 *** <br> (-2.569) | -34.630 ** <br> (-2.358) | -0.565 *** <br> (-5.350) |
| 样本数 | 567 | 567 | 567 |
| F/Chi$^2$ | 26.680 *** | 34.441 *** | 301.410 *** |
| R$^2$/Pseudo R$^2$ | 0.969 | 0.978 | 0.867 |

注：①*p<0.1，**p<0.05，***p<0.01；②括号内数值为相应 T 统计量（OLS 模型）或 Z 统计量（Logit 模型、Probit 模型）；③回归估计所用软件为 Stata 12.0；④OLS 模型为 F 统计量，Logit 模型与 Probit 模型为 Chi$^2$ 统计量。

多元回归结果显示：

（1）*PP* 防止污染因子。Logit 模型回归系数 $\beta = 5.393$，系数正且显著；Probit 模型回归系数 $\beta = 3.8141$，系数正且显著，OLS 模型回归系数 $\beta = 0.271$，系数正且显著。因此，防止污染因子对中国海外大型公共投资项目社会责任风险正向关系，且显著。

（2）*SU* 资源可持续利用因子。Logit 模型回归系数 $\beta = 18.147$，系数正且显著；Probit 模型回归系数 $\beta = 10.141$，系数正且显著；OLS 模型回归系数 $\beta = 0.151$，系数正且显著。因此，资源可持续利用因子对中国海外大型公共投资项目社会责任风险正向关系，且显著。

（3）*CC* 减缓并适应气候变化因子。Logit 模型回归系数 $\beta = 16.653$，系数正且显著；Probit 模型回归系数 $\beta = 9.413$，系数正且显著；OLS 模型回归系数 $\beta = 0.147$，系数正且显著。因此，减缓并适应气候变化因子对正向关系，且显著。

（4）*NR* 环境保护、生物多样性和自然栖息地恢复因子。Logit 模型回归系数 $\beta = 6.143$，系数正且显著；Probit 模型回归系数 $\beta = 3.481$，系数正且显著；OLS 模型回归系数 $\beta = 0.086$，系数正且显著。因此，环境保护、生物多样性和自然栖息地恢复因子对正向关系，且显著。

（5）*DV* 到 *HGE* 均为控制变量，在这 4 个控制变量中，东道主发达程度与否和开发方式对中国海外大型公共投资项目社会责任风险影响显著。回归模型解释因变量力度与 $R^2$ 正相关，$R^2$ 越大，解释力度越强。对中国海外大型公共投资项目社会责任风险影响成功的解释力度，回归模型 Logit、Probit、OLS 分别为 96.9%、97.8%、86.7%。

综上所述，Logit、Probit、OLS 等模型均得到一致结果，模型 Logit、模型 Probit 更显示出各变量相关强，解释力度大。

# 第五节　主要研究结论与启示

通过回归分析，得出以下具体结论。

## 一、主要研究结论

环境主题中，*PP* 防止污染变量、*CC* 减缓并适应气候变化以及环境保护变量、*SU* 资源可持续性变量、*NR* 生物多样性与自然栖息地恢复变量等与中国海外大型公共投资项目社会责任风险正相关，且显著。研究发现：

（1）环境问题是全球性的公共问题，经济发展与环境问题成为此消彼长的矛盾体。部分专家学者认为经济发展成为环境侵害的主要原因。为此，实现绿色生态经济成为世界各国的共识。西方国家时常以环境问题对中国对外大型公共投资项目进行抨击与制约。为此，加大环境保护，实施绿色发展战略，增加对外大型公共投资项目绿色因素，提升环保标准，抑制中国对外大型公共投资项目风险。

（2）加强不可再生资源的可持续利用。积极主动测量、记录和报告大量使用的能源，采取有效措施提升资源利用效率，积极最大限度节省对能源、水以及其他不可再生资源的使用。积极研发可再生资源予以替代不可再生资源，有利于提升中国对外大型公共投资项目在东道主国家或地区的环保形象。尽可能地使用回收材料和促进水资源再利用，促进风险减少。

（3）环境保护，促进生物多样性，加强自然栖息地恢复与中国对外公共项目投资风险负相关。加强环境保护，组织有效减缓并适应气候变化，参与市场机制以将环境影响成本内部化，并从保护生态系统服务中创造经济价值，建立并实施管理土地、水资源和生态系统的整体战略，以社会公平的方式促进土地、水资源和生态系统的保护和可持续利用等具体措施有利于降低对外公共项目投资风险。

## 二、实践启示

（1）避免环境责任中的"小雨蛙大麻烦"。在对外大型公共投资项目投标前详细真实地对该项目实施地区的环境影响评估。通过环境影响评估，精准掌握中国对外大型公共投资项目在投产以及后续几十年经营中给予当地环境可能造成的不利影响，以及在实施过程中遇到影响环境危机事件时如何应对等。避免由于环境评估失误导致的"小雨蛙大麻烦"风险。

（2）加强环境保护问题，深度认知东道主及其地缘政治国家或组织相关涉及环境法律法规。深入研究东道主国家或地区内部以及周边的有关环境方面法律，树立环保意识，强化环保理念。明确国际直接投资国际法规与运行机制，建立健全项目环境风险评估、预警、防范及治理机制。

（3）加强资源可持续性，主动采取减缓并适应气候变动行动，积极防治环境污染，注重自然栖息地修复。在 21 世纪，中国对外公共项目投资需要积极主动防治污染，实现资源可持续性，根据投资具体情况与合理需求与东道国形成互动适应，共同减缓并适应气候变化行动，注重环境保护与自然栖息恢复。

# 第八章

# 基于 ISO 26000 中国对外大型公共投资项目社会责任风险公平运行实践因素实证研究

## 第一节 引 言

ISO 26000《社会责任指南》标准规定，组织同其他组织打交道时，公平运行实践涉及的道德行为。公平运行实践将企业组织与政府机构、与其加入协会、与其合作伙伴、与承包商、与供应商、与竞争者、与顾客等两两之间关系纳入其体系之内。公平运行实践问题表现在公平竞争、负责任参与有关公共领域、负有社会责任行为、尊重财产所有权、与其他相关组织关系等。公平竞争权是指经营者竞争利益合法性。竞争利益是指市场参与主体基于市场经济体制，在商品、服务，以及交易条件的有利性选择相对交易人，获取自己业务利益的发展机制。这种竞争利益可得利益，是动态性的。① 作为市场力量发挥的关键，公平

---

① 刘继峰. 反垄断法的法益结构及实现机制［D］. 北京：中国政法大学，2009.

竞争是市场经济的灵魂，有利于激发市场活力与创造力。反对垄断与不正当竞争，完善权利、机会、规则等市场环境的平等，有利于促进生产要素使用的平等机会，以及市场竞争的公开、公平、公正。

恶劣的市场环境导致公司低下的工作效率，成为市场竞争劣势的主要标志（许玉明，2016）。企业环境政策与组织结构改革具有显著正相关关系（高鹤文，2012），提倡与加强企业道德行为，将企业道德行为与企业文化相融，并将其纳入企业战略决策中。公平运行实践的基础是遵守企业道德行为。

# 第二节　相关文献综述与理论假设

市场与政府在理想状态下是一种分工与协作关系。作为资源配置的一种有效机制，市场通过竞争给予最有效市场主体最优质的资源，促进整体社会资源有效使用，让个体为实现其更高生活目标拥有更多增量资源；政府有利于保障公平，一旦市场失灵，政府以非市场手段加以矫正，促使个体公平分享集体行为创造的增量资源的机会，实现其各自经济目标。弗里德曼（Friedman，1970）认为，在政府有效履行征税责任时，企业将增加利润作为唯一的社会责任。

马科尔（Cole，2007）经过研究认为，权力寻租在一定程度上阻碍了当地经济增长，间接降低了当地污染水平，当地环境污染成本增加（Welsch，2004）。由于不同地区经济发展水平以及收入水平的异质性，这种影响也表现为异质性。跨国污染公司，通过不公平市场手段加剧了当地环境保护以及投资方向等政策制定方面向跨国污染公司倾斜，相对忽视了当地居民的生存权利与利益，延缓了当地环境治理进程，无形中加剧了当地环境污染，降低了当地居民生活水平与收入水平。伊万诺娃（Ivanova，2011）认为，环境政策制定的不公正性、不公平性大大降低当地环境规制有效性与政策强度，导致环境污染排放量增加。"污染天堂"现象发生（Smarzynska & Wei，2001），并普遍存在。由于东道主国家或地区不公平运行程度加以对环境规制造成影响（Damania et al.，2003）。

国内，吴桐和席月民（2021）认为，公平竞争审查在优化营商环境、维护市场自由公平竞争方面具有突出的制度性价值。公平竞争审查涉及央地政府、不同政府部门以及政府与市场间多重博弈关系，具体呈现出以自我利益为中心的府际权力博弈以及围绕公共利益的政府与市场间的对抗性博弈或"通谋共生"等。通过系统地构建具有相容性的行政激励与监督治理体系，促进公平竞争审查制度的持续优化，提升市场经济效率、激发市场主体活力。田露露和韩超（2021）以行业清洁生产政策为例，环境规制对市场势力影响，并讨论由此可能引致的非公平竞争问题。研究发现，受规制企业的市场势力有显著提高；相较于清洁企业，污染企业在环境规制政策下市场势力相对更高，且排污强度会与政策结合来提高企业市场势力；外资属性、企业规模对市场势力负向相关，但与政策结合后正相关。在关注环境治理效果同时，充分重视其经济影响，确保在有效治理环境同时兼顾公平竞争。

# 第三节　模型设计与实证研究

## 一、变量选取与定义

综上前文相关文献可知，到目前为止，尚未有一套社会责任风险量表，用来测量企业对外公共投资项目。基于 ISO 26000《社会责任指南》标准，依据前文相关文献，本书采用 5 点 Likert 量表设计中国海外公共投资项目的量化表，量化表中得分越高，说明该指标越优。主要变量选择与设计如下：

（一）对外大型公共投资项目社会责任风险变量

对外大型公共投资项目社会责任风险特指中国海外公共投资项目未能遵守契约，由于社会责任承担不足导致的项目运行的不确定性的程度。课题组将对外大型公共投资项目社会责任风险定义为海外大型公共投资项目投入运营整个阶段连续性程度，若连续性好则表示海外投资项目履行社会责任能较好，赋值为 1；若连续性不好，则表示海外投资项目履行社会责任不好，赋值为 0。变量的具体含义：中国海外公共投资项目由于社会责任履行原因导致的项目连续性的影响，连续性中断发生，表示为 0，连续性中断为发生，表示为 1，该变量的代码为 $RISK$。

### （二）对外大型公共投资项目社会责任风险的影响因素变量

ISO 26000《社会责任指南》标准公平运行实践主题下设反腐败、负责任的政治参与、公平竞争、在价值链中促进社会责任、尊重产权 5 个议题，以此作为变量选择依据。具体如表 8 - 1 所示。

表 8 - 1　　　　　　　公共投资项目社会责任风险潜在影响因素

| 依据 | 变量名称 | 变量代码 |
|---|---|---|
| ISO 26000《社会责任指南》标准（2010）、齐丽云和魏婷婷（2013）、赵越春和王怀明（2013） | 反腐败 | AC |
| | 负责任的政治参与 | POP |
| | 公平竞争 | FC |
| | 在价值链中促进社会责任 | VAC |
| | 尊重产权 | PRR |

### （三）其他控制变量

详见人权因素中响应的其他控制变量。

## 二、问卷设计与发放

### （一）问卷设计

在上述理论基础上，本书问卷通过文献研究回顾与归纳，以及 ISO 26000《社会责任指南》标准中公平运行实践因素设计而成，涉及中国海外公共投资项目社会责任风险影响因素与风险后果。中国海外公共投资项目社会责任风险调查问卷设计经历了以下阶段：

第一阶段，文献研究。通过相关文献研究，参考齐丽云和魏婷婷（2013）所设计的企业社会责任绩效评价模型，依据 ISO 26000《社会责任指南》标准公平运行实践主题，设计了一级指标 5 个，二级指标 19 个。一级指标分别为反腐败、负责任的政治参与、公平竞争、在价值链中促进社会责任、尊重产权，以及二级指标 19 个。

第二阶段、第三阶段同人权研究程序。

（二）问卷发放与回收

问卷发放与回收同人权研究程序。

## 三、问卷信度与效度检验

### （一）问卷信度检验

问卷信度检验同人权研究程序，检验结果见表8－2。

表8－2　　　　　中国对外大型公共投资项目社会责任风险
公平运行实践因素问卷信度检验

| 类别 | 问项 | | 载荷 | Cronbach's $\alpha$ | AVE | CR |
|---|---|---|---|---|---|---|
| $E_1$：反腐败 | $E_{11}$ | 识别腐败风险，并抵制腐败与勒索程度 | 0.89 | 0.92 | 0.79 | 0.91 |
| | $E_{12}$ | 领导层反腐败榜样，承诺、鼓励和实施监督程度 | 0.75 | | | |
| | $E_{13}$ | 对雇员和代表努力消除贿赂与腐败提供激励程度 | 0.94 | | | |
| | $E_{14}$ | 提高雇员、代表、承包商和供应商抵制腐败意识程度 | 0.92 | | | |
| $E_2$：负责任政治参与 | $E_{21}$ | 雇员负责任政治参与及处理冲突意识程度 | 0.89 | 0.92 | 0.86 | 0.90 |
| | $E_{22}$ | 自身政治捐献参与政策行动透明度程度 | 0.86 | | | |
| | $E_{23}$ | 避免不正当政治捐献规模试图控制政策制定者程度 | 0.93 | | | |
| $E_3$：公平竞争 | $E_{31}$ | 组织遵守有关竞争法律法规方式开展活动程度 | 0.77 | 0.82 | 0.76 | 0.92 |
| | $E_{32}$ | 防止参与反竞争行为保障措施有效性 | 0.93 | | | |
| | $E_{33}$ | 雇员遵守竞争的法律法规进行公平竞争认识程度 | 0.82 | | | |
| | $E_{34}$ | 反垄断和反倾销行为支持程度 | 0.86 | | | |

续表

| 类别 | 问项 | | 载荷 | Cronbach's $\alpha$ | AVE | CR |
|---|---|---|---|---|---|---|
| $E_4$：在价值链中促进社会责任 | $E_{41}$ | 道德、社会、环境等趋近社会责任目标程度 | 0.86 | | | |
| | $E_{42}$ | 对其他组织采取类似政策鼓励程度 | 0.89 | 0.95 | 0.77 | 0.94 |
| | $E_{43}$ | 尽责审查与监测与其有关系的组织履行社会责任承诺程度 | 0.92 | | | |
| $E_5$：尊重产权 | $E_{51}$ | 组织实施推动尊重产权和传统知识政策与做法程度 | 0.92 | | | |
| | $E_{52}$ | 组织调查合法享有财产使用权或处置权程度 | 0.93 | | | |
| | $E_{53}$ | 组织不参与侵犯产权的活动程度 | 0.9 | 0.96 | 0.85 | 0.94 |
| | $E_{54}$ | 组织对所获得或使用的财产支付合理补偿的程度 | 0.84 | | | |
| | $E_{55}$ | 组织考虑社会期望、人权及个人的基本需求程度 | 0.92 | | | |

## （二）问卷效度检验

问卷效度检验同人权研究程序。

## 四、模型构建

基于鉴证中国海外公共投资项目社会责任风险的关键制约因素的目标，本书拟采用调查问卷各个指标测量值的均值作为当前中国海外公共投资项目社会责任风险之公平运行实践主题中各个可能的影响因子。基于各个变量之间的相关系数，各个变量间不具有严重多重共线性关系。结合专家学者已验证的影响因子，本书构建多元回归模型，基于中国海外公共投资项目经营连续性这一因变量取值是 0 与 1，课题组采用 Logit 和 Probit 回归分析法，为进一步验证模型的稳健性，运用 OLS 回归分析法进行比较，便于回归结果更为可信。具体模型如下：

（一）构建 Logit 计量模型

$$\log\left[RISK/(1-RISK)\right] = \beta + \beta_1 AC + \beta_2 POP + \beta_3 FC + \beta_4 VAC + \beta_5 PRR$$
$$+ Contorlvaluables + \varepsilon \tag{8.1}$$

式（8.1）中，*RISK* 为因变量，解释变量为 *AC*、*POP*、*FC*、*VAC*、*PRR* 等。*Contorlvaluables* 变量为计量模型中控制变量，为 *DV*、*IC*、*HDP*、*HGE* 等。以此研究方法为主。

（二）构建 Probit 计量模型

$$p(Y_i = 1 \mid X_i) = \Phi(\alpha + \beta SR_i + \beta_z Z_i) = \int_{-\infty}^{\alpha+\beta SR_i+\beta_z Z_i} \frac{1}{\sqrt{2\pi}} \exp\left(-\frac{z2}{2}\right) dz$$
$$\tag{8.2}$$

式（8.2）中，$\Phi(\alpha + \beta SR_i + \beta_z Z_i)$ 把概率取值限定在 0 ~ 1 之间，此时概率模型为 Probit 模型。

（三）构建 OLS 计量模型

$$RISK_i = \alpha + \beta SR_i + \beta_z Z_i + \varepsilon_i \tag{8.3}$$

式（8.3）中，被解释变量 $RISK_i$ 表示对外公共投资项目经营连续性与否，解释变量 $SR_i$ 表示对外公共投资项目社会责任变量构成向量集，$Z_i$ 表示其他控制变量所构成向量集，$i$ 表示被调查样本量，$\alpha$ 是常数项向量，$\beta$、$\beta_z$ 是系数向量，$\varepsilon_i$ 是随机扰动项。

# 第四节　实证结果

## 一、描述性统计与相关性分析

表 8 - 3 列示了变量的描述性统计结果。*AC*、*POP*、*FC*、*VAC*、*PRR* 等变量均值都在 3 左右，说明其数字越大政策实施效果越好，这与现实情况正好相符；*DV* 均值为 0.29、*IC* 均值为 1.03，说明其数字越小政策实施效果越好，符合当前现实情况。

**表 8 - 3　公平运行实践变量描述性统计及相关系数**

| 变量 | 均值 | 标准差 | RISK | AC | POP | FC | VAC | PRR | DV | IC | HDP | HGE |
|---|---|---|---|---|---|---|---|---|---|---|---|---|
| RISK | 0.60 | 0.49 | 1.00 | | | | | | | | | |
| AC | 3.30 | 0.45 | 0.14 | 1.00 | | | | | | | | |
| POP | 3.13 | 1.05 | 0.89** | 0.11* | 1.00 | | | | | | | |
| FC | 2.78 | 0.49 | -0.67*** | 0.18*** | 0.45 | 1.00 | | | | | | |
| VAC | 2.59 | 1.07 | 0.76*** | 0.04** | 0.43** | 0.17** | 1.00 | | | | | |
| PRR | 2.74 | 0.95 | 0.70*** | 0.40** | 0.12* | 0.23* | 0.32* | 1.00 | | | | |
| DV | 0.29 | 0.44 | -0.14 | 0.33** | -0.06*** | 0.32** | -0.45 | 0.27 | 1.00 | | | |
| IC | 1.03 | 1.20 | 0.69*** | 0.47*** | 0.19** | 0.55*** | 0.57*** | 0.34*** | 0.49** | 1.00 | | |
| HDP | 3.66 | 1.04 | 0.81** | 0.11*** | 0.33*** | -0.39 | 0.26* | -0.42*** | 0.23** | 0.32*** | 1.00 | |
| HGE | 3.73 | 1.05 | -0.31 | 0.30*** | 0.50* | 0.07*** | 0.45* | 0.35* | 0.01* | 0.03** | 0.42* | 1.00 |

注：*p<0.1，**p<0.05，***p<0.01。

## 二、公平运行实践因素对中国对外大型公共投资项目社会责任风险影响分析

表8-4报告了公平运行实践因素对中国海外大型公共投资项目社会责任风险的影响。

表8-4　　　公平运行实践因素对中国对外大型公共投资项目
社会责任风险影响分析回归结果

| 变量 | Logit 模型 | Probit 模型 | OLS 模型 |
|---|---|---|---|
| AC | 0.817<br>(0.676) | 0.360<br>(0.579) | -0.043<br>(-1.124) |
| POP | 5.097 ***<br>(5.238) | 2.565 ***<br>(5.355) | 0.139 ***<br>(6.059) |
| FC | -8.271 ***<br>(-3.902) | -4.151 ***<br>(-3.247) | -0.085 **<br>(-2.826) |
| VAC | 1.778 ***<br>(2.789) | 0.916 ***<br>(2.679) | 0.130 ***<br>(3.560) |
| PRR | 2.281 **<br>(2.090) | 1.292 *<br>(1.803) | 0.151 ***<br>(3.546) |
| DV | -0.580<br>(-0.643) | -0.207<br>(-0.507) | -0.027 **<br>(-2.403) |
| IC | 2.347 ***<br>(4.793) | 1.386 ***<br>(4.042) | 0.035 ***<br>(3.030) |
| HDP | 2.160 ***<br>(3.239) | 1.464 ***<br>(3.127) | 0.062<br>(1.152) |
| HGE | -0.117<br>(-0.297) | -0.044<br>(-0.171) | 0.026 *<br>(1.707) |
| 常数项 | -17.270 ***<br>(-4.160) | -9.124 ***<br>(-5.980) | -0.499 ***<br>(-4.469) |

续表

| 变量 | Logit 模型 | Probit 模型 | OLS 模型 |
|---|---|---|---|
| 样本数 | 567 | 567 | 567 |
| F/Chi$^2$ | 78. 128*** | 86. 132*** | 245. 640*** |
| R$^2$/Pseudo R$^2$ | 0. 964 | 0. 947 | 0. 857 |

注：①*p < 0.1，**p < 0.05，***p < 0.01；②括号内数值为相应 T 统计量（OLS 模型）或 Z 统计量（Logit 模型、Probit 模型）；③回归估计所用软件为 Stata 12.0；④Logit 模型与 Probit 模型为 Chi$^2$ 统计量，OLS 模型为 F 统计量。

多元回归结果显示：

（1）AC 反腐败因子。Logit 模型回归系数 $\beta = 0.817$，系数正且不显著；Probit 模型回归系数 $\beta = 0.360$，系数正且不显著；OLS 模型回归系数 $\beta = -0.043$，系数负且不显著。因此，反腐败因子对中国海外大型公共投资项目社会责任风险影响不显著。

（2）POP 负责任政治参与因子。Logit 模型回归系数 $\beta = 5.097$，系数正且显著；Probit 模型回归系数 $\beta = 2.565$，系数正且显著；OLS 模型回归系数 $\beta = 0.139$，系数正且显著。因此，负责任的政治参与因子对中国海外大型公共投资项目社会责任风险正向关系，且显著。

（3）FC 公平竞争因子。Logit 模型回归系数 $\beta = -8.271$，系数负且显著；Probit 模型回归系数 $\beta = -4.151$，系数负且显著；OLS 模型回归系数 $\beta = -0.085$，系数负且弱显著。因此，公平竞争因子对中国海外大型公共投资项目社会责任风险负向关系，且显著。

（4）VAC 在价值链中促进社会责任因子。Logit 模型回归系数 $\beta = 1.778$，系数正且显著；Probit 模型回归系数 $\beta = 0.916$，系数正且显著；OLS 模型回归系数 $\beta = 0.130$，系数正且显著。因此，在价值链中促进社会责任因子对中国海外大型公共投资项目社会责任风险正向关系，且显著。

（5）PRR 尊重产权因子。Logit 模型回归系数 $\beta = 2.281$，系数正且显著；Probit 模型回归系数 $\beta = 1.292$，系数正且显著；OLS 模型回归系数 $\beta = 0.151$，系数正且显著。因此，尊重产权因子对中国海外大型公共投资项目社会责任风险正向关系，且显著。

（6）DV 到 HGE 均为控制变量，在这 4 个控制变量中，东道主发达程度与否和开发方式对中国海外大型公共投资项目社会责任风险影响显著。回归模型解释因变量力度与 $R^2$ 正相关，$R^2$ 越大，解释力度越强。对中国海外大型公共投资项目社会责任风险影响成功的解释力度，回归模型 Logit、Probit、OLS 分别为 96.4%、94.7%、85.7%。

综上所述，Logit、Probit、OLS 等模型均得到一致结果，模型 Logit、模型 Probit 更显示出各变量相关强，解释力度大。

# 第五节　主要研究结论与启示

通过回归分析，得出以下具体结论。

## 一、主要研究结论

公平运行实践主题，*VAC* 价值链中促进社会责任变量、*PRR* 尊重产权变量、*POP* 负责任政治参与变量与中国海外大型公共投资项目社会责任风险正相关，且显著；*FC* 公平竞争变量与中国海外大型公共投资项目社会责任风险负相关，且显著。研究发现：

（1）市场灰色竞争或欠公平的市场反竞争行为均加剧了对外公共项目投资风险。实践证明，要素市场扭曲、内生产能及时失灵、缺乏研发创新能力、市场调节失效伴随欠公平市场竞争。

（2）在市场经济不完善的国家或地区，反不公平运行实践在一定程度上加大了对外大型公共投资项目风险。这是由于市场经济不完善导致市场运行不公平，不公平促进部分对外公共项目投资的隐性成本减少，显性成本增加，在一定程度上减少了对外公共项目投资风险。

（3）价值链中促进社会责任一定程度上减少对外大型公共投资项目风险。由于对外大型公共投资项目一般是周期长、投资大、涉及的东道主国家或地区的国民的利益比较多，增强对外大型公共投资项目在价值链中进一步承担社会责任，从而减少风险。

## 二、实践启示

（1）进一步转变政企关系传统思维，加强市场公平竞争。由于从计划经济向市场经济转型留下的"后遗症"，以及中国从古到今传统"官商一体"的思想，中国对外大型公共投资项目企业应改变政企之间关系传统思维，加强市场经济公平竞争。为此，加快金融等稀缺要素市场发育度，废除由于要素市场扭曲形成的成本优势，保障市场参与主体平等获取生产要素机会，大力提升生产要素配置效率。

（2）先国内后国际。避免国内同行企业国际恶性竞争，加强国内企业国际合作。加强国内合作后对东道主国家企业展开国际合作。通过技术、产品、服务、价值链、创新等进行企业间联合，充分发挥各自优势，打造"超事业部制"、以对外大型公共投资项目为主题的"软性"组织结构，实施"整体出海"战略。

（3）加强消费者争议及时处理机制，合理及时披露信息，积极主动保护消费者信息。真实、全面、及时、充分地进行信息披露有助于东道主国家或地区对中国公共投资项目的认可度与美誉度。

# 基于 ISO 26000 中国对外大型公共投资项目社会责任风险消费者问题因素实证研究

## 第一节 引　言

ISO 26000《社会责任指南》标准规定：组织通过向消费者及其他顾客提供产品或服务而对消费者及顾客承担社会责任。消费者问题主要议题包括：真实公正信息和公平合同实践、保护消费者健康和安全、公平营销、消费者服务、可持续消费、消费者资料保护和隐私、消费者支持、投诉和争议处理、教育和意识、获取基本服务七个。消费通过消费者购买而实现促使企业简单再投资，消费者因为企业能够良好地承担社会责任而提供优质产品或服务，进而扩大消费促使企业在原有生产规模基础上扩大再生产扩大再投资，二者相互影响相互促进，达到良好循环。投资需求的扩大带动生产需求的扩大，生产需求的扩大带动产品或服务数量的扩大，产品或服务数量的扩大再在市场上表现结果为：产品或服务供大于求。根据市场价格规律，产品或服务价格下降，部分企业急于自身生产规模无法达到规模经济使得自身盈利减少或亏损，将退出现有市场，转移到其他行业产品生产，从而引致该产品再生产减少。相反，产品或服务价格下降引致市场消费增加。消费增加引起市场产品或服务供不应求，使得产品或服务重回原点。

企业履行消费者问题基本责任是在保护消费者消费企业提供的产品或服务时获得安全与健康，通过提供消费者服务与产品、及时处理消费者投诉、排除与解决纠纷保障消费者责任顺利承担。中国海外公共投资项目在实施全过程中积极承担对消费者相应的社会责任。彼得·杜拉克认为，企业之所以存在，其经营目标在于开拓的持续性与顾客的创造。企业之所以生存，在于消费者持续地购买企业的产品或服务。企业为获得可持续的发展与生存空间就必须向消费者持续地提供消费者所需求的安全的产品或服务，以此来承担相应的社会责任。"顾客是上帝"已是 21 世纪企业界与理论界共识。企业股东满足消费者需求来实现其投资回报，消费者针对产品或服务安全、企业对社会的反映等选择"用脚投票"或"用手投票"来对企业进行抛弃或者支持。若消费者因为企业不能承担相应的社会责任而惩罚企业，企业将遭受到不同程度损失，甚至破除，从而企业股东利益无法实现（杨红灿，2009）。中国对外大型公共投资项目消费者既包括国内消费者，也包括东道主国家或地区消费者。为实现对外大型公共投资项目经营的可持续性，需要考虑到消费者应当享有的权利，承担相应的社会责任。

对外大型公共投资项目通过客户信赖的赢得，获得东道主居民好感，提升项目美誉度与知名度。对外投资项目企业为在国际市场竞争中获得胜利就必须赢得消费者信赖。对外大型公共投资项目企业增强消费者行为，获得更大的市场份额，提升整体竞争力，在一定程度上减少由于消费者问题带来的风险。

## 第二节　相关文献综述与理论假设

消费者问题随着世界进入高度大众消费时代，已演变为严重的社会问题，频频发生消费者受侵害的恶劣事件。消费者在保护自身利益方面，通过提供信息、示威活动等形式不断发起消费者保护运动。

消费者保护形式从运动到权利的变化。消费者运动推动权利产生与发展，消费者权利成为运动最高表达形式。利用信息优势，投资方在交易中使利益天平向自己倾斜。虽然对消费者权利认识不同，但各国或国际社会在法律上规定与确定消费者知情权。消费者知情权是消费者取得产品或服务的信息，目的是做出正确、合理的消费决策，免受诱导或欺骗的权利。

消费者知情权是实现消费者公平交易权的基础。消费者公平交易权是指市场交易双方进行消费交易活动时，消费者享有的获得公平交易条件的权利。汉密尔顿（Hamilton，1991）认为，作为拥有极为广泛经济权力的大型公司，基于经济与社会决定于一身的任何决定，影响到个人、社团和整个地区。不断出现的伪劣产品直接损害了消费者权益，给消费者造成不可逆转的危害。加大对外大型公共投资项目风险，强化公司对消费者的社会责任。

在消费者与社会责任关系问题上，专家学者基于归因理论、期望一致性等视角（卢东等，2021）研究了消费者如何认知、反应、选择企业行为责任的，企业履行社会责任与消费者对企业认知正相关，且显著（鞠芳辉等，2005）。企业通过消费者对其认知制定相应的企业战略与投资方向（周延风等，2007），积极主动维护消费者权益。

# 第三节　模型设计与实证研究

## 一、变量选取与定义

从前文的文献回顾可知，至今尚未有一套测量企业对外公共投资的社会责任风险量表。因此，本书基于 ISO 26000《社会责任指南》标准以及相关文献采用 5 点 Likert 量表设计量表，得分越高说明对该指标的评价越优。主要的变量选择和设计如下。

### （一）对外大型公共投资项目社会责任风险变量

对外大型公共投资项目社会责任风险是指对外大型公共投资项目在不能

较好承担社会责任时面临的不确定性。因此，本书将对外大型公共投资项目社会责任风险定义为项目是否发生中断，若未发生中断则表示公共投资项目能较好履行社会责任，赋值为 1，若发生中断，则表示公共投资项目未能较好履行社会责任，赋值为 0。变量的具体含义：对外大型公共投资项目是否因为社会责任履行发生中断，发生为 0，未发生为 1，该变量的代码为 RISK。

（二）对外大型公共投资项目社会责任风险的影响因素变量

ISO 26000《社会责任指南》标准消费者问题主题下设公平营销、真实公正的信息和公平的合同实践、保护消费者健康与安全、可持续消费、消费者服务、支持和投诉及争议处理、消费者信息保护与隐私、基本服务获取、教育和意识 7 个议题，以此作为变量选择依据。具体如表 9－1 所示。

表 9－1　　　　公共投资项目社会责任风险潜在影响因素

| 依据 | 变量名称 | 变量代码 |
|---|---|---|
| ISO 26000《社会责任指南》标准（2010）、齐丽云和魏婷婷（2013）、赵越春和王怀明（2013） | 公平营销、真实公正的信息和公平的合同实践 | FAP |
| | 保护消费者健康与安全 | CHE |
| | 可持续消费 | SC |
| | 消费者服务、支持和投诉及争议处理 | CD |
| | 消费者信息保护与隐私 | CP |
| | 基本服务获取 | BS |
| | 教育和意识 | ED |

（三）其他控制变量

详见人权中响应的其他控制变量。

## 二、问卷设计与发放

（一）问卷设计

在上述理论基础上，课题组问卷通过文献研究回顾与归纳，以及

ISO 26000《社会责任指南》标准中消费者问题因素设计而成，涉及中国海外公共投资项目社会责任风险影响因素与风险后果。中国海外公共投资项目社会责任风险调查问卷设计经历了以下阶段：

第一阶段，文献研究。通过相关文献研究，参考齐丽云和魏婷婷（2013）所设计的企业社会责任绩效评价模型，依据 ISO 26000《社会责任指南》标准公平运行实践主题，设计了一级指标 7 个，二级指标 29 个。一级指标分别为公平营销、真实公正的信息和公平的合同实践，保护消费者健康与安全，可持续消费，消费者服务、支持和投诉及争议处理，消费者信息保护与隐私，基本服务获取，教育和意识。二级指标 29 个。

第二阶段、第三阶段同人权研究程序。

## （二）问卷发放与回收

问卷发放与回收同人权因素研究程序。

## 三、问卷信度与效度检验

### （一）问卷信度检验

问卷信度检验同人权因素研究程序。检验结果见表 9 - 2。

表 9 - 2         中国对外大型公共投资项目社会责任风险
消费者问题因素问卷信度检验

| 类别 | 问项 | | 载荷 | Cronbach's $\alpha$ | AVE | CR |
|---|---|---|---|---|---|---|
| $F_1$：公平营销、真实公正的信息和公平的合同实践 | $F_{11}$ | 不从事任何误导、欺骗、虚假程度 | 0.87 | 0.94 | 0.82 | 0.90 |
| | $F_{12}$ | 广告和营销清晰，消费者信息共享透明程度 | 0.84 | | | |
| | $F_{13}$ | 总价、税款、产品服务条款和条件、运输成本公开程度 | 0.94 | | | |
| | $F_{14}$ | 基本事实和信息来支撑组织声明和主张提供程度 | 0.92 | | | |

续表

| 类别 | 问项 | | 载荷 | Cronbach's $\alpha$ | AVE | CR |
|---|---|---|---|---|---|---|
| $F_2$：保护消费者健康与安全 | $F_{21}$ | 产品和服务提供的安全性程度 | 0.92 | 0.90 | 0.76 | 0.93 |
| | $F_{22}$ | 健康和安全方面的法律法规、标准和其他规范评估程度 | 0.81 | | | |
| | $F_{23}$ | 上市产品如出现危害等及时合理处理的程度 | 0.80 | | | |
| | $F_{24}$ | 设计中最大限度地降低产品健康和安全风险程度 | 0.76 | | | |
| $F_3$：可持续消费 | $F_{31}$ | 促进消费者对产品或服务提供建议的程度 | 0.85 | 0.92 | 0.71 | 0.95 |
| | $F_{32}$ | 为消费者提供产品和服务在利于社会和环境程度 | 0.91 | | | |
| | $F_{33}$ | 消除或最小化产品和服务对健康和环境消极影响程度 | 0.93 | | | |
| | $F_{34}$ | 以可负担的价格提供更长寿命周期高质量产品程度 | 0.76 | | | |
| $F_4$：消费者服务、支持和投诉及争议处理 | $F_{41}$ | 规定时间内退换货或其他方式适当赔偿，预防投诉程度 | 0.94 | 0.93 | 0.74 | 0.92 |
| | $F_{42}$ | 检查、改进、有效并及时处理投诉程度 | 0.82 | | | |
| | $F_{43}$ | 提供超过法定担保期限，与产品预期周期相匹配担保程度 | 0.83 | | | |
| | $F_{44}$ | 消费者售后服务和支持及争议处理和赔偿机制程度 | 0.78 | | | |
| | $F_{45}$ | 充分和有效的售后支持与咨询服务体系提供程度 | 0.89 | | | |
| | $F_{46}$ | 国家或国际标准争议解决、冲突处理和赔偿程序采用程度 | 0.85 | | | |
| $F_5$：消费者信息保护与隐私 | $F_{51}$ | 组织限制个人信息收集范围保护个人信息程度 | 0.89 | 0.82 | 0.89 | 0.90 |
| | $F_{52}$ | 组织避免因提供特殊优惠获得消费者信息加以保护程度 | 0.85 | | | |
| | $F_{53}$ | 仅通过合法且公正的方式获取信息程度 | 0.94 | | | |

续表

| 类别 | 问项 | 载荷 | Cronbach's α | AVE | CR |
|---|---|---|---|---|---|
| F₆：基本服务获取 | $F_{61}$ 组织不因消费者未付费而中断提供基本服务程度 | 0.95 | 0.93 | 0.76 | 0.90 |
| | $F_{62}$ 容许情况下，提供含有对需要人给予补贴价目表程度 | 0.82 | | | |
| | $F_{63}$ 透明方式提供有关定价和收费的信息程度 | 0.88 | | | |
| | $F_{64}$ 无歧视向消费者群体提供相同质量和水平服务程度 | 0.94 | | | |
| F₇：教育和意识 | $F_{71}$ 包括产品和服务标识、产品危害等健康与安全程度 | 0.89 | 0.83 | 0.68 | 0.94 |
| | $F_{72}$ 相应法律法规、索赔途径、消费者机构等信息提供程度 | 0.73 | | | |
| | $F_{73}$ 金融产品和服务、投资产品和服务提供程度 | 0.95 | | | |
| | $F_{74}$ 包装、废弃物和产品妥善处置等环境保护程度 | 0.79 | | | |

## （二）问卷效度检验

问卷效度检验同人权因素研究程序。

## 四、模型构建

基于鉴证中国海外公共投资项目社会责任风险的关键制约因素的目标，本书拟采用调查问卷各个指标测量值的均值作为当前中国海外公共投资项目社会责任风险之消费者问题主题中各个可能的影响因子。基于各个变量之间的相关系数，各个变量间不具有严重多重共线性关系。结合专家学者已验证的影响因子，本书构建多元回归模型，基于中国海外公共投资项目经营连续性这一因变量取值是 0 与 1，课题组采用 Logit 和 Probit 回归分析法，为进一步验证模型的稳健性，运用 OLS 回归分析法进行比较，便于回归结果更为可信。具体模型如下：

### （一）构建 Logit 计量模型

$$\log\left[RISK/(1-RISK)\right] = \beta + \beta_1 FAP + \beta_2 CHE + \beta_3 SC + \beta_4 CD + \beta_5 CP$$
$$+ \beta_6 BS + \beta_7 ED + Contorlvaluables + \varepsilon \qquad (9.1)$$

式（9.1）中，$RISK$ 为因变量，解释变量为 $PP$、$SU$、$CC$、$NR$ 等。$Contorlvaluables$ 变量为计量模型中控制变量，为 $DV$、$IC$、$HDP$、$HGE$ 等。以此研究方法为主。

### （二）构建 Probit 模型

$$\mathrm{p}(Y_i = 1 \mid X_i) = \Phi(\alpha + \beta SR_i + \beta_z Z_i) = \int_{-\infty}^{\alpha+\beta SR_i+\beta_z Z_i} \frac{1}{\sqrt{2\pi}}\exp\left(-\frac{z2}{2}\right)dz$$

$$(9.2)$$

式（9.2）中，$\Phi(\alpha + \beta SR_i + \beta_z Z_i)$ 把概率取值限定在 0～1 之间，此时概率模型为 Probit 模型。

### （三）构建 OLS 模型

$$RISK_i = \alpha + \beta SR_i + \beta_z Z_i + \varepsilon_i \qquad (9.3)$$

式（9.3）中，被解释变量 $RISK_i$ 表示对外公共投资项目经营连续性与否，解释变量 $SR_i$ 表示对外公共投资项目社会责任变量构成向量集，$Z_i$ 表示其他控制变量所构成向量集，$i$ 表示被调查样本量，$\alpha$ 是常数项向量，$\beta$、$\beta_z$ 是系数向量，$\varepsilon_i$ 是随机扰动项。

## 第四节　实　证　结　果

### 一、描述性统计与相关性分析

表 9－3 列示了变量的描述性统计结果。$FAP$、$CHE$、$SC$、$CD$、$CP$、$BS$、$ED$ 等变量均值介于 2.32～3.43 之间，说明其数字越大政策实施效果越好，这与现实情况正好相符；$DV$ 均值为 0.29、$IC$ 均值为 1.03，说明其数字越小政策实施效果越好，符合当前现实情况。

表9-3

## 消费者问题变量描述性统计及相关系数

| 变量 | 均值 | 标准差 | RISK | FAP | CHE | SC | CD | CP | BS | ED | DV | IC | HDP | HGE |
|------|------|--------|------|-----|-----|-----|-----|-----|-----|-----|-----|-----|-----|-----|
| RISK | 0.60 | 0.49 | 1.00 | | | | | | | | | | | |
| FAP | 3.13 | 1.21 | 0.78** | 1.00 | | | | | | | | | | |
| CHE | 2.95 | 1.22 | -0.21 | 0.20* | 1.00 | | | | | | | | | |
| SC | 2.84 | 1.06 | 0.35 | 0.35** | 0.35*** | 1.00 | | | | | | | | |
| CD | 2.72 | 0.95 | 0.81** | -0.27 | 0.49** | 0.37*** | 1.00 | | | | | | | |
| CP | 2.96 | 1.05 | 0.86** | 0.49** | 0.58** | 0.29* | 0.39* | 1.00 | | | | | | |
| BS | 3.43 | 0.46 | -0.72* | 0.51* | -0.27 | 0.05*** | -0.45** | 0.04 | 1.00 | | | | | |
| ED | 2.32 | 0.54 | 0.78** | 0.03* | 0.40 | 0.21** | 0.18 | 0.39* | 0.38 | 1.00 | | | | |
| DV | 0.29 | 0.44 | -0.11 | -0.30 | 0.07*** | 0.14** | 0.05*** | 0.33** | 0.23* | -0.42 | 1.00 | | | |
| IC | 1.03 | 1.20 | 0.86** | 0.27* | -0.19 | 0.22*** | 0.15* | -0.39** | -0.05 | 0.53* | 0.49** | 1.00 | | |
| HDP | 3.66 | 1.04 | 0.86** | 0.05** | 0.31* | -0.02 | 0.44** | 0.54* | 0.27* | 0.50** | 0.22** | 0.38*** | 1.00 | |
| HGE | 3.73 | 1.05 | 0.61* | 0.22 | 0.42** | 0.16*** | 0.48** | 0.23** | 0.45** | 0.07 | 0.03** | 0.03** | 0.45* | 1.00 |

注：* p<0.1，** p<0.05，*** p<0.01。

## 二、消费者问题因素对中国对外大型公共投资项目社会责任风险影响分析

表 9 - 4 报告了消费者问题因素对中国海外大型公共投资项目社会责任风险的影响。

表 9 - 4　　　　消费者问题因素对中国对外大型公共投资项目
社会责任风险影响分析回归结果

| 变量 | Logit 模型 | Probit 模型 | OLS 模型 |
|---|---|---|---|
| FAP | 1. 567 ***<br>(2. 563) | 0. 805 ***<br>(2. 460) | 0. 131 ***<br>(3. 133) |
| CHE | − 0. 097<br>( − 0. 153) | − 0. 105<br>( − 0. 531) | 0. 095 **<br>(2. 034) |
| SC | 0. 078<br>(0. 138) | 0. 092<br>(0. 452) | 0. 015<br>(0. 315) |
| CD | 1. 730 ***<br>(3. 255) | 0. 860 ***<br>(2. 593) | 0. 089 ***<br>(2. 638) |
| CP | 2. 090 ***<br>(3. 305) | 0. 915 ***<br>(2. 364) | 0. 088 ***<br>(2. 618) |
| BS | − 0. 508 *<br>( − 1. 627) | − 0. 215<br>( − 1. 237) | 0. 031<br>(0. 527) |
| ED | 1. 153 ***<br>(2. 702) | 0. 583 ***<br>(2. 575) | 0. 082 ***<br>(3. 282) |
| DV | − 0. 637<br>( − 1. 056) | − 0. 378<br>( − 1. 257) | − 0. 067 **<br>( − 2. 320) |
| IC | 1. 326 ***<br>(4. 335) | 0. 797 ***<br>(3. 219) | 0. 056 ***<br>(3. 050) |
| HDP | 1. 730 ***<br>(4. 247) | 0. 920 ***<br>(4. 073) | 0. 042<br>(1. 058) |
| HGE | 0. 544<br>(1. 509) | 0. 325 *<br>(1. 472) | 0. 042 *<br>(1. 768) |

续表

| 变量 | Logit 模型 | Probit 模型 | OLS 模型 |
|------|-----------|------------|---------|
| 常数项 | $-24.713^{***}$<br>$(-5.237)$ | $-12.548^{***}$<br>$(-7.176)$ | $-0.819^{***}$<br>$(-10.634)$ |
| 样本数 | 567 | 567 | 567 |
| $F/Chi^2$ | $67.323^{***}$ | $84.531^{***}$ | $229.022^{***}$ |
| $R^2/Pseudo\ R^2$ | 0.933 | 0.927 | 0.875 |

注：①$*p<0.1$，$**p<0.05$，$***p<0.01$；②括号内数值为相应 T 统计量（OLS 模型）或 Z 统计量（Logit 模型、Probit 模型）；③回归估计所用软件为 Stata 12.0；④Logit 模型与 Probit 模型为 $Chi^2$ 统计量，OLS 模型为 F 统计量。

多元回归结果显示：

（1）$FAP$ 公平营销、真实公正的信息和公平的合同实践因子。Logit 模型回归系数 $\beta=1.567$，系数正且显著；Probit 模型回归系数 $\beta=0.805$，系数正且显著；OLS 模型回归系数 $\beta=0.131$，系数正且显著。因此，公平营销、真实公正的信息和公平的合同实践因子对中国海外大型公共投资项目社会责任风险正向关系，且显著。

（2）$CHE$ 保护消费者健康与安全因子。Logit 模型回归系数 $\beta=-0.097$，系数负且不显著；Probit 模型回归系数 $\beta=-0.105$，系数负且不显著；OLS 模型回归系数 $\beta=0.095$，$p<0.1$，系数正且为边界显著。因此，保护消费者健康与安全因子对中国海外大型公共投资项目社会责任风险影响不显著。

（3）$SC$ 可持续消费因子。Logit 模型回归系数 $\beta=0.078$，系数正且不显著；Probit 模型回归系数 $\beta=0.092$，系数正且不显著；OLS 模型回归系数 $\beta=0.015$，系数正且不显著。因此，可持续消费因子对中国海外大型公共投资项目社会责任风险影响不显著。

（4）$CD$ 消费者服务、支持和投诉及争议处理因子。Logit 模型回归系数 $\beta=1.730$，系数正且显著；Probit 模型回归系数 $\beta=0.860$，系数正且不显著；OLS 模型回归系数 $\beta=0.089$，$p<0.1$，系数正且边界显著。因此，消费者服务、支持和投诉及争议处理因子对中国海外大型公共投资项目社会责任风险影响不显著。

（5）$CP$ 消费者信息保护与隐私因子。Logit 模型回归系数 $\beta=2.090$，系数正且显著；Probit 模型回归系数 $\beta = 0.915$，系数正且显著；OLS 模型回归系数 $\beta = 0.088$，$p < 0.1$，系数正且边界显著。因此，消费者信息保护与隐私因子对中国海外大型公共投资项目社会责任风险正向关系，且显著。

（6）*BS* 基本服务获取因子。Logit 模型回归系数 $\beta = -0.508$，$p < 0.1$，系数负且边界显著；Probit 模型回归系数 $\beta = -0.215$，系数负且不显著；OLS 模型回归系数 $\beta = 0.031$，系数正且不显著。因此，基本服务获取因子对中国海外大型公共投资项目社会责任风险影响不显著。

（7）*ED* 教育和意识因子。Logit 模型回归系数 $\beta = 1.153$，系数正且显著；Probit 模型回归系数 $\beta = 0.583$，$p < 0.1$，系数正且边界显著；OLS 模型回归系数 $\beta = 0.082$，$p < 0.1$，系数正且边界显著。因此，教育和意识因子对中国海外大型公共投资项目社会责任风险正向关系，且显著。

（8）*DV* 到 *HGE* 均为控制变量，在这 4 个控制变量中，东道主发达程度与否和开发方式对中国海外大型公共投资项目社会责任风险影响显著。回归模型解释因变量力度与 $R^2$ 正相关，$R^2$ 越大，解释力度越强。对中国海外大型公共投资项目社会责任风险影响成功的解释力度，回归模型 Logit、Probit、OLS 分别为 93.3%、92.7%、87.5%。

综上所述，Logit、Probit、OLS 等模型均得到一致结果，模型 Logit、模型 Probit 更显示出各变量相关强，解释力度大。

# 第五节　主要研究结论与启示

通过回归分析，得出以下具体结论。

## 一、主要研究结论

消费者问题主题，*CP* 消费者信息保护与隐私变量、*FAP* 真实公正的信息和公平合同实践变量、*ED* 教育和意识变量与中国海外大型公共投资项目社会责任风险正相关，且显著。研究发现：

（1）公平营销、真实公正的信息和公平的合同实践在部分国家或地区与对外大型公共投资项目风险具有正相关。市场经济逐渐完善的过程中，加大公平营销、真实公正的信息和公平的合同实践有利于减少由于消费者问题导致的对外大型公共投资项目风险。

（2）消费者信息保护与隐私与对外大型公共投资项目风险具有正方向相关性。组织限制个人信息收集范围，仅收集提供产品和服务的必需信息，或是消费者在知情的情况下自愿同意提供的信息，并采取充分的安全保障措施保护个人信息，避免将因向消费者提供服务或应消费者要求提供特殊优惠而获得的消费者同意提供的信息，用于消费者所不希望的营销目的等加强对外大型公共投资项目可持续性，减少投资风险。

（3）教育和意识与对外大型公共投资项目风险具有反方向相关性。这是由于对东道主国家或地区居民增强了有关产品和服务标识、产品危害等健康与安全知识，相应法律法规信息，包括索赔途径信息、消费者机构和组织信息等，以及包装、废弃物和产品妥善处置等环境保护意识，这在一定程度上加强了东道主国家或地区居民维权意识，加剧了中国对外大型公共投资项目风险。

（4）可持续消费，消费者服务、支持和投诉及争议处理，基本服务获取，保护消费者健康与安全等相关消费者问题因素与中国对外大型公共投资项目风险相关性不显著。

## 二、实践启示

（1）加强保护消费者隐私与信息，基于法律法规保障消费者基本权利。按照国际和东道主国家相关《消费者权益保护法》，加强对东道主国家或地区消费者信息与隐私加以保护，保障国际法规与东道主国家或地区有关消费者所有基本权利服务。

（2）加强营销公平、信息真实公正、合同公平实践环境。在自愿互谅基础上，消费者与经营者通过对话合理解决争议。共同营造一个营销公平、信息真实公正、合同公平实践环境。

（3）消费者教育和意识加强。在对经营者加强教育同时，与行业协会密切配合，对公共投资项目市场经营者加强教育引导，引导其以消费者需求为导向，完善日常经营管理制度，诚信守法经营；对消费者加强教育，提高消费者维权意识，引导消费者理性消费、文明消费、理性维权。

# 基于 ISO 26000 中国对外大型公共投资项目 社会责任风险社区参与和发展因素实证研究

## 第一节 引 言

ISO 26000《社会责任指南》标准规定：组织宜与其运作所在的社区建立关系。组织及制度采用尊敬的态度参与社区事务，使得民主与公民价值得以反映与加强。依靠社区提供资源、环境、服务等企业得以生存与发展。企业文化受社区特征影响。社区居民生活方式又受企业经营活动影响，表现为政治参与、经济发展、教育文化、社区服务等。当前，中国海外大型公共投资项目社会责任应将社区参与和发展囊括其中，与社区深度融合，实现投资项目与社区发展的和谐双赢。

社区参与作为一种生活方式已经被理论界认可，并得到多数的实践，也成为社区居民实现其自身价值的表现形式（雷洁琼，2001）。组织共同愿景理论认为，个体与组织目标一致时能达到共同愿景（彼得·圣吉，1998），跨国企业努力促使社区居民个人发展与社区共同发展、企业发展目标一致，形成社区相容目标集。社区发展在城乡、地区、区域内部等缩小差距基础上谋求共同发展，社区居民发展是其核心。社区发展伴随社区居民参与。社区发展离不开跨国企业投资，依托跨国公司大型公共投资项目，谋求社区、跨国企业、社区居民共同发展。近年来，中国对"一带一路"沿线欠发达地区，依托大型公共项目为依托进行投资，项目实施目的是为欠发达国家或地区谋发展，为社区居民谋幸福，因此，为了实现中国海外大型公共投资项目的可持续性发展，跨国企业必须将社会参与和发展纳入公司战略之中，通过教育、社区参与、就业创造、技能发展、财富与收入增加、健康等形式履行社会责任。

## 第二节　相关文献综述与理论假设

"社区"作为一群人，包括的活动与利益范围比较广泛；"参与"特指全体人员参与的利益与行动。社区包括以下几层含义：第一层含义，同住一地区或一国人所构成的社会；第二层含义，特指诸如华人社团等的团体、社团；第三层含义，特指公众；第四层含义，特指诸如欧共体等国家间共同体；第五层含义，特指共有共享共同责任；第六层含义，特指诸如利益一致的共同性、同一性与一致性；第七层含义，特指社交活动、群居状态。社区发展是一个长期过程形成的社会、政治、文化等因素相互作用的结果。

罗斯（Ross，1967）认为，社区包括诸如教育、农业、福利、宗教等利益或功能共同享有的一群人，这些利益仅特指公共事看中有特殊利益与功能的人。联合国《通过社区发展推进社会进步》（1955 年）将社区界定为"一种过程，这种过程通过积极整体参与和社区全面依靠，促进经济和社会共同进步"。社区发展"为了社区生活质量运动整体提高，借助社区整体参与和首创精神"。社区发展的影响因素主要有同一性、历史根源、多数原则、相互依存、参与、自治等各种因素集结等。社区参与表现为话语权，也就是居民在表达意见的渠道与方式的可行性。社区增权进一步拓展了社区参与内涵，有利于社区参与提升有效性。社区增权包括社区中群体成长、公共事业发展、整体形象强化等。

社区居民参与企业战略取决于企业经营行为是否为其带来利益，出于"经济人假设"，这种利益既包括物质上的利益，也包括精神上的利益。若积极参与影响超过或者达到其最低期望值，社区居民则积极参与；若积极参与影响未能达到其最低期望值，社区居民则消极参与，或者不参与，甚至抵制。20 世纪 60 年代末，阿恩斯坦（Arnstein，1969）认为，社区参与目的是权力再分配，为使得收益公平合理进行社会福利再分配。在物质等资源合理、高效分配的前提下，康奈尔（Connell，1997）指出，社区参与表现为社区居民通过知识共享、自我认识等手段实现自我发展。20 世纪末，社区增权概念进一步扩展到旅游产业。马塔里塔 – 卡斯坎特（Matarrita-Cascante，2010）认为，沟通开放、广泛参与、不同利益相关者之间沟通、社会包容等促使社区全面发展。塞贝尔（Sebele，2010）认为，为提升自然资源利用有效性，通过与管理当局互动、社区参与模式等途径提升乡村居民增权。也有部分专家学者持不同观点，霍尔顿（Holden，2008）认为，经济增长有时不能促使社区全面发展。作为社区参与的两个方面，个人目标通过参与和分享中的参与实现（徐永祥，2000）。企业作为市场经济细胞，日益影响所在社区发展。社区为企业提供人力、市场、环境等资源，是企业资源的主要源泉。企业采取有效措施，充分考虑企业运营对所在社区的影响，获得社会和社区居民的支持与尊重。

# 第三节　模型设计与实证研究

## 一、变量选取与定义

综上前文相关文献可知，到目前为止，尚未有一套社会责任风险量表，用来测量企业对外公共投资项目。基于 ISO 26000《社会责任指南》标准，依据前文相关文献，本书采用 5 点 Likert 量表设计中国海外公共投资项目的量化表，量化表中得分越高，说明该指标越优。主要变量选择与设计如下。

（一）对外大型公共投资项目社会责任风险变量

对外大型公共投资项目社会责任风险特指中国海外公共投资项目未能遵守契约，由于社会责任承担不足导致的项目运行的不确定性的程度。本书将对外大型公共投资项目社会责任风险定义为海外大型公共投资项目投入运营整个阶段连续性程度，若连续性好则表示海外投资项目履行社会责任能较好，赋值为1、若连续性不好，则表示海外投资项目履行社会责任不好，赋值为0。变量的具体含义：中国海外公共投资项目由于社会责任履行原因导致的项目连续性的影响，连续性中断发生，表示为0，连续性中断为发生，表示为1，该变量的代码为 *RISK*。

（二）对外大型公共投资项目社会责任风险的影响因素变量

ISO 26000《社会责任指南》标准社区参与和发展主题下设社区参与、教育和文化、就业创造和技能开发、技术开发与获取、财富与收入创造、健康、社会投资7个议题，以此作为变量选择依据。具体如表10-1所示。

**表10-1　　　　　公共投资项目社会责任风险潜在影响因素**

| 依据 | 变量名称 | 变量代码 |
|---|---|---|
| | 社区参与 | *PA* |
| | 教育和文化 | *EAC* |
| | 就业创造和技能开发 | *JC* |
| ISO 26000《社会责任指南》标准 (2010)、齐丽云和魏婷婷（2013）、赵越春和王怀明（2013） | 技术开发与获取 | *TED* |
| | 财富与收入创造 | *CW* |
| | 健康 | *HE* |
| | 社会投资 | *SOI* |

（三）其他控制变量

详见人权中响应的其他控制变量。

## 二、问卷设计与发放

### (一) 问卷设计

在上述理论基础上，课题组问卷通过文献研究回顾与归纳，以及 ISO 26000《社会责任指南》标准中社区参与和发展因素设计而成，涉及中国海外公共投资项目社会责任风险影响因素与风险后果。中国海外公共投资项目社会责任风险调查问卷设计经历了以下阶段：

第一阶段，文献研究。通过相关文献研究，参考齐丽云和魏婷婷 (2013) 所设计的企业社会责任绩效评价模型，依据 ISO 26000《社会责任指南》标准社区参与和发展主题，设计了一级指标 7 个，二级指标 30 个。一级指标分别为社区参与、教育和文化、就业创造和技能开发、技术开发与获取、财富与收入创造、健康、社会投资，以及二级指标 30 个。

第二阶段、第三阶段同人权研究程序。

### (二) 问卷发放与回收

问卷发放与回收同人权因素研究程序。

## 三、问卷信度与效度检验

### (一) 问卷信度检验

问卷信度检验同人权因素研究程序。检验结果见表 10 - 2。

**表 10 - 2** 　　　**中国对外大型公共投资项目社会责任风险社区**
**参与和发展因素问卷信度检验**

| 类别 | 问项 | | 载荷 | Cronbach's $\alpha$ | AVE | CR |
|---|---|---|---|---|---|---|
| $G_1$：社区参与 | $G_{11}$ | 确定社会投资与社区发展咨询社区群体程度 | 0.83 | 0.94 | 0.72 | 0.91 |
| | $G_{12}$ | 社区开发项目、相互协商与谋求共识程度 | 0.86 | | | |

| 类别 | 问项 | 载荷 | Cronbach's $\alpha$ | AVE | CR |
|---|---|---|---|---|---|
| $G_1$：社区参与 | $G_{13}$　与当地政府官员、政治代表关系透明度程度 | 0.72 | 0.94 | 0.72 | 0.91 |
| | $G_{14}$　参加当地协会，参与社区志愿服务程度 | 0.94 | | | |
| | $G_{15}$　政策制定与发展计划确立、实施、监督和评估程度 | 0.85 | | | |
| $G_2$：教育和文化 | $G_{21}$　促进和支持当地知识水平提升并帮助消除文盲程度 | 0.89 | 0.95 | 0.74 | 0.93 |
| | $G_{22}$　鼓励儿童等弱势群体学习机会程度 | 0.96 | | | |
| | $G_{23}$　社会责任文化活动促进程度 | 0.73 | | | |
| | $G_{24}$　人权教育与意识促进程度 | 0.95 | | | |
| | $G_{25}$　原住居民社区传统知识和技术推广使用、保护程度 | 0.89 | | | |
| $G_3$：就业创造和技能开发 | $G_{31}$　投资决策创造就业减少贫困程度 | 0.82 | 0.90 | 0.72 | 0.94 |
| | $G_{32}$　选择最大限度创造就业机会技术程度 | 0.84 | | | |
| | $G_{33}$　通过外包决策创造直接就业机会程度 | 0.89 | | | |
| | $G_{34}$　与社区合作参加当地技能开发计划程度 | 0.93 | | | |
| | $G_{35}$　帮助改善就业创造程度 | 0.70 | | | |
| $G_4$：技术开发与获取 | $G_{41}$　组织帮助开发适合社区社会和环境问题技术程度 | 0.79 | 0.90 | 0.73 | 0.92 |
| | $G_{42}$　组织帮助开发易复制且消除贫困低成本技术程度 | 0.90 | | | |
| | $G_{43}$　挖掘当地潜在传统知识和技术，加强知识产权权利程度 | 0.85 | | | |
| | $G_{44}$　与大学或研究实验室等组织合作程度 | 0.84 | | | |
| | $G_{45}$　技术转让和扩散，以促进当地发展程度 | 0.84 | | | |

续表

| 类别 | 问项 | | 载荷 | Cronbach's $\alpha$ | AVE | CR |
|---|---|---|---|---|---|---|
| $G_5$：财富与收入创造 | $G_{51}$ | 组织进驻或离开某个社区时造成经济和社会影响程度 | 0.98 | 0.94 | 0.83 | 0.90 |
| | $G_{52}$ | 组织运行遵守法律程度 | 0.93 | | | |
| | $G_{53}$ | 产品和服务当地供应商提供优先权程度 | 0.84 | | | |
| | $G_{54}$ | 扶助社区成员致力于建立持久计划和伙伴关系程度 | 0.83 | | | |
| $G_6$：健康 | $G_{61}$ | 消除组织生产或产品或服务对健康消极影响程度 | 0.85 | 0.89 | 0.79 | 0.93 |
| | $G_{62}$ | 多种方式促进社区健康良好水平程度 | 0.86 | | | |
| | $G_{63}$ | 健康威胁与主要疾病及其预防认识提高程度 | 0.91 | | | |
| $G_7$：社会投资 | $G_{71}$ | 投资项目时考虑促进社区发展程度 | 0.94 | 0.93 | 0.75 | 0.91 |
| | $G_{72}$ | 避免社区对组织慈善活动永久性依赖程度 | 0.92 | | | |
| | $G_{73}$ | 评估现有组织—社区倡议，以加以改进程度 | 0.74 | | | |

## （二）问卷效度检验

问卷效度检验同人权因素研究程序。

## 四、模型构建

基于鉴证中国海外公共投资项目社会责任风险的关键制约因素的目标，本书拟采用调查问卷各个指标测量值的均值作为当前中国海外公共投资项目社会责任风险之社区参与和发展主题中各个可能的影响因子。基于各个变量之间的相关系数，各个变量间不具有严重多重共线性关系。结合专家学者已验证的影响因子，课题组构建多元回归模型，基于中国海外公共投资项目经营连续性这一因变量取值是 0 与 1，课题组采用 Logit 和 Probit 回归分析法，为进一步验证模型的稳健性，运用 OLS 回归分析法进行比较，便于回归结果更为可信。具体模型如下：

### （一）构建 Logit 计量模型

$$\log\left[ RISK/(1-RISK) \right] = \beta + \beta_1 PA + \beta_2 EAC + \beta_3 JC + \beta_4 TED + \beta_5 CW$$
$$+ \beta_6 HE + \beta_7 SOI + Contorlvaluables + \varepsilon \qquad (10.1)$$

式（10.1）中，$RISK$ 为因变量，解释变量为 $PA$、$EAC$、$JC$、$TED$、$CW$、$HE$、$SOI$ 等。$Contorlvaluables$ 变量为计量模型中控制变量，为 $DV$、$IC$、$HDP$、$HGE$ 等。以此研究方法为主。

### （二）构建 Probit 计量模型

$$p(Y_i = 1 \mid X_i) = \Phi(\alpha + \beta SR_i + \beta_z Z_i) = \int_{-\infty}^{\alpha + \beta SR_i + \beta_z Z_i} \frac{1}{\sqrt{2\pi}} \exp\left( -\frac{z2}{2} \right) dz$$
$$(10.2)$$

式（10.2）中，$\Phi(\alpha + \beta SR_i + \beta_z Z_i)$ 把概率取值限定在 0～1 之间，此时概率模型为 Probit 模型。

### （三）构建 OLS 计量模型

$$RISK_i = \alpha + \beta SR_i + \beta_z Z_i + \varepsilon_i \qquad (10.3)$$

式（10.3）中，被解释变量 $RISK_i$ 表示对外公共投资项目经营连续性与否，解释变量 $SR_i$ 表示对外公共投资项目社会责任变量构成向量集，$Z_i$ 表示其他控制变量所构成向量集，$i$ 表示被调查样本量，$\alpha$ 是常数项向量，$\beta$、$\beta_z$ 是系数向量，$\varepsilon_i$ 是随机扰动项。

## 第四节　实证结果

### 一、描述性统计与相关性分析

表 10 - 3 列示了变量的描述性统计结果。$FAP$、$CHE$、$SC$、$CD$、$CP$、$BS$、$ED$ 等变量均值介于 2.42～3.21 之间，说明其数字越大政策实施效果越好，这与现实情况正好相符；$DV$ 均值为 0.29、$IC$ 均值为 1.03，说明其数字越小政策实施效果越好，符合当前现实情况。

表 10 - 3

社区参与和发展问题变量描述性统计及相关系数

| 变量 | 均值 | 标准差 | RISK | PA | EAC | JC | TED | CW | HE | SOL | DV | IC | HDP | HGE |
|------|------|--------|------|------|------|------|------|------|------|------|------|------|------|------|
| RISK | 0.60 | 0.49 | 1.00 | | | | | | | | | | | |
| PA | 3.21 | 1.12 | 0.87** | 1.00 | | | | | | | | | | |
| EAC | 2.96 | 1.62 | -0.07 | -0.42 | 1.00 | | | | | | | | | |
| JC | 2.73 | 1.10 | 0.78** | 0.02* | 0.31*** | 1.00 | | | | | | | | |
| TED | 2.42 | 0.50 | 0.56 | 0.56** | 0.22** | 0.24* | 1.00 | | | | | | | |
| CW | 2.47 | 0.93 | 0.44 | 0.32** | 0.31*** | 0.14*** | 0.43* | 1.00 | | | | | | |
| HE | 2.59 | 1.07 | 0.88** | 0.21 | 0.56* | 0.49* | 0.41** | 0.24* | 1.00 | | | | | |
| SOI | 3.03 | 0.55 | -0.12 | -0.43* | 0.43* | 0.51* | -0.23* | 0.27*** | 0.59* | 1.00 | | | | |
| DV | 0.29 | 0.44 | -0.27 | 0.37** | 0.06* | 0.64** | 0.04*** | 0.45** | 0.01* | -0.23 | 1.00 | | | |
| IC | 1.03 | 1.20 | 0.77** | 0.53* | -0.12 | 0.07 | 0.18** | -0.05** | 0.03** | 0.53* | 0.51** | 1.00 | | |
| HDP | 3.66 | 1.04 | 0.71** | 0.03** | 0.11*** | -0.18*** | 0.45*** | 0.27** | -0.14* | 0.41*** | 0.22** | 0.41*** | 1.00 | |
| HGE | 3.73 | 1.05 | 0.85** | 0.33 | 0.51*** | 0.10*** | 0.35* | 0.31*** | 0.10** | 0.49** | 0.02* | 0.05** | 0.40* | 1.00 |

注：* p < 0.1, ** p < 0.05, *** p < 0.01。

## 二、社区参与和发展因素对中国对外大型公共投资项目社会责任风险影响分析

表 10 - 4 报告了社区参与和发展因素对中国海外大型公共投资项目社会责任风险的影响。

表 10 - 4　　　　社区参与和发展因素对中国对外大型公共投资项目
社会责任风险影响分析回归结果

| 变量 | Logit 模型 | Probit 模型 | OLS 模型 |
|---|---|---|---|
| PA | 1. 368 **<br>(2. 171) | 0. 723 **<br>(2. 014) | 0. 141 ***<br>(3. 580) |
| RAC | − 0. 221<br>( − 0. 304) | − 0. 124<br>( − 0. 837) | 0. 056 **<br>(2. 054) |
| JC | 0. 947 **<br>(2. 144) | 0. 513 **<br>(2. 497) | 0. 531<br>(0. 457) |
| TED | 0. 806<br>(1. 419) | 0. 413<br>(1. 301) | 0. 068 ***<br>(3. 224) |
| CW | 1. 235<br>(1. 228) | 0. 691<br>(0. 756) | 0. 087 **<br>(2. 387) |
| HE | 2. 051 ***<br>(3. 718) | 1. 019 ***<br>(3. 725) | 0. 090 ***<br>(2. 958) |
| SOI | − 0. 232<br>( − 0. 636) | − 0. 033<br>( − 0. 167) | 0. 010<br>(0. 349) |
| DV | − 0. 484<br>( − 0. 603) | − 0. 284<br>( − 0. 829) | − 0. 069 **<br>( − 2. 221) |
| IC | 1. 162 ***<br>(3. 810) | 0. 648 ***<br>(2. 924) | 0. 055 ***<br>(3. 109) |
| HDP | 1. 694 ***<br>(4. 229) | 0. 847 ***<br>(3. 789) | 0. 042<br>(1. 459) |
| HGE | 0. 747 **<br>(2. 063) | 0. 485 **<br>(2. 349) | 0. 042<br>(1. 683) |

续表

| 变量 | Logit 模型 | Probit 模型 | OLS 模型 |
|------|-----------|------------|---------|
| 常数项 | $-26.464^{***}$<br>$(-6.344)$ | $-13.840^{***}$<br>$(-8.429)$ | $-0.920^{***}$<br>$(-10.468)$ |
| 样本数 | 567 | 567 | 567 |
| F/Chi$^2$ | $73.612^{***}$ | $94.668^{***}$ | $216.479^{***}$ |
| R$^2$/Pseudo R$^2$ | 0.933 | 0.942 | 0.876 |

注：① $*p<0.1$，$**p<0.05$，$***p<0.01$；②括号内数值为相应 T 统计量（OLS 模型）或 Z 统计量（Logit 模型、Probit 模型）；③回归估计所用软件为 Stata 12.0；④Logit 模型与 Probit 模型为 Chi$^2$ 统计量，OLS 模型为 F 统计量。

多元回归结果显示：

（1）*PA* 社区参与因子。Logit 模型回归系数 $\beta=1.368$，系数正且显著；Probit 模型回归系数 $\beta=0.723$，系数正且显著；OLS 模型回归系数 $\beta=0.141$，系数正且显著。因此，社区参与因子对中国海外大型公共投资项目社会责任风险正向关系，且显著。

（2）*RAC* 教育和文化因子。Logit 模型回归系数 $\beta=-0.221$，系数负且不显著；Probit 模型回归系数 $\beta=-0.124$，系数负且不显著；OLS 模型回归系数 $\beta=0.058$，系数正且不显著。因此，教育和文化因子对中国海外大型公共投资项目社会责任风险影响不显著。

（3）*JC* 就业创造和技能开发因子。Logit 模型回归系数 $\beta=0.947$，系数正且显著；Probit 模型回归系数 $\beta=0.513$，系数正且显著；OLS 模型回归系数 $\beta=0.531$，系数正且显著。因此，就业创造和技能开发因子对中国海外大型公共投资项目社会责任风险正向关系，且显著。

（4）*TED* 技术开发与获取因子。Logit 模型回归系数 $\beta=0.806$，系数为正且不显著；Probit 模型回归系数 $\beta=0.413$，系数为正且不显著；OLS 模型回归系数 $\beta=0.068$，$p<0.1$，系数正且边界显著。因此，技术开发与获取因子对中国海外大型公共投资项目社会责任风险影响不显著。

（5）*CW* 财富与收入创造因子。Logit 模型回归系数 $\beta=1.235$，系数正且不显著；Probit 模型回归系数 $\beta=0.691$，系数正且不显著；OLS 模型回归系数 $\beta=0.087$，$p<0.1$，系数正且为边界显著。因此，财富与收入创造因子对

中国对外大型公共投资项目社会责任风险影响不显著。

（6）*HE* 健康因子。Logit 模型回归系数 $\beta = 2.051$，系数正且显著；Probit 模型回归系数 $\beta = 1.019$，系数正且显著；OLS 模型回归系数 $\beta = 0.090$，$p < 0.1$，系数正且为边界显著。因此，健康因子对中国对外大型公共投资项目社会责任风险影响不显著。

（7）*SOI* 社会投资因子。Logit 模型回归系数 $\beta = -0.232$，系数负且不显著；Probit 模型回归系数 $\beta = -0.033$，系数负且不显著；OLS 模型回归系数 $\beta = 0.010$，系数正且不显著。因此，社会投资对中国对外大型公共投资项目社会责任风险影响不显著。

（8）*DV* 到 *HGE* 均为控制变量，在这 4 个控制变量中，东道主发达程度与否和开发方式对中国海外大型公共投资项目社会责任风险影响显著。回归模型解释因变量力度与 $R^2$ 正相关，$R^2$ 越大，解释力度越强。对中国海外大型公共投资项目社会责任风险影响成功的解释力度，回归模型 Logit、Probit、OLS 分别为 93.3%、94.2%、87.6%。

综上所述，Logit、Probit、OLS 等模型均得到一致结果，模型 Logit、模型 Probit 更显示出各变量相关强，解释力度大。

# 第五节　主要研究结论与启示

通过回归分析，得出以下具体结论。

## 一、主要研究结论

社区参与和发展主题，*PA* 社区参与变量、*JC* 就业创造和技能开发变量、*HE* 健康变量与中国海外大型公共投资项目社会责任风险正相关，且显著。研究发现：

（1）社区参与与中国对外大型公共投资项目社会风险正相关，且显著。通过确定社会投资与社区发展活动优先事项时咨询社区群体不同代表；影响社区开发项目，相互协商与谋求共识；公开与当地政府官员，或者当地政治代表关系，提升相互之间透明度，坚决禁止一切贿赂行为；尽可能参加当地协会，积极主动倡导企业员工加入当地社区志愿服务；拓展提升社区参与度途径等。

（2）健康与中国对外大型公共投资项目社会风险正相关，且显著。积极主动废除对消费者、员工、当地社区等有害于身心健康的技术、产品、生产线等；加强健康创新研发，提升社区健康水平；提高对健康威胁和主要疾病及其预防的认识等途径加强社区居民身心健康。

（3）就业创造和技能开发与中国对外大型公共投资项目社会风险正相关，且显著。通过分析投资决策对就业创造影响，通过创造就业减少贫困；选择能够最大限度创造就业机会的技术；通过外包决策创造直接就业机会；与社区内其他机构合作参加当地和国家技能开发计划；帮助改善就业创造所必需的框架性条件等途径加强社会居民的就业创造和技能开发。

（4）教育和文化、技术开发与获取、财富与收入创造、社会投资等社区参与和发展相关因素在现阶段与中国对外大型公共投资项目风险相关性不显著。

## 二、实践启示

（1）社区参与已成为跨国公司进行国际投资的必不可少的社会责任承担。海外公共投资项目依托于东道主国家或地区的社区，社区居民成长、社区发展离不开海外先进技术、先进设备，更需要国外资本的投资，加速本地区包括基础设施等大型公共投资项目的发展。同时，跨国公司的大型公共投资项目同样离不开社会居民的参与、社区发展。二者相辅相成，构成共同发展命运共同体。为此，加强社区参与和发展将成为中国海外大型公共投资项目必须履行的社会责任之一。

（2）社区居民健康、安全与利益是社区参与的首要考虑的因素。社区发展的支持、为社区居民就业岗位的提供、原著居民基本权益的保障、公益事业的积极参与等途径将成为当前中国对外大型公共投资项目社会责任的履行途径。加强社区健康服务设施，热心社区卫生公益事业，通过捐助医疗设备、医药用品、开展义诊等进一步改善社区医疗条件，提升社区居民健康水平。

（3）加强对接社区，注重沟通社区，构建企社和谐关系。主动与社区加强有关中国投资项目决策与运营对社区影响的相关信息，通过对话、公证会等形式谋求共识。综合考虑风险评估保障项目全过程的风险防范措施。

# 中国对外大型公共投资项目社会责任风险综合评价实证研究

## 第一节 引 言

依据第五章至第十章基于ISO 26000《社会责任指南》标准六大主题人权、劳工实践、环境、公平运行实践、消费者问题、社区参与和发展对中国对外大型公共投资项目社会责任风险影响实证研究的结果，将显著指标纳入评价指标体系中，构建中国对外大型公共投资项目社会责任风险评价指标体系。二级指标项目选择指标、项目实施指标、项目后续指标聘请专家打分法赋值，其他指标采用前期调查问卷相应变量的众数给予指标权重，采用层次分析法对其赋予指标权重。本章中国对外大型公共投资项目社会责任风险综合评价指标体系为第十二章对外大型公共投资项目社会责任风险双案例评价与比较研究做好理论基础。

# 第二节 评价原则与理论分析

## 一、评价原则

理论上说，从总体设计、应用操作、目标方向三个层面构建一个评价指标体系。中国对外大型公共投资项目社会责任风险评价指标体系的构建原则同样遵循这三个层面。遵循科学系统性、全面完整性原则进行指标体系总体设计，遵循可衡量性、可获得性、可比较性原则进行指标体系指标选择，遵循可持续性、前瞻性原则进行指标体系着眼未来，持续提高。

### （一）科学系统性

科学性原则是建立对外大型公共投资项目社会责任风险评价指标体系必须遵循的原则，本书基于科学理论指导，树立系统思维，运用科学研究方法，结合数据特点，设计优化函数，客观筛选评价指标，准确反映评价对象实际情况。本质上说，对外大型公共投资项目社会责任风险评价指标体系要反映的是整个系统，以及社会责任风险评价指标体系内各个指标相互影响，形成一个完整的系统。

### （二）全面完整性

建立的中国对外大型公共投资项目社会责任风险评价指标体系，须全面反映评价主体涉及的各种影响因素。中国海外大型公共投资项目社会责任涉及政策、市场等多个宏观环境因素，也涉及投资项目所处的环境、技术、产品、营销等多个微观因素，各个因素对投资项目不同性质的影响，不容忽视。基于全面性原则，本书拟从系统整体角度来确定中国对外大型公共投资项目社会责任风险评价指标，科学、全面、综合地与完整的体现中国对外大型公共投资项目社会责任风险评价指标体系。

### （三）可衡量性

构建评价指标体系要具有可衡量性，加以反映评价指标的制度保障情况、具体行为表现、实际行动等。这一结果性指标突出可衡量性、容易测算等特征，便于定量研究。

### （四）可获得性

构建评价指标体系要具有可获得性，这便于相关指标在实践中易于获取、便于测算、统计与汇总。评价指标要在技术、时间、投资等方面与实际接轨，在基于成本考量基础上，选用准确可信的测算方法。因此，本书在构建中国对外大型公共投资项目社会责任风险评价指标体系时所选用的指标尽可能采用管理信息系统中、问卷调查等相关数据与指标。

### （五）可比较性

评价指标体系构建要求各项指标从纵向与横向两个方向展开可比。纵向可比是同一指标在不同时点上的可比性，表示的是在时间维度的可比性，针对本书拟建立的评价指标体系，反映的是中国对外大型公共投资项目自身在一定时期内发展情况；横向可比是指不同指标在同一时点上的可比性，表示的是在空间维度的可比性，针对本书拟建立的评价指标体系，反映的是中国对外大型公共投资项目不同指标在同一时点上的可比性。

### （六）可持续性

由于海外公共投资项目一般时间比较长，从项目设计、投产到运行一般要 30 年以上，为此，可持续性在评价指标体系构建中需要实现其良性发展，不能出现一定时期的间断性。故将可持续原则纳入中国对外大型公共投资项目社会责任风险指标体系。

### （七）可前瞻性

基于国内外市场环境、政治环境、社会环境等实时变动，国际社会要求企业承担的社会责任也随之变动，为此，中国对外大型公共投资项目社会责任风险评价指标体系要体现一定的前瞻性，时刻关注国际社会责任的发展变化与时代要求，借鉴国际社会组织对投资项目社会责任的要求，实施对接国际社会责任要求。

## 二、评价指标体系特征研究

构建中国对外大型公共投资项目社会责任风险评价指标体系，除应遵循科学性、全面性、合理性和可行性等原则，综合反映中国对外大型公共投资项目社会责任风险动因与要素目标，特别注重评价中突出以下两个特点：

（1）突出主线。明确提出以市场为基础，以政府引导、推动、监督为保证，以企业投资项目为主体，以提升中国对外大型公共投资项目社会责任可持续发展为远景，以全球用户满意为宗旨。中国对外大型公共投资项目社会责任风险评价构建和提升战略应明确核心、外围和社会三个层次，并在相应要素的具体目标上突出主线。这些要素目标抓住了中国对外大型公共投资项目社会责任风险评价的关键环节。

（2）突出导向作用。指标体系的确定充分考虑了其导向作用。如符合国家从海外公共投资项目"经济责任"向"社会责任"中心转化，促进中国海外公共投资项目向价值链高端推进的战略思路。同时，具体指标体系还充分考虑了这些指标的可统计性、可评估性，且尽量采取可量化指标，有助于海外公共投资项目企业进行中期评估和国家进行长期监测，促进其更加有效地得以执行。

## 三、量化体系特征水平和评价

中国对外大型公共投资项目社会责任风险评价指标体系是反映在一定时期内中国海外公共投资项目社会责任风险评价构建活动和努力所要达到的定量水平。本书认为，应分层次和分类别来研究：

（1）基本的评价量化标准。中国海外公共投资项目在海外市场的各项指标，特别是核心形象要素，应高于所在海外市场法律和法规所要求的标准。这是最低水平的评价标准。

（2）较高的评价量化标准。当某产品领域全面参与国际竞争时，与中海外公共投资项目所在海外市场最优秀的竞争产品或替代产品的各项量化的指标体系对比，进而比较、分析、判断，作为中国海外投资项目在未来一定时期内海外市场可持续发展战略目标和指标体系所要达到的水平。

（3）差异化的评价量化标准。对于一个比较成熟的投资项目领域，中国对外大型公共投资项目社会责任风险应是全面综合、系统，特别是应关注如何提升外围形象和社会形象；而对不太成熟的投资项目的量化指标，有选择性地开展评价会更适宜些，特别是侧重社会责任形象构建的量化和评价，从核心产品或服务入手，形成构建海外大型公共投资项目社会责任评价的阶梯。

为了能够掌握并长期监测中国对外大型公共投资项目社会责任风险的评价，本书将选取不同地理区域和文化背景下的发达国家和发展中国家的投资项目为对象，以港口建设、高铁、地铁、水电站、大坝等在国际市场上有一定竞争力或具有较大影响力的公共投资项目为目标，收集这些投资项目在海外市场的社会责任风险数据，实证分析中国对外大型公共投资项目社会责任的优劣，并对标相应的具有较好大型国际公共投资项目的国家进行分析，寻找差距及突破点。

## 四、评价指标体系构建依据

依据第五章至第十章基于 ISO 26000《社会责任指南》标准六大主题人权、劳工实践、环境、公平运行实践、消费者问题、社区参与和发展对中国对外大型公共投资项目社会责任风险影响实证研究的结果，将显著指标纳入评价指标体系中，构建中国对外大型公共投资项目社会责任风险评价指标体系。张晓涛等（2014）实证验证了东道主国家地缘政治、政治环境与中国海外大型公共投资项目社会责任风险具有显著相关关系。故课题组将国际协作共同开发、东道主国内政治风险、东道主国家地缘政治环境等纳入评价指标体系中。与第五章至第十章回归结果，构建中国对外大型公共投资项目社会责任风险综合评价指标体系，如图 11-1 所示。

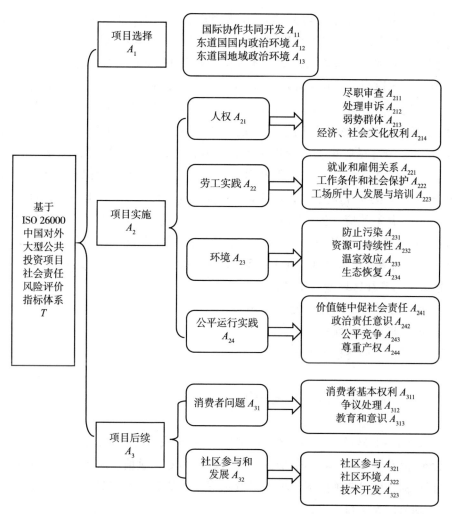

**图 11 – 1　基于 ISO 26000 中国对外大型公共投资项目社会责任风险评价指标体系**

# 第三节　综合评价指标赋权方法与赋值规则

## 一、层次分析法

根据层次分析法，构造层次结构。中国对外大型公共投资项目社会责任风险评价指标体系分为四层：第一层次因素集 $T = \{A_1, A_2, A_3\} = \{$项目选择指标，项目实施指标，项目后续指标$\}$；第二层次因素集从属于第一层次集，其因素集分别为 $A_1 = \{A_{11}, A_{12}, A_{13}\} = \{$国际协作共同开发，东道国国内政治环境，东道国地域政治环境$\}$，$A_2 = \{A_{21}, A_{22}, A_{23}, A_{24}\} = \{$人权，劳工实践，环境，公平运行实践$\}$，$A_3 = \{A_{31}, A_{32}\} = \{$消费者问题，社区参与和发展$\}$；第三层次因素集从属于第二层次集，其因素分别为 $A_{21} = \{A_{211}, A_{212}, A_{213}, A_{214}\} = \{$尽职审查，处理申诉，弱势群体，经济、社会和文化权利$\}$，$A_{22} = \{A_{221}, A_{222}, A_{223}\} = \{$就业和雇佣关系，工作条件和社会保护，工作场所中的人的发展与培训$\}$，$A_{23} = \{A_{231}, A_{232}, A_{233}, A_{234}\} = \{$防止污染，资源可持续性，温室效应，生态恢复$\}$，$A_{24} = \{A_{241}, A_{242}, A_{243}, A_{244}\} = \{$价值链中促进社会责任，政治责任意识，公平竞争，尊重产权$\}$，$A_{31} = \{A_{311}, A_{312}, A_{313}\} = \{$消费者基本权利，争议处理，教育和意识$\}$，$A_{32} = \{A_{321}, A_{322}, A_{323}\} = \{$社区参与，社区环境，技术开发$\}$。

第一步，构造两两比较判断矩阵；

第二步，一致性检验；

第三步，最终权重确定。

## 二、综合评价指标赋值规则

表 11 - 1 显示，对中国对外大型公共投资项目社会责任风险评价问题，以 567 份有效调查问卷各个指标值的众数作为专家赋值。对于一级指标项目选择指标、项目实施指标、项目后续指标，聘请五位专家对其进行打分，以其平均值作为两两比较相对值。

**表 11 - 1** 各指标众数

| 指标 | 频数 | 众数 | 指标 | 频数 | 众数 |
|---|---|---|---|---|---|
| 国际协作共同开发 $A_{11}$ | 156 | 2.40 | 处理申诉 $A_{212}$ | 165 | 3.60 |
| 东道国国内政治环境 $A_{12}$ | 162 | 2.40 | 弱势群体 $A_{213}$ | 171 | 2.70 |
| 东道国地域政治环境 $A_{13}$ | 153 | 2.00 | 经济、社会和文化权利 $A_{214}$ | 147 | 2.40 |
| 尽职审查 $A_{211}$ | 156 | 3.00 | 工会组织 $A_{221}$ | 144 | 3.30 |

| 指标 | 频数 | 众数 | 指标 | 频数 | 众数 |
|---|---|---|---|---|---|
| 工作环境条件 $A_{222}$ | 186 | 2.75 | 公平竞争 $A_{243}$ | 213 | 2.95 |
| 职业规划 $A_{223}$ | 192 | 2.54 | 尊重产权 $A_{244}$ | 192 | 4.13 |
| 防止污染 $A_{231}$ | 156 | 3.10 | 消费者基本权利 $A_{311}$ | 180 | 1.50 |
| 资源可持续性 $A_{232}$ | 183 | 3.88 | 争议处理 $A_{312}$ | 177 | 3.15 |
| 温室效应 $A_{233}$ | 186 | 2.58 | 教育和意识 $A_{313}$ | 186 | 3.75 |
| 生态恢复 $A_{234}$ | 171 | 4.43 | 社区参与 $A_{321}$ | 213 | 3.30 |
| 价值链中促进社会责任 $A_{241}$ | 189 | 2.95 | 社区环境 $A_{322}$ | 174 | 3.63 |
| 政治责任意识 $A_{242}$ | 201 | 2.36 | 技能与技术 $A_{323}$ | 177 | 2.97 |

## 三、综合评价指标赋值过程

依据表 11 - 1 各指标众数值进行各个指标之间两两比较，构建以下判断矩阵，比较各指标之间的重要性。

项目选择指标各标准间相对重要性比较，见表 11 - 2。

表 11 - 2　　　　　　　　　项目选择指标

| 指标 | $A_{11}$ | $A_{12}$ | $A_{13}$ | $W$ |
|---|---|---|---|---|
| $A_{11}$ | 1.0000 | 1.0000 | 1.2000 | 0.3539 |
| $A_{12}$ | 1.0000 | 1.0000 | 0.9000 | 0.3215 |
| $A_{13}$ | 0.8333 | 1.1111 | 1.0011 | 0.3246 |
| 检测结果 | $\lambda\max = 3.0092$　CI = 0.00046　RI = 0.58　CR = 0.0088 < 0.1 | | | |

项目实施指标各标准间相对重要性比较，见表 11 - 3。

表 11 - 3　　　　　　　　　项目实施指标

| 指标 | $A_{21}$ | $A_{22}$ | $A_{23}$ | $A_{24}$ | $W$ |
|---|---|---|---|---|---|
| $A_{21}$ | 1.0000 | 0.8000 | 0.9200 | 1.2000 | 0.2402 |

| 指标 | $A_{21}$ | $A_{22}$ | $A_{23}$ | $A_{24}$ | $W$ |
|------|------|------|------|------|------|
| $A_{22}$ | 1.2500 | 1.0000 | 0.7000 | 0.7000 | 0.2203 |
| $A_{23}$ | 1.1111 | 1.4286 | 1.0000 | 0.8000 | 0.2644 |
| $A_{24}$ | 0.8333 | 1.4286 | 1.2500 | 1.0000 | 0.2751 |
| 检测结果 | $\lambda\max = 4.0702$　CI $= 0.0234$　RI $= 0.90$　CR $= 0.0263 < 0.1$ | | | | |

项目后续指标各标准间相对重要性比较，见表 11 - 4。

表 11 - 4　　　　　　　　　　项目后续指标

| 指标 | $A_{31}$ | $A_{32}$ | $W$ |
|------|------|------|------|
| $A_{31}$ | 1.0000 | 1.0000 | 0.5000 |
| $A_{23}$ | 1.0000 | 1.0000 | 0.5000 |
| 检测结果 | $\lambda\max = 2.0000$　CI $= 0.0000$　RI $= 0.00$　CR $= 0.0000 < 0.1$ | | |

人权指标各标准间相对重要性比较，见表 11 - 5。

表 11 - 5　　　　　　　　　　人权指标

| 指标 | $A_{211}$ | $A_{212}$ | $A_{213}$ | $A_{214}$ | $W$ |
|------|------|------|------|------|------|
| $A_{211}$ | 1.0000 | 0.8333 | 1.1111 | 1.2500 | 0.2567 |
| $A_{212}$ | 1.2000 | 1.0000 | 0.2500 | 1.4286 | 0.2994 |
| $A_{213}$ | 0.9000 | 0.8000 | 1.0000 | 1.3000 | 0.2434 |
| $A_{214}$ | 0.8000 | 0.7000 | 0.7692 | 1.0000 | 0.2005 |
| 检测结果 | $\lambda\max = 4.0028$　CI $= 0.00093$　RI $= 0.90$　CR $= 0.0010 < 0.1$ | | | | |

劳工实践各标准间相对重要性比较，见表 11 - 6。

表 11 - 6　　　　　　　　　　　　劳工实践指标

| 指标 | $A_{221}$ | $A_{222}$ | $A_{223}$ | $W$ |
|---|---|---|---|---|
| $A_{221}$ | 1. 0000 | 1. 2000 | 1. 3000 | 0. 3844 |
| $A_{222}$ | 0. 8333 | 1. 0000 | 0. 9091 | 0. 3021 |
| $A_{223}$ | 0. 7692 | 1. 1000 | 1. 0000 | 0. 3135 |
| 检测结果 | $\lambda\max = 3.0034$　CI $= 0.0017$　RI $= 0.58$　CR $= 0.0033 < 0.1$ | | | |

环境指标各标准间相对重要性比较，见表 11 - 7。

表 11 - 7　　　　　　　　　　　　环境指标

| 指标 | $A_{231}$ | $A_{232}$ | $A_{233}$ | $A_{234}$ | $W$ |
|---|---|---|---|---|---|
| $A_{231}$ | 1. 0000 | 0. 8000 | 1. 2000 | 0. 7000 | 0. 2242 |
| $A_{232}$ | 1. 2500 | 1. 0000 | 1. 3000 | 0. 9000 | 0. 2723 |
| $A_{233}$ | 0. 8333 | 0. 7692 | 1. 0000 | 0. 8000 | 0. 2096 |
| $A_{234}$ | 1. 4286 | 1. 1111 | 1. 2500 | 1. 0000 | 0. 2939 |
| 检测结果 | $\lambda\max = 4.0089$　CI $= 0.00297$　RI $= 0.90$　CR $= 0.0033 < 0.1$ | | | | |

公平运行实践指标各标准间相对重要性比较，见表 11 - 8。

表 11 - 8　　　　　　　　　　　　公平运行实践指标

| 指标 | $A_{241}$ | $A_{242}$ | $A_{243}$ | $A_{244}$ | $W$ |
|---|---|---|---|---|---|
| $A_{241}$ | 1. 0000 | 1. 2500 | 1. 0000 | 0. 7143 | 0. 2410 |
| $A_{242}$ | 0. 8000 | 1. 0000 | 0. 7692 | 0. 8333 | 0. 2098 |
| $A_{243}$ | 1. 0000 | 1. 3000 | 1. 0000 | 0. 7692 | 0. 2479 |
| $A_{244}$ | 1. 4000 | 1. 2000 | 1. 3000 | 1. 0000 | 0. 3013 |
| 检测结果 | $\lambda\max = 4.0167$　CI $= 0.00557$　RI $= 0.90$　CR $= 0.0063 < 0.1$ | | | | |

消费者问题指标各标准间相对重要性比较，见表 11 - 9。

表 11 – 9 消费者问题指标

| 指标 | $A_{311}$ | $A_{312}$ | $A_{313}$ | $W$ |
|------|-----------|-----------|-----------|-----|
| $A_{311}$ | 1.0000 | 0.4762 | 0.4000 | 0.1771 |
| $A_{312}$ | 2.1000 | 1.0000 | 1.8000 | 0.4795 |
| $A_{313}$ | 2.5000 | 0.5556 | 1.0000 | 0.3434 |
| 检测结果 | $\lambda \max = 3.0649$ CI = 0.03245 RI = 0.58 CR = 0.0624 < 0.1 | | | |

社区参与和发展问题指标各标准间相对重要性比较，见表 11 – 10。

表 11 – 10 社区参与和发展问题指标

| 指标 | $A_{321}$ | $A_{322}$ | $A_{323}$ | $W$ |
|------|-----------|-----------|-----------|-----|
| $A_{321}$ | 1.0000 | 0.9091 | 1.1111 | 0.3335 |
| $A_{322}$ | 1.1000 | 1.0000 | 1.2000 | 0.3645 |
| $A_{323}$ | 0.9000 | 0.8333 | 1.0000 | 0.3020 |
| 检测结果 | $\lambda \max = 3.0000$ CI = 0.0000 RI = 0.58 CR = 0.0000 < 0.1 | | | |

对一级指标项目选择指标、项目实施指标、项目后续指标等三个相关赋值，本书聘请五位专家依据各指标含义，对其进行打分，以五位专家均值作为其两两比较相对值。聘请的五位专家打分值如表 11 – 11 所示。

表 11 – 11 五位专家针对一级指标打分值

| 指标 | 专家 1 | 专家 2 | 专家 3 | 专家 4 | 专家 5 | 均值 |
|------|--------|--------|--------|--------|--------|------|
| 项目选择指标 $A_1$ | 3.00 | 2.80 | 3.20 | 3.20 | 2.80 | 3.00 |
| 项目实施指标 $A_2$ | 2.10 | 1.20 | 0.70 | 0.90 | 1.10 | 1.20 |
| 项目后续指标 $A_3$ | 1.50 | 2.00 | 1.80 | 2.50 | 2.90 | 2.14 |

构建三个一级指标的两两比较矩阵，见表 11 – 12。

表 11-12　　　　　对外公共投资社会责任风险一级指标

| $T$ | $A_1$ | $A_2$ | $A_3$ | $W$ |
|---|---|---|---|---|
| $A_1$ | 1.0000 | 2.5000 | 1.4000 | 0.4776 |
| $A_2$ | 0.4000 | 1.0000 | 0.7000 | 0.2057 |
| $A_3$ | 0.7143 | 1.4286 | 1.0000 | 0.3167 |
| 检测结果 | $\lambda \max = 3.0055$　　CI = 0.0027　　RI = 0.58　　CR = 0.0053 < 0.1 | | | |

根据一致性检验原则，进一步对层次总排序一致性检验：

$$CR = \frac{\sum_1^3 W_i CI_i}{\sum_1^3 W_i RI_i} = \frac{0.4776 \times 0.00046 + 0.2057 \times 0.0234 + 0.3167 \times 0}{0.4476 \times 0 + 0.2057 \times 0.9 + 0.3167 \times 0.58}$$

$$= 0.01365 < 0.1$$

结果显示，层次总排序一致性检验通过。

# 第四节　综合评价指标体系构建及权重

通过以上步骤，确定中国对外大型公共投资项目社会责任风险综合评价指标体系。最终权重确定，详见表 11-13。

表 11-13　　对外大型公共投资项目社会责任风险综合评价指标权重

| 总指标 | 一级指标<br>（所占上级指标权重） | 二级指标<br>（占上级指标权重） | 三级指标<br>（占上级指标权重） | 占总指标<br>$T$ 权重 |
|---|---|---|---|---|
| 对外大型公共投资项目社会责任风险评价指标体系 $T$ | 项目选择指标 $A_1$<br>（0.4777） | 国际协作共同开发指标<br>$A_{11}$（0.35） | — | 0.1691 |
| | | 东道国国内政治环境指标<br>$A_{12}$（0.32） | — | 0.1535 |
| | | 东道国地域政治环境指标<br>$A_{13}$（0.33） | — | 0.1551 |

| 总指标 | 一级指标<br>（所占上级指标权重） | 二级指标<br>（占上级指标权重） | 三级指标<br>（占上级指标权重） | 占总指标<br>$T$ 权重 |
|---|---|---|---|---|
| 对外大型公共投资项目社会责任风险评价指标体系 $T$ | 项目实施指标 $A_2$<br>（0.2057） | 人权指标 $A_{21}$<br>（0.24） | $A_{211}$（0.26） | 0.0127 |
| | | | $A_{212}$（0.30） | 0.0148 |
| | | | $A_{213}$（0.24） | 0.0120 |
| | | | $A_{214}$（0.20） | 0.0099 |
| | | 劳工实践指标 $A_{22}$<br>（0.22） | $A_{221}$（0.38） | 0.0174 |
| | | | $A_{222}$（0.31） | 0.0137 |
| | | | $A_{223}$（0.31） | 0.0142 |
| | | 环境指标 $A_{23}$<br>（0.26） | $A_{231}$（0.22） | 0.0122 |
| | | | $A_{232}$（0.27） | 0.0148 |
| | | | $A_{233}$（0.21） | 0.0114 |
| | | | $A_{234}$（0.30） | 0.0160 |
| | | 公平运行实践指标 $A_{24}$<br>（0.28） | $A_{241}$（0.24） | 0.0136 |
| | | | $A_{242}$（0.21） | 0.0119 |
| | | | $A_{243}$（0.25） | 0.0140 |
| | | | $A_{244}$（0.30） | 0.0171 |
| | 项目后续指标 $A_3$<br>（0.3166） | 消费者问题指标 $A_{31}$<br>（0.50） | $A_{311}$（0.18） | 0.0280 |
| | | | $A_{312}$（0.48） | 0.0759 |
| | | | $A_{313}$（0.34） | 0.0544 |
| | | 社区参与和发展指标 $A_{32}$<br>（0.50） | $A_{321}$（0.33） | 0.0528 |
| | | | $A_{322}$（0.37） | 0.0577 |
| | | | $A_{323}$（0.30） | 0.0478 |

# 第五节　结论与启示

## 一、结论

依据本书设计的评价指标体系构建原则（肖红军和张哲，2016），基于 ISO 26000《社会责任指南》标准构建了包括第一层次指标 3 个、第二层次指标 9 个、第三层次指标 21 个的中国对外大型公共投资项目社会责任风险评价指标体系。评价结果显示：一级指标权重从大到小依次是项目选择（0.4777）、后续（0.3166）、实施（0.2057）；三级指标权重前五位依次是国际协作共同开发（0.1691）、东道国地域政治环境（0.1551）、东道国国内政治环境（0.1535）、争议处理（0.0759）、社区环境（0.0577）等指标。

## 二、启示

依据本书构建的中国对外大型公共投资项目社会责任风险综合评价指标体系构建及相应权重给予以下启示：

（1）依据 ISO 26000《社会责任指南》标准中国对外大型公共投资项目社会责任风险进行量化进而构建综合评价指标体系已成为中国对外大型公共投资项目社会责任风险研究的重要课题。中国对外大型公共投资项目社会责任风险评价已成为中国对外大型公共投资项目选择、评估，减少社会责任风险的重要一环。

（2）强化社会责任风险综合评价指标体系，加强管理与监督公共投资项目社会责任风险。对外大型公共投资项目全过程社会责任管理，对项目选择的社会责任风险越来越强调；加强国际协作共同开发、东道国国内政治环境、东道国地域政治环境等项目选择一级指标的社会责任管理；加强履行人权、劳工实践、环境、公平运行实践等项目实施一级指标社会责任风险；加强履行消费者问题、社区参与和发展等项目后续一级指标社会责任风险。基于 ISO 26000《社会责任指南》标准实施中国对外大型公共投资项目社会责任全过程管理。

# 第十二章

# 对外大型公共投资项目社会责任风险双案例评价与比较研究

## ——以三峡集团竞标巴西水电站项目与柬埔寨甘再水电项目为例

## 第一节 引　言

本章依据第十一章构建的中国对外大型公共投资项目社会责任风险综合评价指标体系，以三峡集团竞标巴西水电站项目案例（案例一）与柬埔寨甘再水电项目案例（案例二）为例，展开中国对外大型公共投资项目社会责任风险评价与比较，进一步验证第十一章构建的社会责任风险综合评价指标体系的科学性与合理性。

## 第二节　案例选择与案例背景

### 一、案例选择依据

基于亚洲地区所占比重大，柬埔寨甘再水电

项目又是中国对外大型公共投资项目的第一个水电站项目，故选择此投资项目作为案例之一。同时，美洲地区在中国近年来进行大型公共投资项目异军突起，美洲地区又地缘美国，中国与美国在国际中既竞争又合作，故选择三峡集团竞标巴西水电站项目作为本书的研究案例之一。

## 二、案例背景

### （一）三峡集团竞标巴西水电站项目

三峡集团中标巴西朱比亚和伊利亚水电站于 2015 年 11 月 25 日特许经营权，装机容量分别为 155.1 万千瓦、344.4 万千瓦，总装机容量 499.5 万千瓦。项目总投资约合 37 亿美元，经营期自 2016 年 1 月 1 日起算 30 年。伊利亚水电站混流式机组 20 台，装机容量 344.4 万千瓦；朱比亚水电站轴流转桨式机组 14 台，装机容量 155.1 万千瓦。[①]

### （二）柬埔寨甘再水电站项目

甘再水电站项目作为中国对外公共投资项目中的第一个水电站项目，也是目前中资公司在柬埔寨投资额最大的项目，该项目以 BOT（建设—运营—移交）方式进行投资开发。2006 年中标，2011 年 12 月甘再水电站项目厂房首台机组正式发电，进入商业运行期[②]。该工程总投资 2.805 亿美元，特许运营期为 44 年，其中施工期 4 年，商业运行期 40 年，靠卖电进入商业运营。商业运营期届满后，项目设施将无偿转让给柬埔寨。

---

① 三峡集团最大海外并购项目完成交割 继续领跑世界水电产业［EB/OL］. 人民网，http：//politics. people. com. cn/n1/2016/0106/c70731 - 28021175. html，2016 - 01 - 06.

② 赵珊. 柬埔寨甘再水电站［D］. 西安：西北大学，2013.

# 第三节　三峡集团竞标巴西水电站
# 项目社会责任风险评价

## 一、评价方法与评价

采用多层次灰色模糊灰类综合评价法评价两个案例社会责任风险。

第一步，依照本书第十一章构建的评价指标体系建立评价指标集，如图 11-1 所示。

第二步，确定案例一指标相对权重。基于当前中国海外投资项目以水电站、核电站、大坝、地铁等大型基础设施投资为特征，故课题组采用统一相对权重对案例综合比较。依据表 11-13 中各级指标所占权重为案例风险权重，构建各风险指标向量表，见表 12-1。

表 12-1　三峡集团竞标巴西水电站项目社会责任各风险指标向量

| 序号 | 内容 | 指标内比例 $(A_i, A_{ij})$ | 对应分块矩阵 |
|---|---|---|---|
| 1 | 项目选择风险一级因素集 | $A_1 = (A_{11}, A_{12}, A_{13}) = (0.35, 0.32, 0.33)$ | $D_1$ |
| 2 | 项目实施风险一级因素集 | $A_2 = (A_{21}, A_{22}, A_{23}, A_{24}) = (0.24, 0.22, 0.26, 0.28)$ | — |
| 3 | 人权风险二级因素 | $A_{21} = (A_{211}, A_{212}, A_{213}, A_{214}) = (0.26, 0.30, 0.24, 0.20)$ | $D_2$ |
| 4 | 劳工实践风险二级因素 | $A_{22} = (A_{221}, A_{222}, A_{223}) = (0.38, 0.31, 0.31)$ | $D_3$ |
| 5 | 环境风险二级因素 | $A_{23} = (A_{231}, A_{232}, A_{233}, A_{234}) = (0.22, 0.27, 0.21, 0.30)$ | $D_4$ |
| 6 | 公平运行实践风险二级因素 | $A_{24} = (A_{241}, A_{242}, A_{243}, A_{244}) = (0.24, 0.21, 0.25, 0.30)$ | $D_5$ |
| 7 | 项目后续风险一级因素集 | $A_3 = (A_{31}, A_{32}) = (0.50, 0.50)$ | — |
| 8 | 消费者问题风险因素 | $A_{31} = (A_{311}, A_{312}, A_{313}) = (0.18, 0.48, 0.34)$ | $D_6$ |
| 9 | 社区参与和发展因素 | $A_{32} = (A_{321}, A_{322}, A_{323}) = (0.33, 0.37, 0.30)$ | $D_7$ |

第三步，确定案例一评价指标评分等级标准。课题组聘请五位专家学者，三峡集团竞标巴西水电站中层管理者三位、项目社会责任风险研究教授二位打分，依据五位专家打分进行赋值，详见表12－2。

表12－2　　三峡集团竞标巴西水电站项目社会责任风险专家赋值

| 指标赋值 | 三峡集团竞标巴西水电站项目 | | | | |
|---|---|---|---|---|---|
| | 专家1 | 专家2 | 专家3 | 专家4 | 专家5 |
| $A_{11}$ | 4.50 | 4.00 | 3.50 | 3.50 | 3.80 |
| $A_{12}$ | 3.90 | 3.80 | 3.30 | 3.50 | 3.20 |
| $A_{13}$ | 4.10 | 3.90 | 3.50 | 3.50 | 3.40 |
| $A_{211}$ | 3.20 | 3.00 | 2.90 | 3.50 | 3.20 |
| $A_{212}$ | 2.90 | 2.80 | 3.00 | 3.00 | 2.90 |
| $A_{213}$ | 2.80 | 2.80 | 2.70 | 3.00 | 2.80 |
| $A_{214}$ | 3.20 | 3.10 | 3.00 | 3.20 | 3.10 |
| $A_{221}$ | 2.90 | 3.20 | 2.60 | 2.50 | 2.30 |
| $A_{222}$ | 3.30 | 3.50 | 2.50 | 2.80 | 2.60 |
| $A_{223}$ | 3.40 | 3.20 | 2.40 | 2.60 | 3.10 |
| $A_{231}$ | 2.90 | 3.00 | 2.90 | 3.00 | 3.15 |
| $A_{232}$ | 2.90 | 3.10 | 2.95 | 3.10 | 3.25 |
| $A_{233}$ | 2.95 | 3.10 | 3.10 | 3.05 | 3.20 |
| $A_{234}$ | 2.95 | 3.10 | 2.95 | 2.95 | 3.20 |
| $A_{241}$ | 3.30 | 3.40 | 2.95 | 3.20 | 3.25 |
| $A_{242}$ | 2.90 | 3.30 | 2.95 | 3.30 | 3.35 |
| $A_{243}$ | 3.15 | 3.20 | 2.70 | 3.25 | 3.20 |
| $A_{244}$ | 3.05 | 3.10 | 2.65 | 2.90 | 3.00 |
| $A_{311}$ | 3.20 | 3.10 | 3.00 | 3.30 | 3.10 |
| $A_{312}$ | 3.20 | 3.10 | 3.10 | 3.30 | 3.10 |
| $A_{313}$ | 3.30 | 3.30 | 3.10 | 3.30 | 3.10 |
| $A_{321}$ | 3.40 | 3.30 | 3.30 | 3.50 | 3.10 |

| 指标赋值 | 三峡集团竞标巴西水电站项目 | | | | |
|---|---|---|---|---|---|
| | 专家1 | 专家2 | 专家3 | 专家4 | 专家5 |
| $A_{322}$ | 3.50 | 3.40 | 3.50 | 3.80 | 3.20 |
| $A_{323}$ | 3.60 | 3.40 | 3.40 | 3.60 | 3.20 |

第四步，构造案例一评价相应指标矩阵矩阵，共有24个指标，使用分块矩阵 $D_1$、$D_2$、$D_3$、$D_4$、$D_5$、$D_6$、$D_7$：

$$D_1 = \begin{bmatrix} 4.50 & 3.90 & 4.10 \\ 4.00 & 3.80 & 3.90 \\ 3.50 & 3.30 & 3.50 \\ 3.50 & 3.50 & 3.50 \\ 3.80 & 3.20 & 3.40 \end{bmatrix}, D_2 = \begin{bmatrix} 3.20 & 2.90 & 2.80 & 3.20 \\ 3.00 & 2.80 & 2.80 & 3.10 \\ 2.90 & 3.00 & 2.70 & 3.00 \\ 3.50 & 3.00 & 3.00 & 3.20 \\ 3.20 & 2.90 & 2.80 & 3.10 \end{bmatrix},$$

$$D_3 = \begin{bmatrix} 2.90 & 3.30 & 3.40 \\ 3.20 & 3.50 & 3.20 \\ 2.60 & 2.50 & 2.40 \\ 2.50 & 2.80 & 2.60 \\ 2.30 & 2.60 & 3.10 \end{bmatrix}, D_4 = \begin{bmatrix} 2.90 & 2.90 & 2.95 & 2.95 \\ 3.00 & 3.10 & 3.10 & 3.10 \\ 2.90 & 2.95 & 3.10 & 2.95 \\ 3.00 & 3.10 & 3.05 & 2.95 \\ 3.15 & 3.25 & 3.20 & 3.20 \end{bmatrix},$$

$$D_5 = \begin{bmatrix} 3.30 & 2.90 & 3.15 & 3.05 \\ 3.40 & 3.30 & 3.20 & 3.10 \\ 2.95 & 2.95 & 2.70 & 2.65 \\ 3.20 & 3.30 & 3.25 & 2.90 \\ 3.25 & 3.35 & 3.20 & 3.00 \end{bmatrix}, D_6 = \begin{bmatrix} 3.20 & 3.20 & 3.30 \\ 3.10 & 3.10 & 3.30 \\ 3.00 & 3.10 & 3.10 \\ 3.30 & 3.30 & 3.30 \\ 3.10 & 3.10 & 3.10 \end{bmatrix},$$

$$D_7 = \begin{bmatrix} 3.40 & 3.50 & 3.60 \\ 3.30 & 3.40 & 3.40 \\ 3.30 & 3.50 & 3.40 \\ 3.50 & 3.80 & 3.60 \\ 3.10 & 3.20 & 3.20 \end{bmatrix}$$

第五步，确定案例一各个指标的评价灰数。

$h=1$：$M_{111}=f_1(d_{11})+f_1(d_{12})+f_1(d_{13})+f_1(d_{14})+f_1(d_{15})=3.86$

$h=2$：$M_{112}=f_2(d_{11})+f_2(d_{12})+f_2(d_{13})+f_2(d_{14})+f_2(d_{15})=4.575$

$h=3$：$M_{113}=f_3(d_{11})+f_3(d_{12})+f_3(d_{13})+f_3(d_{14})+f_3(d_{15})=3.567$

$h=4$：$M_{114}=f_4(d_{11})+f_4(d_{12})+f_4(d_{13})+f_4(d_{14})+f_4(d_{15})=0.60$

$h=5$：$M_{115}=f_5(d_{11})+f_5(d_{12})+f_5(d_{13})+f_5(d_{14})+f_5(d_{15})=0$

案例一社会责任风险项目选择指标总灰色评价灰数为：

$$M_{11}=\sum_{h=1}^{5}M_{11h}=3.86+4.575+3.567+0.60+0=12.602$$

以此类推，计算出各个指标总灰色评价灰数。

第六步，计算案例一社会责任风险灰色评价系数。

案例一社会责任风险第 $h$ 灰类评价权向量记为 $q_{ijh}$，$q_{ijh}=\dfrac{M_{ijh}}{M_{ij}}$。

$$q_{111}=\frac{M_{111}}{M_{11}}=\frac{3.86}{12.306}=0.306$$

同理，计算出该评价指标体系的其他灰类评价系数。

第七步，计算案例一社会责任风险灰色评价权向量及相应权矩阵。

$$q_{11}=(0.306,\ 0.363,\ 0.283,\ 0.048,\ 0)$$

同理，计算出其他灰类评价权向量。

根据灰色评价权向量，得出案例一各灰类灰色评价权矩阵 $Q_1$、$Q_2$、$Q_3$、$Q_4$、$Q_5$、$Q_6$、$Q_7$：

$$Q_1=\begin{bmatrix} 0.306 & 0.363 & 0.283 & 0.048 & 0 \\ 0.268 & 0.335 & 0.310 & 0.087 & 0 \\ 0.285 & 0.353 & 0.300 & 0.062 & 0 \end{bmatrix}$$

$$Q_2=\begin{bmatrix} 0.228 & 0.285 & 0.336 & 0.151 & 0 \\ 0.207 & 0.258 & 0.344 & 0.191 & 0 \\ 0.202 & 0.252 & 0.335 & 0.211 & 0 \\ 0.223 & 0.278 & 0.342 & 0.157 & 0 \end{bmatrix}$$

$$Q_3=\begin{bmatrix} 0.198 & 0.248 & 0.333 & 0.221 & 0 \\ 0.216 & 0.270 & 0.320 & 0.194 & 0 \\ 0.215 & 0.265 & 0.324 & 0.196 & 0 \end{bmatrix}$$

$$Q_4 = \begin{bmatrix} 0.217 & 0.270 & 0.330 & 0.183 & 0 \\ 0.208 & 0.260 & 0.372 & 0.160 & 0 \\ 0.219 & 0.274 & 0.344 & 0.163 & 0 \\ 0.215 & 0.269 & 0.344 & 0.172 & 0 \end{bmatrix}$$

$$Q_5 = \begin{bmatrix} 0.233 & 0.292 & 0.333 & 0.142 & 0 \\ 0.228 & 0.285 & 0.335 & 0.152 & 0 \\ 0.224 & 0.280 & 0.334 & 0.162 & 0 \\ 0.209 & 0.261 & 0.341 & 0.189 & 0 \end{bmatrix}$$

$$Q_6 = \begin{bmatrix} 0.225 & 0.281 & 0.341 & 0.154 & 0 \\ 0.227 & 0.283 & 0.340 & 0.150 & 0 \\ 0.233 & 0.291 & 0.335 & 0.141 & 0 \end{bmatrix}$$

$$Q_7 = \begin{bmatrix} 0.243 & 0.304 & 0.327 & 0.126 & 0 \\ 0.261 & 0.326 & 0.315 & 0.098 & 0 \\ 0.257 & 0.321 & 0.318 & 0.104 & 0 \end{bmatrix}$$

第八步，对案例一社会责任风险指标做综合评价。

案例一社会责任风险 $U_1$、$U_2$、$U_3$、$U_4$、$U_5$、$U_6$、$U_7$，结果为 $B_i = A_i \times Q_i = [b_{i1}, \ b_{i2}, \ b_{i3}, \ b_{i4}, \ b_{i5}]$：

$B_1 = [0.287, \ 0.351, \ 0.297, \ 0.065, \ 0]$

$B_2 = [0.214, \ 0.268, \ 0.340, \ 0.178, \ 0]$

$B_3 = [0.209, \ 0.261, \ 0.326, \ 0.204, \ 0]$

$B_4 = [0.214, \ 0.268, \ 0.348, \ 0.170, \ 0]$

$B_5 = [0.223, \ 0.278, \ 0.336, \ 0.163, \ 0]$

$B_6 = [0.228, \ 0.286, \ 0.338, \ 0.148, \ 0]$

$B_7 = [0.254, \ 0.317, \ 0.320, \ 0.109, \ 0]$

基于以上，得到案例一社会责任风险总灰色评价权矩阵 $Ba$：

$$Ba = (B_1, \ B_2, \ B_3, \ \cdots, \ B_8)^T$$

$$C = (C_1, \ C_2, \ C_3, \ C_4, \ C_5)^T$$

对案例一社会责任风险作综合评价。

结果 $R$：$R_1$、$R_2$、$R_3$ 分别代表案例一中项目选择风险一级指标、项目实施风险一级指标、项目后续风险一级指标。

$$R_1 = AB_1 = [1.0][0.287, 0.351, 0.297, 0.065, 0]$$
$$= [0.287, 0.351, 0.297, 0.065, 0]$$

注：由于项目选择风险没有二级指标因素集，故 $A = [1.0]$。

$$R_2 = A_2 \times B = A_2 \times [B_2, B_3, B_4, B_5]$$

$$= [0.24, 0.22, 0.26, 0.28] \begin{bmatrix} 0.214 & 0.268 & 0.340 & 0.179 & 0 \\ 0.209 & 0.261 & 0.326 & 0.204 & 0 \\ 0.214 & 0.268 & 0.348 & 0.169 & 0 \\ 0.223 & 0.278 & 0.336 & 0.163 & 0 \end{bmatrix}$$

$$= [0.215, 0.270, 0.338, 0.177, 0]$$

$$R_3 = A_3 \times B = A_3 \times [B_6, B_7]$$

$$= [0.50, 0.50] \begin{bmatrix} 0.228 & 0.286 & 0.338 & 0.148 & 0 \\ 0.254 & 0.317 & 0.320 & 0.109 & 0 \end{bmatrix}$$

$$= [0.241, 0.301, 0.329, 0.129, 0]$$

第九步，计算案例一社会责任风险综合评价价值。

案例一社会责任风险综合评价值为 $R = B \times C^T$。计算案例一社会责任风险综合评价值 $H$。

项目选择风险评价风险值为：

$$H_1 = R_1 \times C^T = [0.287, 0.351, 0.297, 0.065, 0] \begin{bmatrix} 5 \\ 4 \\ 3 \\ 2 \\ 1 \end{bmatrix} = 3.860$$

项目实施风险评价风险值为：

$$H_2 = R_2 \times C^T = [0.215, 0.270, 0.338, 0.177, 0] \begin{bmatrix} 5 \\ 4 \\ 3 \\ 2 \\ 1 \end{bmatrix} = 3.519$$

项目后续风险评价风险值为：

$$H_3 = R_3 \times C^T = \begin{bmatrix} 0.241, & 0.301. & 0.329, & 0.129, & 0 \end{bmatrix} \begin{bmatrix} 5 \\ 4 \\ 3 \\ 2 \\ 1 \end{bmatrix} = 3.654$$

项目选择风险各二级指标风险值为 $K$：

$$K_1 = \begin{bmatrix} 3.860, & 3.540, & 3.68 \end{bmatrix}$$

项目实施风险各个二级指标风险值为 $K$：

$$K_2 = \begin{bmatrix} 3.520, & 3.475, & 3.524, & 3.561 \end{bmatrix}$$

项目后续风险各个二级指标风险值为 $K$：

$$K_3 = \begin{bmatrix} 3.620, & 3.716 \end{bmatrix}$$

## 二、评价结果

项目选择指标 $A_1 = 0.4777$：国际协作共同开发指标 $A_{11} = 0.35$、东道国国内政治环境指标 $A_{12} = 0.32$、东道国地域政治环境指标 $A_{13} = 0.33$；项目实施指标 $A_2 = 0.2057$：人权指标 $A_{21} = 0.24$、劳工实践指标 $A_{22} = 0.22$、环境指标 $A_{23} = 0.26$、公平运行实践指标 $A_{24} = 0.28$；项目后续指标 $A_3 = 0.3166$：消费者问题指标 $A_{31} = 0.50$、社区参与和发展指标 $A_{32} = 0.50$。

三峡集团竞标巴西水电站项目社会责任风险指标各评价值，见表12 – 3。

**表12 – 3　　三峡集团竞标巴西水电站项目社会责任风险指标各评价值**

| 项目 | 风险值 | 项目 | 风险值 |
|---|---|---|---|
| 项目选择指标 | 3.860 | 人权指标 | 3.520 |
| 项目实施指标 | 3.519 | 劳工实践指标 | 3.475 |
| 项目后续指标 | 3.654 | 环境指标 | 3.524 |
| 国际协作共同开发指标 | 3.860 | 公平运行实践指标 | 3.561 |
| 东道国国内政治环境指标 | 3.540 | 消费者问题指标 | 3.620 |
| 东道国地域政治环境指标 | 3.680 | 社区参与和发展指标 | 3.716 |

# 第四节 柬埔寨甘再水电站项目
# 社会责任风险评价

## 一、评价方法与评价

与对案例一评价方法与评价过程一致。本节中就不做详细论述，将主要评价内容做以下介绍。

1. 确定案例二社会责任风险评价指标相对权重，如表 12 - 4 所示。

表 12 - 4 柬埔寨甘再水电站项目社会责任各风险指标向量

| 序号 | 内容 | 指标内比例 ($A_i$, $A_{ij}$) | 对应分块矩阵 |
|------|------|------|------|
| 1 | 项目选择风险一级因素集 | $A_1 = (A_{11}, A_{12}, A_{13}) = (0.35, 0.32, 0.33)$ | $D_8$ |
| 2 | 项目实施风险一级因素集 | $A_2 = (A_{21}, A_{22}, A_{23}, A_{24}) = (0.24, 0.22, 0.26, 0.28)$ | — |
| 3 | 人权风险二级因素 | $A_{21} = (A_{211}, A_{212}, A_{213}, A_{214}) = (0.26, 0.30, 0.24, 0.20)$ | $D_9$ |
| 4 | 劳工实践风险二级因素 | $A_{22} = (A_{221}, A_{222}, A_{223}) = (0.38, 0.31, 0.31)$ | $D_{10}$ |
| 5 | 环境风险二级因素 | $A_{23} = (A_{231}, A_{232}, A_{233}, A_{234}) = (0.22, 0.27, 0.21, 0.30)$ | $D_{11}$ |
| 6 | 公平运行实践风险二级因素 | $A_{24} = (A_{241}, A_{242}, A_{243}, A_{244}) = (0.24, 0.21, 0.25, 0.30)$ | $D_{12}$ |
| 7 | 项目后续风险一级因素集 | $A_3 = (A_{31}, A_{32}) = (0.50, 0.50)$ | — |
| 8 | 消费者问题风险因素 | $A_{31} = (A_{311}, A_{312}, A_{313}) = (0.18, 0.48, 0.34)$ | $D_{13}$ |
| 9 | 社区参与和发展因素 | $A_{32} = (A_{321}, A_{322}, A_{323}) = (0.33, 0.37, 0.30)$ | $D_{14}$ |

2. 案例二社会责任风险指标专家赋值，详见表 12 – 5。

表 12 – 5　　　　　柬埔寨甘再水电站项目社会责任风险专家赋值

| 指标赋值 | 柬埔寨甘再水电站项目 | | | | |
|---|---|---|---|---|---|
| | 专家 1 | 专家 2 | 专家 3 | 专家 4 | 专家 5 |
| $A_{11}$ | 2.00 | 1.80 | 2.20 | 2.40 | 2.00 |
| $A_{12}$ | 1.30 | 2.00 | 2.00 | 2.10 | 2.05 |
| $A_{13}$ | 2.00 | 2.00 | 2.10 | 2.30 | 2.10 |
| $A_{211}$ | 2.10 | 2.00 | 2.00 | 2.30 | 2.20 |
| $A_{212}$ | 1.80 | 2.00 | 2.10 | 1.90 | 2.30 |
| $A_{213}$ | 2.10 | 2.20 | 2.10 | 2.00 | 1.90 |
| $A_{214}$ | 2.30 | 2.20 | 2.20 | 2.10 | 2.00 |
| $A_{221}$ | 3.00 | 2.50 | 2.50 | 3.00 | 2.80 |
| $A_{222}$ | 2.00 | 2.00 | 2.10 | 2.10 | 2.00 |
| $A_{223}$ | 3.00 | 3.00 | 2.80 | 2.80 | 2.50 |
| $A_{231}$ | 2.00 | 2.00 | 2.10 | 2.05 | 2.10 |
| $A_{232}$ | 1.20 | 2.00 | 1.10 | 2.00 | 2.00 |
| $A_{233}$ | 3.00 | 3.00 | 3.00 | 2.00 | 3.00 |
| $A_{234}$ | 2.10 | 3.00 | 2.00 | 2.20 | 3.00 |
| $A_{241}$ | 1.80 | 2.00 | 2.10 | 2.00 | 2.00 |
| $A_{242}$ | 2.10 | 2.00 | 2.10 | 2.00 | 2.00 |
| $A_{243}$ | 1.90 | 2.00 | 1.80 | 2.10 | 2.00 |
| $A_{244}$ | 2.00 | 1.90 | 2.10 | 2.10 | 2.00 |
| $A_{311}$ | 2.10 | 2.00 | 2.00 | 1.90 | 2.10 |
| $A_{312}$ | 2.10 | 2.00 | 1.90 | 1.80 | 2.10 |
| $A_{313}$ | 1.50 | 2.30 | 2.20 | 2.10 | 2.00 |
| $A_{321}$ | 1.20 | 2.05 | 2.00 | 2.00 | 1.05 |
| $A_{322}$ | 2.05 | 2.10 | 2.20 | 1.50 | 2.00 |
| $A_{323}$ | 3.00 | 2.10 | 2.05 | 1.00 | 1.80 |

3. 构造案例二评价相应指标矩阵，共有 24 个指标，使用分块矩阵 $D_8$、$D_9$、$D_{10}$、$D_{11}$、$D_{12}$、$D_{13}$、$D_{14}$：

$$D_8 = \begin{bmatrix} 2.00 & 1.30 & 2.00 \\ 1.80 & 2.00 & 2.00 \\ 2.20 & 2.00 & 2.00 \\ 2.40 & 2.10 & 2.10 \\ 2.00 & 2.05 & 2.05 \end{bmatrix}, \quad D_9 = \begin{bmatrix} 2.10 & 1.80 & 2.10 & 2.30 \\ 2.00 & 2.00 & 2.20 & 2.20 \\ 2.00 & 2.10 & 2.10 & 2.10 \\ 2.30 & 1.90 & 2.00 & 2.10 \\ 2.20 & 2.30 & 1.90 & 2.00 \end{bmatrix},$$

$$D_{10} = \begin{bmatrix} 3.00 & 2.00 & 3.00 \\ 2.50 & 2.00 & 3.00 \\ 2.50 & 2.10 & 2.80 \\ 3.00 & 2.10 & 2.80 \\ 2.80 & 2.00 & 2.50 \end{bmatrix}, \quad D_{11} = \begin{bmatrix} 2.00 & 1.20 & 3.00 & 2.10 \\ 2.00 & 2.00 & 3.00 & 3.00 \\ 0 & 2.10 & 1.10 & 3.00 & 2.00 \\ 2.05 & 2.10 & 2.00 & 2.20 \\ 2.10 & 2.00 & 3.00 & 3.00 \end{bmatrix},$$

$$D_{12} = \begin{bmatrix} 1.80 & 2.10 & 1.90 & 2.00 \\ 2.00 & 2.00 & 2.00 & 1.90 \\ 2.10 & 2.10 & 1.80 & 2.10 \\ 2.00 & 2.00 & 2.10 & 2.10 \\ 2.00 & 2.00 & 2.00 & 2.00 \end{bmatrix}, \quad D_{13} = \begin{bmatrix} 2.10 & 2.10 & 1.50 \\ 2.00 & 2.00 & 2.30 \\ 2.00 & 1.90 & 2.20 \\ 1.90 & 1.80 & 2.10 \\ 2.10 & 2.10 & 2.00 \end{bmatrix},$$

$$D_{14} = \begin{bmatrix} 1.20 & 2.05 & 3.00 \\ 2.05 & 2.10 & 2.10 \\ 2.00 & 2.20 & 2.05 \\ 2.00 & 1.50 & 2.00 \\ 1.05 & 1.00 & 1.80 \end{bmatrix}$$

4. 确定案例二社会责任风险各个指标评价灰数。

$h=1$：$M_{111} = f_1(d_{11}) + f_1(d_{12}) + f_1(d_{13}) + f_1(d_{14}) + f_1(d_{15}) = 2.08$

$h=2$：$M_{112} = f_2(d_{11}) + f_2(d_{12}) + f_2(d_{13}) + f_2(d_{14}) + f_2(d_{15}) = 2.60$

$h=3$：$M_{113} = f_3(d_{11}) + f_3(d_{12}) + f_3(d_{13}) + f_3(d_{14}) + f_3(d_{15}) = 3.47$

$h=4$：$M_{114} = f_4(d_{11}) + f_4(d_{12}) + f_4(d_{13}) + f_4(d_{14}) + f_4(d_{15}) = 4.20$

$h=5$：$M_{115} = f_5(d_{11}) + f_5(d_{12}) + f_5(d_{13}) + f_5(d_{14}) + f_5(d_{15}) = 0$

案例二社会责任风险项目选择指标总灰色评价灰数为：

$$M_{11} = \sum_{h=1}^{5} M_{11h} = 2.08 + 2.60 + 3.47 + 4.20 + 0 = 12.347$$

以此类推，计算出各个指标总灰色评价灰数。

5. 计算案例二社会责任风险灰色评价系数。

案例二社会责任风险第 $h$ 灰类评价权向量记为 $q_{ijh}$，$q_{ijh} = \dfrac{M_{ijh}}{M_{ij}}$。

$$q_{111} = \frac{M_{111}}{M_{11}} = \frac{2.08}{12.347} = 0.157$$

同理，计算出其他灰类评价系数。

6. 计算案例二社会责任风险灰色评价权向量及相应的权矩阵。

$q_{11} = [q_{111}, q_{112}, q_{113}, q_{114}, q_{115}] = [0.157, 0.196, 0.261, 0.386, 0]$

同理，计算出其他灰类评价权向量，进而得出各灰类灰色评价权矩阵 $Q_8$、$Q_9$、$Q_{10}$、$Q_{11}$、$Q_{12}$、$Q_{13}$、$Q_{14}$：

$$Q_8 = \begin{bmatrix} 0.156 & 0.196 & 0.261 & 0.387 & 0 \\ 0.145 & 0.182 & 0.243 & 0.332 & 0.038 \\ 0.156 & 0.196 & 0.281 & 0.367 & 0 \end{bmatrix}$$

$$Q_9 = \begin{bmatrix} 0.103 & 0.204 & 0.272 & 0.361 & 0.600 \\ 0.157 & 0.196 & 0.261 & 0.361 & 0.025 \\ 0.159 & 0.199 & 0.266 & 0.368 & 0.008 \\ 0.163 & 0.206 & 0.276 & 0.355 & 0 \end{bmatrix}$$

$$Q_{10} = \begin{bmatrix} 0.098 & 0.148 & 0.331 & 0.223 & 0.092 \\ 0.058 & 0.190 & 0.164 & 0.380 & 0.208 \\ 0.102 & 0.152 & 0.335 & 0.211 & 0.200 \end{bmatrix}$$

$$Q_{11} = \begin{bmatrix} 0.153 & 0.192 & 0.256 & 0.307 & 0.092 \\ 0.130 & 0.162 & 0.217 & 0.376 & 0.115 \\ 0.197 & 0.246 & 0.328 & 0.179 & 0.050 \\ 0.174 & 0.217 & 0.290 & 0.189 & 0.130 \end{bmatrix}$$

$$Q_{12} = \begin{bmatrix} 0.154 & 0.193 & 0.158 & 0.378 & 0.117 \\ 0.158 & 0.197 & 0.164 & 0.381 & 0.100 \\ 0.153 & 0.192 & 0.156 & 0.376 & 0.123 \\ 0.157 & 0.196 & 0.162 & 0.377 & 0.108 \end{bmatrix}$$

$$Q_{13} = \begin{bmatrix} 0.157 & 0.196 & 0.262 & 0.377 & 0.008 \\ 0.155 & 0.193 & 0.258 & 0.371 & 0.023 \\ 0.157 & 0.196 & 0.262 & 0.346 & 0.039 \end{bmatrix}$$

$$Q_{14} = \begin{bmatrix} 0.129 & 0.161 & 0.215 & 0.376 & 0.019 \\ 0.144 & 0.181 & 0.313 & 0.257 & 0.105 \\ 0.155 & 0.194 & 0.345 & 0.184 & 0.122 \end{bmatrix}$$

7. 对柬埔寨甘再水电站项目社会责任风险指标做综合评价。

$B_8 = [0.143, 0.191, 0.256, 0.338, 0.072]$

$B_9 = [0.101, 0.201, 0.268, 0.361, 0.069]$

$B_{10} = [0.087, 0.133, 0.212, 0.366, 0.202]$

$B_{11} = [0.162, 0.203, 0.270, 0.263, 0.102]$

$B_{12} = [0.156, 0.195, 0.160, 0.277, 0.212]$

$B_{13} = [0.155, 0.148, 0.276, 0.164, 0.257]$

$B_{14} = [0.143, 0.278, 0.290, 0.174, 0.105]$

基于以上，得到案例二社会责任风险总灰色评价权矩阵 $Bb$：

$$Bb = (B_8, B_9, B_{10}, \cdots, B_{14})^T$$

$$C = (C_1, C_2, C_3, C_4, C_5)^T$$

对案例二社会责任风险综合评价。结果 $R$：$R_4$、$R_5$、$R_6$ 分别代表案例二社会责任风险中项目选择风险一级指标、项目实施风险一级指标、项目后续风险一级指标。

$R_4 = AB_8 = [1.0][0.143, 0.191, 0.256, 0.338, 0.072]$

$\quad = [0.143, 0.191, 0.256, 0.338, 0.072]$

注：由于项目选择风险没有二级指标因素集，故 $A = [1.0]$。

$R_5 = A_2 \times B = A_2 \times [B_9, B_{10}, B_{11}, B_{12}]$

$$= [0.24, 0.22, 0.26, 0.28] \begin{bmatrix} 0.101 & 0.201 & 0.268 & 0.361 & 0.069 \\ 0.087 & 0.133 & 0.212 & 0.366 & 0.202 \\ 0.162 & 0.203 & 0.270 & 0.263 & 0.102 \\ 0.156 & 0.195 & 0.160 & 0.277 & 0.212 \end{bmatrix}$$

$\quad = [0.112, 0.156, 0.183, 0.347, 0.202]$

$R_6 = A_3 \times B = A_3 \times [B_{13}, B_{14}]$

$$= [0.50, 0.50] \begin{bmatrix} 0.155 & 0.148 & 0.276 & 0.164 & 0.250 \\ 0.143 & 0.278 & 0.290 & 0.174 & 0.105 \end{bmatrix}$$

$\quad = [0.149, 0.213, 0.283, 0.169, 0.186]$

8. 计算案例二社会责任风险综合评价价值 $H$。

项目选择风险评价风险值为：

$$H_4 = R_4 \times C^T = \begin{bmatrix} 0.143, & 0.191, & 0.256, & 0.338, & 0.072 \end{bmatrix} \begin{bmatrix} 5 \\ 4 \\ 3 \\ 2 \\ 1 \end{bmatrix} = 2.98$$

项目实施风险评价风险值为：

$$H_5 = R_5 \times C^T = \begin{bmatrix} 0.112, & 0.156, & 0.183, & 0.347, & 0.202 \end{bmatrix} \begin{bmatrix} 5 \\ 4 \\ 3 \\ 2 \\ 1 \end{bmatrix} = 2.427$$

项目后续风险评价风险值为：

$$H_6 = R_6 \times C^T = \begin{bmatrix} 0.149, & 0.213, & 0.283, & 0.169, & 0.186 \end{bmatrix} \begin{bmatrix} 5 \\ 4 \\ 3 \\ 2 \\ 1 \end{bmatrix} = 2.970$$

项目选择风险各二级指标风险值为 $K$：
$$K_4 = \begin{bmatrix} 2.667, & 2.345, & 2.66 \end{bmatrix}$$
项目实施风险各个二级指标风险值为 $K$：
$$K_5 = \begin{bmatrix} 2.021, & 2.876, & 3.023, & 2.802 \end{bmatrix}$$
项目后续风险各个二级指标风险值为 $K$：
$$K_6 = \begin{bmatrix} 3.021, & 3.221 \end{bmatrix}$$

## 二、评价结果

柬埔寨甘再水电站项目，项目选择风险指标占比 0.4777、项目实施风险指标占比 0.2057、项目后续风险指标占比 0.3166，可以得到案例二总体风险值为：$2.980 \times 0.4777 + 2.427 \times 0.2057 + 2.970 \times 0.3166 = 2.863$，属于较低风险范畴。

柬埔寨甘再水电站项目社会责任风险指标评价值，见表 12 – 6。

**表 12 – 6**　　　**柬埔寨甘再水电站项目社会责任风险指标各评价值**

| 项目 | 风险值 | 项目 | 风险值 |
|------|--------|------|--------|
| 项目选择指标 | 2.980 | 人权指标 | 2.021 |
| 项目实施指标 | 2.427 | 劳工实践指标 | 2.876 |
| 项目后续指标 | 2.970 | 环境指标 | 3.023 |
| 国际协作共同开发指标 | 2.667 | 公平运行实践指标 | 2.802 |
| 东道国国内政治环境指标 | 2.345 | 消费者问题指标 | 3.021 |
| 东道国地域政治环境指标 | 2.660 | 社区参与和发展指标 | 3.221 |

# 第五节　两个案例社会责任风险综合评价结果比较

由图 12 – 1 显示，在社会责任风险方面，三峡集团竞标巴西水电站项目明显高于柬埔寨甘再水电站项目。究其原因为，柬埔寨甘再水电站项目启动相对较早，具有相对稳定的地缘政治环境，柬埔寨国内政治环境相对稳定，项目实施过程中更加注重了当地群众的利益，社会责任风险相对比较小。但是，基于包括柬埔寨在内世界各国加强了对社会责任的重视，项目后续风险相对较高。这就要求柬埔寨甘再水电站项目在后续管理中要加强社会责任的履行。三峡集团竞标巴西水电站项目 2015 年刚刚竞标，基于巴西国家政府债务危机、地缘政治、国家安全等政治因素，中美国际竞争等原因导致其社会责任风险相对较高。评价结果符合当前现状，验证了本书第十一章所构建的中国对外大型公共投资项目社会风险评价指标体系的科学性与合理性。

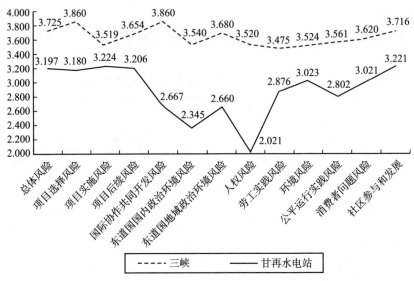

**图 12 - 1　两个项目各个风险指标风险评价值比较**

# 第六节　结论与启示

## 一、结论

基于第十一章构建的中国对外大型公共投资项目社会责任风险评价指标体系，本章通过三峡集团竞标巴西水电站项目与柬埔寨甘再水电站项目社会责任风险的评价与比较。结果显示，评价结果符合当前现状，本书第十一章所构建的中国对外大型公共投资项目社会责任风险评价指标体系具有科学性与合理性。

## 二、启示

第一，中国海外投资选择时社会责任风险管理，加强项目国际合作共同开发，以"中国企业＋东道主国家企业""中国＋发达国家跨国企业"等模式展开国际合作。第二，进一步重视东道主国家或地区地缘政治环境社会责任风险研究，将地缘政治环境纳入对外大型公共投资项目社会责任战略决策。第三，加强东道主国家或地区人权、劳工实践、环境保护、公平运行实践在项目实施中的社会责任，实施囊括社区参与和发展、消费者问题在内的项目后续管理，实现项目可持续发展。

# 第十三章

# 对外大型公共投资项目风险预警机制构建研究

我国对外大型公共投资项目复杂风险的外源性与内源性风险，涉及对外大型公共投资项目选择风险因素与对外大型公共投资项目实施风险，但根据当前所处国内外环境，我国应更注重对外大型公共投资项目选择风险因素。由于这一点共识，本书基于风险管理决策大数据处理，对我国对外大型公共投资项目复杂风险识别与评价进行研究。

## 第一节　对外大型公共投资项目风险管理决策的大数据处理

对外大型公共投资项目风险管理决策的大数据处理应用类型有很多，处理模式主要是流处理与批处理两种。流处理是直接处理，批处理是先存储后处理。第一，大数据流处理。流处理基本理念是数据价值会随着时间的流逝而不断减少，其数据处理模式共同目标为尽可能快地对最新的数据作出分析并给出结果。流处理的处理模式将数据视为流,源源不断的数据组成数据流。当新的数据到来时就立刻处理并返回所需结果。第二,大数据批处理。MapReduce 编程模型是最具代表性的批处理模式。其核心设计思想在于:将问题分而治之;把计算推到数据而不是把数据推到计算,有效地避免数据传输过程中产生的大量通信开销。根据大数据处理模式,从数据源、大数据抽取与集成、大数据分析、大数据解读、决策主体五个流程进行大数据处理(详见图 13-1)。

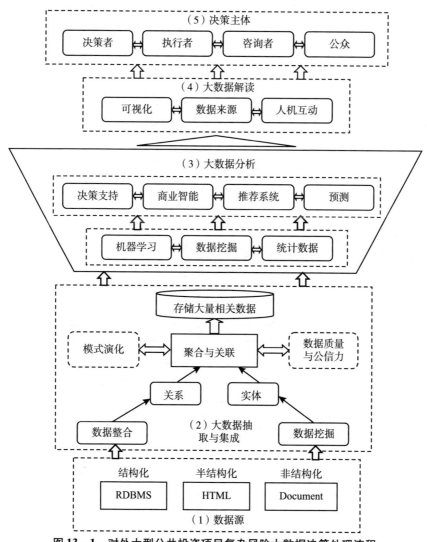

**图 13-1 对外大型公共投资项目复杂风险大数据决策处理流程**

## 第二节　对外大型公共投资项目复杂
## 风险识别方法与流程

结合数学、心理学、管理学等自然科学和社会科学等多学科，基于决策树、影响图、故障树分析法按照流程将基础工具分为识别、分析、规划、跟踪、控制等类型。根据不同标准，将风险识别分为：定性、定量和综合识别，结构型和非结构型识别，系统性识别和经验性调查等。风险识别过程主要包括筛选、监测和诊断三个关键步骤。通过将具有潜在风险影响因素进行选择、分类、确定相应风险等级，完成筛选过程；通过对风险后果活动、现象等观测、记录、分析其全过程，完成监测；基于风险症状，对因果关系进行判断与评价，找出原因，探索解决方法，完成监测过程（详见图 13 – 2）。

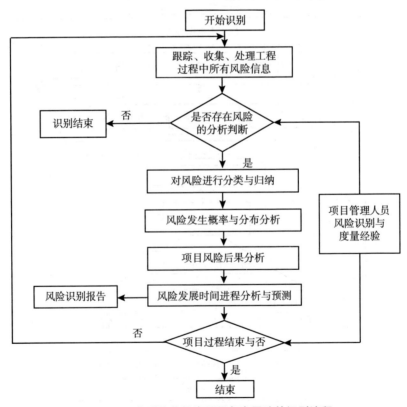

**图 13 – 2　大型公共投资项目复杂风险的识别流程**

# 第三节　对外大型公共投资项目
# 复杂风险构成要素研究

　　国内外一些研究机构和学者对项目复杂风险评价指标体系构建进行了比较广泛的研究，取得了一些有益的成果（详见表13-1）。对大型公共投资项目复杂风险评判应科学、全面、客观和公正地反映其真实内涵和水平，通过对影响项目的风险因素进行系统分析与合理整合。

表13-1　　　　　　　　大型项目复杂风险分类举例

| 划分方法 | 作者 | 主要风险类别 |
|---|---|---|
| 风险来源 | 奥-索比尔等（Al-Sobiei et al., 2005） | 自身性质、外部环境状况、内部环境状况、主要参与方 |
| | 黄本笑等（2005） | 组织、质量、技术、合同、环境等风险 |
| 风险特征 | 丁香乾和石硕（2004） | 技术、经济等风险 |
| | 李海凌和宋吉荣（2004） | 工期、费用、质量、安全等风险 |
| | 武乾等（2006） | 政策、自然、环境、业主、设计者、监理、承包商等风险 |
| | 姚水洪和朱立波（2006） | 立项、合同、技术、管理、人力、环境等风险 |
| 综合分类 | 祁世芳和贾月阳（2002） | 政治、社会、经济、自然、技术、管理等风险 |

构建如下对外大型公共投资项目复杂风险因素集：

# 一、总体目标因素集

$$R = \{r_1, r_2, r_3\} = \{项目参与者风险，项目性质风险，项目环境风险\}$$

## 二、第二层，二级目标因素集

$r_1 = \{r_{11}, r_{12}, r_{13}, r_{14}, r_{15}, r_{16}, r_{17}, r_{18}\} = \{$政府部门风险，专家风险，公众风险，监督部门风险，监理方风险，设计者风险，供应商风险，承包商风险$\}$

$r_2 = \{r_{21}\} = \{$项目规模$\}$

$r_3 = \{r_{31}, r_{32}, r_{33}, r_{34}\} = \{$政策风险，经济风险，社会风险，自然风险$\}$

## 三、第三层，三级目标因素集

$r_{11} = \{r_{111}, r_{112}, r_{113}, r_{114}, r_{115}\} = \{$决策体制，官员腐败，执行力，干预程度，资金到位$\}$

$r_{12} = \{r_{121}, r_{122}, r_{123}\} = \{$专家咨询机构能力，独立性，评价方法科学性$\}$

$r_{13} = \{r_{131}, r_{132}, r_{133}\} = \{$对项目功能是否满意，能否正确理解项目意义，补偿条件$\}$

$r_{14} = \{r_{141}, r_{142}\} = \{$监督程序是否科学，是否合谋腐败$\}$

$r_{15} = \{r_{151}, r_{152}, r_{153}, r_{154}, r_{155}\} = \{$监理工程师的技术与管理能力，授权程度，工作热情与公正与否，管理风格与职业道德；执行合同情况$\}$

$r_{16} = \{r_{161}, r_{162}, r_{163}, r_{164}\} = \{$设计技术水平，设计规范性与科学性，设计技术与经济协调与否，文件图纸完备性与及时性$\}$

$r_{17} = \{r_{171}, r_{172}\} = \{$供货是否及时，供货质量$\}$

$r_{18} = \{r_{181}, r_{182}, r_{183}, r_{184}, r_{185}\} = \{$项目部的管理水平和技术水平，组织能力和协调能力，成本、质量与工期控制，管理协调能力，工程变更$\}$

$r_{21} = \{r_{211}, r_{212}, r_{213}\} = \{$项目规模大，建设周期长，复杂性$\}$

$r_{31} = \{r_{311}, r_{312}, r_{313}, r_{314}\} = \{$经济政策变化，产业结构调整，投资方向改变，紧缩银根$\}$

$r_{32} = \{r_{321}, r_{322}\} = \{$国内外金融市场的波动，通货膨胀$\}$

$r_{33} = \{r_{331}, r_{332}\} = \{$区域文化的冲突，恐怖事件$\}$

$r_{34} = \{r_{341}, r_{342}, r_{343}\} = \{$灾害风险，气候风险，工程质地$\}$

### 四、构建大型公共投资项目复杂风险指数模型

假定决策环境参数为 $a$，且 $a \in [0, 1]$，决策乐观系数为 $\gamma$，且 $\gamma \in [0, 1]$。项目参与者风险包括政府部门、专家、公众、监督部门、监理方、设计者、供应商、承包商等风险；项目本身性质即项目规模风险；项目环境风险包括政策、经济、社会、自然等风险。由此得到 13 个方面评估评价目标，形成判断矩阵，基于一定环境参数与决策乐观系数，计算出权重向量。根据权重向量构造出模糊权重矩阵，构建出对外大型公共投资项目复杂风险指数模型。

## 第四节 对外大型公共投资项目复杂风险动态监测与预警机制研究

### 一、大型公共投资项目复杂风险动态监测体系

（1）根据项目生命周期将复杂风险监测分为多个阶段，在不同阶段设计不同监测机制，包括各主体之间风险监测任务的分工与协同、监测数据的共享、明确监测重点和关键控制点等。根据风险危害程度和主体承受能力动态调整项目复杂风险监测标准、监测信号、警情触发条件，确定各个风险变化指标等级和临界值。

（2）将风险划分为五个监测区间 $(S_0, S_1)$、$(S_1, S_2)$、$(S_2, S_3)$、$(S_3, S_4)$、$(S_4, S_5)$，分别代表低、较低、警戒、危险、高危险五个风险等级，设置不同等级风险监测信号，确定风险达到哪个等级时应启动何种风险决策机制。

（3）复杂风险应对方案。结合项目复杂风险形成及演化类型、转移阶段、预警级别及危害程度等条件，构建动态迭代模型，设计应对方案，包括风险应对决策目标和主题、风险应对方法、政策措施和建议等。

（4）复杂风险动态监测效果评价与模拟应用，建立相应评价指标体系。

对复杂风险动态监测模型和监测机制效果进行评价，分析风险处理机制与风险监测体系之间的耦合程度，为风险监测机制的动态调整提供反馈信息。在不同风险情境下对大型公共投资项目复杂风险动态监测体系进行模拟应用，进一步检验和修正监测模型、监测机制、监测效果评价指标体系。

## 二、对外大型公共投资项目复杂风险的动态预警机制

考虑项目复杂风险属性信息不完全确定性，针对随机、认知及灰色三种不确定性环境，基于模糊数学、控制论原理及灰色系统理论，采用复杂大群体偏好冲突控制方法、多阶段多目标动态决策分析技术及 ANP、DEA 方法，从时间、空间和价值三个维度建立对外大型公共投资项目复杂风险三维动态监测与预警理论模型（详见图 13 - 3）。

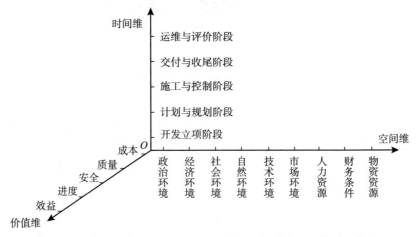

**图 13 - 3　对外大型公共投资项目复杂风险三维动态监测模型研究内容**

## 三、对外大型公共投资项目复杂风险动态预警系统运作机理

根据复杂风险流动性与连续性特征，基于项目投资准备、实施、验收与使用四个阶段，实施实时动态预警系统，构建对外大型公共投资项目复杂风险动态预警系统运作机制（详见图 13 - 4）。

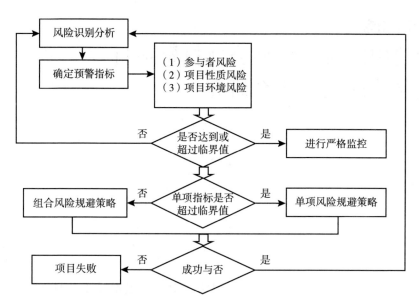

**图 13－4　对外大型公共投资项目复杂风险动态预警系统运作机理研究内容**

# 创建中国对外大型公共投资项目风险管理支撑体系研究

基于大数据处理，根据对外大型公共投资项目复杂风险识别方法与流程、风险构成因素以及动态监测与预警机制，在开发我国对外大型公共投资项目风险管理信息平台支撑体系基础上从项目规划、建设、运营与评估方面创建我国对外大型公共投资项目复杂风险全过程管理支撑体系，根据多目标多重属性群决策模型构建我国对外大型公共投资项目复杂风险协同管理支撑体系，进而依据复杂风险 PEST 模型、ISO 26000《社会责任指南》标准、WTO 准则与国际贸易法则创建我国对外大型公共投资项目风险管理的支撑体系。

## 第一节　我国对外大型公共投资项目风险管理信息平台支撑体系

运用云计算环境和网络信息技术以及复杂大群体偏好冲突控制方法设计并开发对外大型公共投资项目复杂风险分析实验信息平台，实现项目复杂风险演化机理和管理决策模型、方法和机制集成，通过信息平台实验分析形成项目风险管理方案。

### 一、实验信息平台复杂风险分析步骤及控制机制设计

首先，研究复杂风险分析实验主题输入和输出变量及其数据结构；其次，在此基础上提出复杂风险分析实验主题的实验过程和实验要求，研究平台处理流程和控制机制，形成实验信息平台总体思路；最后，建立项目复杂风险分析实验主题，设计复杂风险分析步骤和控制机制。

### 二、信息平台体系结构和功能结构设计

首先，根据平台总体设计思路，研究并设计实验信息平台体系结构，包括概念层次结构、流程结构和控制结构；其次，研究并设计实验信息平台功能结构，包括项目复杂风险分析主题的实验功能和项目复杂风险动态监测功能等。

### 三、实验信息平台软件开发及模拟实验

根据上述结果设计相应的实验信息平台结构，开发面向对象技术的实验信息平台软件，利用典型案例进行模拟实验，对大型公共投资项目复杂风险动态评估与监测理论、方法和机制进行检验和修正。采用案例调研数据对项目风险管理决策机制进行模拟应用，利用模拟结果实现各种决策方案预见性选择，检验项目风险管理机制适应性和合理性，为大型公共投资项目风险管理决策提供科学、便捷的实验信息平台。

## 第二节　创建我国对外大型公共投资项目复杂风险全过程管理体系

突破现有项目风险管理制度局限，分别从项目规划管理（方法、程

序、依据、风险响应机制等）、建设管理（管理主体与组织机构设定、管理主体与责任划分、质量管理、融资风险管理、风险响应机制等）、运营管理（运营主体与模式选择、质量、安全、风险响应机制等）三大阶段及复杂风险评估机制提出我国对外大型公共投资项目复杂风险全过程管理体系。

## 一、我国对外大型公共投资项目规划管理阶段管理机制

（1）加强前期评估与可行性研究。在进行前期评估与可行性研究时，组织专家或委托咨询公司，采取定性和定量方法，分析和估量各种潜在风险发生概率与可能性，初步制定风险防范与抵御措施。

（2）严谨招投标制度，加强监管制度。大型投资项目承担单位应将"三公"原则应用于招标全过程，并对投标书成本、质量、进度、计划等管理体系，运用合理方法、程序进行评估。谨慎选择监理单位，加强质量管理。

（3）合同管理，建立风险相应机制。大型公共投资项目要加强合同管理及复杂风险相应机制，加强风险管理意识。

## 二、我国大型公共投资项目建设管理阶段管理机制

（1）管理主体与组织机构设定及相应机制。大型公共投资项目建设期参与的部门和人员，涉及的管理主体与组织机构，工作过程中交流的信息，管理的文档，共同的任务等关系更加复杂。合理设定大型公共投资项目管理主体与组织机构，并进行管理主体与责任机制合理划分。

（2）加强质量管理及风险响应机制。从工序质量控制、设置质量控制点、工程质量预控、质量检查、成品保护、交工技术资料等对大型公共投资项目复杂风险的质量管理。

（3）融资风险管理及风险响应机制。通过对大型公共投资项目复杂风险融资的风险识别与评估，采用合理的经济和技术手段对全过程涉及的风险加以处理，以最大限度地避免或减少风险事件所造成的损失，顺利实现大型公共投资项目融资管理的预期经济效益。

### 三、我国大型公共投资项目运营管理阶段管理机制

（1）运营主体与运营模式选择及风险响应机制。根据大型公共投资项目的类型、样式、规模、运营过程中的时间、气候、环境、地质、人文等因素构建大型公共投资项目风险管理的运营主体与运营模式选择以及复杂风险响应机制。

（2）质量安全及风险响应机制。从责任企业安全、制度安全、经费管理、监督项目施工安全、失信体系和奖惩机制、覆盖所有工程项目、加强项目高层管理者管理、注重职业健康安全管理与质量保证、预控体系、目标管理与安全预防、注重细部处理和成品保护等方面构建大型公共投资项目复杂风险的质量管理与风险响应机制。

### 四、我国大型公共投资项目风险管理评估机制

（1）项目风险管理主体与责任体系评估机制。构建包括承包商、投资人、材料设备供应商、政府部门、监理单位、运营方、高层管理人员、员工、工程项目所在社区、环保部门等在内的大型公共投资项目风险管理主体与责任体系评估机制。

（2）项目管理模式及信用评价体系。构建产出、结果、影响三个层次和管理制度、组织管理、人力资源、管理控制、管理责任、经济效益、社会效益、环境效益八个方面立体式项目管理模式与信用评价体系。

（3）项目监管体系与责任追究机制。基于对我国大型公共投资项目风险管理的法制基础薄弱、监管体制不顺、监管有效性不强等问题，在以法律确定、独立公正、过程控制、责任追究、注重效率、逐步完善等六大原则指导下，建立和完善我国大型公共投资项目监管体系与责任追究机制，主要包括：建立大型公共投资项目责任追究制度，进一步加强对其审计监督，完善其制衡机制与稽查制度，建立后评价制度、社会监督机制与追究机制等。

# 第三节　构建我国对外大型公共投资项目复杂风险协同管理支撑体系

## 一、大型公共投资项目复杂风险协同管理机制

（1）审批机制。根据审批机制目标、参与主体构成，按照审批处理、社会稳定风险评估内容与审查意见、审核公示、报上级主管部门审批等流程进行对外大型公共投资项目风险管理审批。

（2）核准机制。主要包括移民安置、建设征地、生态环境、人文变化、经济效益等方面内容，国家核准机关主要对海外大型公共投资项目复杂风险引发的社会稳定外部性和公共性问题进行审查，审核领域主要集中在宏观公共事项方面。

（3）备案机制。包含备案制度内涵、范围、指导原则、程序、事后监督和责任追查机制等。

（4）支撑机制。构建对外大型公共投资项目风险管理的领导干部考核问责机制（包含问责原则、过程、手段等）、监控机制（包含复杂风险识别、监察、预警、预控等）、协调机制（包含信任、信息共享、整合等）。

## 二、构建我国大型公共投资项目复杂风险多目标决策机制信息共享平台，实现多目标决策机制的最优解

在面对多目标决策时，从制定决策过程出发，从效用理论、层次分析理论、需求分析理论、冲突分析分解理论以及理想转移理论等进行综合分析。为此，在进行多目标决策时，通过计算，得出可行方案，选择满意方案，更益于实现组织目标。通过构建包括风险因素识别、风险预防、风险信息共享、风险结果处理、风险选择等在内的我国对外大型公共投资项目复杂风险多目标决策机制信息共享平台，实现多目标决策机制的最优解。

## 三、控制社会秩序与稳定风险，将冲突测度模型驱动和冲突消解模型驱动进行有机结合，构建应急决策冲突协调机制

在"冲突测度"驱动过程中，有机地运用"冲突消解"以最大限度地消除复杂大群体决策成员之间的冲突，通过冲突测度与冲突消解耦合机制、应急决策主题求解机制、冲突性应急决策仿真实验平台、构建网上监测与预警管理信息网络、控制生态风险等机制，达到两者最大限度的耦合，获得最大满意一致性和最低冲突水平的整个复杂大群体决策偏好，即实现"应急决策主题"的求解目标。

# 第四节　我国对外大型公共投资项目
# 风险管理支撑体系研究

## 一、基于 ISO 26000 研究东道主国家复杂风险机制

研究东道主国家的地缘政治，包含东道主国家参加的国际合作组织、友好国家、敌对势力等；东道主国家国内政治势力利益诉求、利益均衡势力、矛盾点等我国对外投资大型项目进行的可持续性；研究东道主国家的技术水平、环境等问题，我国对外大型公共投资项目要尽量合理评估各方因素，寻找不同政治势力、政治组织、政治团队等的和谐，总结以前或正在发生的由于重大群体性事件导致我国海外大型公共投资项目风险危机的根源，做好预防措施，从长远战略眼观来维护我国对外投资接受国家的社会秩序和稳定风险。

## 二、国际产业链投资机制

实现我国对外大型公共投资项目的国际产业链投资机制。借鉴日本海外产业链投资机制，我国对外大型公共投资项目要从其发展集点、线、面、网

研究于一身，贯穿价值创造、分配、传递全过程。

### 三、合作共赢——联盟风险管理

对于国际大型项目复杂，研究大型公共投资项目风险管理国际政府合作共赢机制共同开发机制。合作共赢——联盟风险管理风险应对与风险防范，从联盟内成员合作动机不一致、信用风险、联盟管理不协调、利益分配不对称等方面展开，从联盟实施过程中加以控制。从选择合适联盟伙伴、确定共同战略计划、对联盟组织进行有效管理、建立学习型组织、合理利益分配原则、合理退出机制等进行复杂风险防范研究，避免我国以往对外大投资项目以"独一性"自居所带来的重大损失。

## 第五节　基于 ISO 26000 构建社会责任风险预警政策支撑体系

### 一、社会责任风险已成为中国海外投资风险主要风险之一

社会责任竞争将成为 21 世纪国际竞争的主题，履行国际社会责任降低社会责任风险已成为世界各国的共识。ISO 26000《社会责任指南》标准颁布与实施，对正在实施"走出去"战略与"一带一路"倡议的中国，机遇与挑战并重。中国对外公共项目投资企业应当抓住机遇，积极面对挑战。为此，中国政府应积极倡导、社会组织积极参与、海外投资企业积极研究并加以好好履行 ISO 26000《社会责任指南》标准，深入掌握 ISO 26000《社会责任指南》标准在世界各国实施进程，建立健全 ISO 26000《社会责任指南》标准信息平台，加强信息交流与沟通，适时调整中国海外投资战略，将中国海外投资社会责任风险降低到最低点。

### 二、中国海外公共项目投资应转变思维

在管理全过程中，中国海外公共项目投资应转变传统国内经营思维模式，

深入认知东道主居民经营思维模式，加强经营国际思维模式转变。在与东道主政府良好关系基础上，进一步加强与东道主当地居民沟通，建立健全相应的沟通渠道与交流机制，加强与东道主国家居民人权共享、东道主员工归属感与凝聚力，精准掌握东道主居民等利益相关者认知，促进海外投资良性循环。

## 三、基于 ISO 26000《社会责任指南》标准，构建对外大型公共投资项目社会责任风险政策支撑体系

加强对东道国地域政治环境风险研究，充分认识到项目东道国的地缘政治环境，在考察评价其地缘政治环境基础上做出科学决策；在项目实施过程中，充分认识到东道国当地居民人权、当地劳工实践、环境保护及公平运行实践中实现良好的社会责任，减低海外投资项目社会责任风险；在海外投资后续工作中，需要将该地区的社区参与和发展与消费者纳入该项目的可持续发展战略，降低中国海外投资社会责任风险，实现中国海外投资可持续发展。

### （一）在组织治理方面

第一，中国海外投资选择时社会责任风险管理，应首先考虑该项目的国际协作共同开发，以增强国际其竞争力，避免恶性竞争，实现利益共享，降低该项目社会责任风险。第二，对外大型公共投资项目企业在东道国实施"超事业部"制组织治理结构。中国总部仅在人事、财务以及利润三方面对其进行控制。第三，实施东道主国家人员首席负责制的人事管理制度。国内派驻管理层人员到东道国承担副职，实施监督职能。第四，实施东道主国家本土国际化战略。对外大型公共投资项目社会责任管理要立足于东道国国家，融合东道主国家本土优秀文化传统和价值观念，适应与积极实施东道主国家国际化战略积。第五，建立维权基金，创新维权模式，加强集体维权。由于国外维权成本大，故中国对外大型公共投资项目企业选择放弃维权成为主流。为此，为减少中国对外大型公共投资项目企业维权成本，中国政府可以研究建立相应的维权基金，创新维权模式，加强集体维权。

## （二）在人权方面

第一，强化"以人为本"的认知理念，在与东道主国家政府认知基础上，加强与当地居民"双重"认知。既认可当地居民的风俗习惯、惯性对海外公共投资项目的认知，也让当地居民认可海外公共投资项目的社会责任。第二，进一步加强东道主居民对海外大型公共投资项目有关信息的获取权与知情权，加强海外公共投资项目相关信息的披露工作，定期或不定期地向当地居民公布有关投资项目在实施过程中遇到的，特别是当地居民关注的热点问题、棘手问题，与东道主国家政府、当地居民一起协商共同寻求解决关键问题的途径，保障当地居民经济、社会、文化等相关权利。第三，熟知东道主国家相关法律法规，加强对东道主国家或居民文化习俗、信仰等传统文化的学习，收集整理东道主国家地域政治以及国际组织有关居民与企业权力的相关法律法规，进一步探寻切入点，达到中国海外大型公共投资项目投资企业、东道主国家或地区、东道主国家或地区地缘政治等三者共鸣。

## （三）在劳工实践方面

第一，进一步向东道主国家或地区释放一定技术红利。在保持中国技术5~8年左右国际领先条件下加强技术转让。通过东道主国家居民本地员工教育与培训，或者到中国对东道主员工进行技术培训与教育，提升其所在国家技术水平与技术条件。第二，在保持投资项目可持续发展前提条件下优先加强对东道主国家或地区员工的雇用，为东道主国家就业问题提供解决途径。加强科技创新合作，促进包容性经济增长、创造就业等方面增强东道主国家或地区员工的本土化。与东道主国家或地区共同面对包括环境、能源、粮食、水、土壤、农业和生物科技等方面的挑战。第三，针对员工安全与健康工作环境，定期或不定期加强社会对话。积极应对东道主国家或地区在内的国际社会共同的经济挑战，加强针对中小企业、妇女、儿童等弱势群体的工作环境等领域对话与重点合作。第四，深入开展东道主国家文化本质属性研究，树立东道主传统文化的深度融合意识，培养本土化员工熟悉加以认知的企业文化。探讨投资者国家与东道主国家或地区之间在价值观、规范、习俗以及传统在内的文化差异，分析文化差异原因和影响，特别是中西方跨文化差异与影响，对于加强中西方投资者与东道主之间的理解与尊重，减少文化冲突，促进文化融合意义重大。进一步培养本企业的东道主国家员工认知的企业文化。

（四）在环境方面

第一，避免环境责任中的"小雨蛙大麻烦"。在对外大型公共投资项目投标前详细真实地对该项目实施地区的环境影响评估。通过环境影响评估，精准掌握中国对外大型公共投资项目在投产以及后续几十年经营中给予当地环境可能造成的不利影响，以及在实施过程中遇到影响环境危机事件时如何应对等。避免由于环境评估失误导致的"小雨蛙大麻烦"风险。第二，加强环境保护问题，深度认知东道主及其地缘政治国家或组织相关涉及环境法律法规。深入研究东道主国家或地区内部以及周边的有关环境方面法律，树立环保意识，强化环保理念。明确国际直接投资国际法规与运行机制，建立健全项目环境风险评估、预警、防范及治理机制。第三，加强资源可持续性，主动采取减缓并适应气候变动行动，积极防治环境污染，注重自然栖息地修复。在21世纪，中国对外公共项目投资需要积极主动防治污染，实现资源可持续性，根据投资具体情况与合理需求与东道国形成互动适应，共同减缓并适应气候变化行动，注重环境保护与自然栖息恢复。

（五）在公平运行实践方面

第一，进一步转变政企关系传统思维，加强市场公平竞争。受从计划经济向市场经济转轨留下的"后遗症"，以及中国从古到今传统"官商一体"的传统思想，中国对外大型公共投资项目企业应改变国内政企之间关系传统思维，加强市场经济公平竞争。为此，加快金融等稀缺要素市场发育度，废除由于要素市场扭曲形成的成本优势，保障市场参与主体平等获取生产要素机会，大力提升生产要素配置效率。第二，先国内后国际。避免国内同行企业国际恶性竞争，加强国内企业国际合作。加强国内合作后对东道主国家企业展开国际合作。通过技术、产品、服务、价值链、创新等进行企业间联合，充分发挥各自优势，打造"超事业部制"、以对外大型公共投资项目为主题的"软性"组织结构，实施"整体出海"战略。第三，加强消费者争议及时处理机制，合理及时披露信息，积极主动保护消费者信息。真实、全面、及时、充分地进行信息披露有助于东道主国家或地区对中国公共投资项目的认可度与美誉度。

## （六）在消费者问题方面

第一，加强保护消费者隐私与信息，基于法律法规保障消费者基本权利。按照国际和东道主国家相关《消费者权益保护法》，加强对东道主国家或地区消费者信息与隐私加以保护，保障国际法规与东道主国家或地区有关消费者所有基本权利服务。第二，加强营销公平、信息真实公正、合同公平实践环境。在自愿互谅基础上，消费者与经营者通过对话合理解决争议。共同营造一个营销公平、信息真实公正、合同公平实践环境。第三，消费者教育和意识加强。在对经营者加强教育同时，与行业协会密切配合，对公共投资项目市场经营者加强教育引导，引导其以消费者需求为导向，完善日常经营管理制度，诚信守法经营；对消费者加强教育，提高消费者维权意识，引导消费者理性消费，文明消费，理性维权。

## （七）在社区参与和发展方面

第一，社区参与已成为跨国公司进行国际投资的必不可少的社会责任承担。海外公共投资项目依托于东道主国家或地区的社区，社区居民成长、社区发展离不开海外先进技术、先进设备，更需要国外资本的投资，加速本地区包括基础设施等大型公共投资项目的发展。同时，跨国公司的大型公共投资项目同样离不开社会居民的参与、社区发展。二者相辅相成，构成共同发展命运共同体。为此，加强社区参与和发展将成为中国海外大型公共投资项目必须履行的社会责任之一。第二，社区居民健康、安全与利益是社区参与的首要考虑的因素。社区发展的支持、为社区居民就业岗位的提供、原著居民基本权益的保障、公益事业的积极参与等途径将成为当前中国对外大型公共投资项目社会责任的履行途径。加强社区健康服务设施，热心社区卫生公益事业，通过捐助医疗设备、医药用品、开展义诊等进一步改善社区医疗条件，提升社区居民健康水平。第三，加强对接社区，注重沟通社区，构建企社和谐关系。主动与社区加强有关中国投资项目决策与运营对社区影响的相关信息，通过对话、公证会等形式谋求共识。综合考虑风险评估保障项目全过程的风险防范措施。

# 第六节 践行社会责任，重塑中国
# 对外投资项目海外形象

### 一、加强产品海外推广提升中国对外投资项目海外形象

构建对外投资项目海外形象沟通推广系统，拓展产品海外形象沟通推广发展路径，基于 ISO 26000《社会责任指南》标准，增强社会责任意识，通过各种体现企业社会责任的活动提升企业公众形象，间接提高企业经济效益。加强产品海外形象提升中的政府推广作用，利用国事访问和国际会议等对本国对外投资项目形象进行推广宣传，并利用驻外商会、驻外使馆经济处等官方半官方机构在目标市场国家推介本国知名品牌。

### 二、完善企业政策体系提升中国对外投资项目海外形象

企业采取的政策和战略对本企业对外投资项目有直接影响，根据竞争战略理论，企业可能采用成本领先、差异化和集中化三种战略在国际市场竞争，在不同国家进行具体商业活动时也需要符合当地政府和公众对企业的期望。从企业政策角度促进公司对外投资项目海外形象的提升。

### 三、降低文化冲突风险提升中国对外投资项目海外形象

基于原产国文化影响其产品海外形象，要加强产品原产国文化理念、结构要素与特征研究，将文化整合融于产品原产国形象中。加强与当地融合，强化风险评估与防范意识，建立科学的风险管理体系，有效地最大限度地降低跨国经营中文化冲突造成的各种风险。通过强化对企业引导和服务、建立评价体系和奖励机制、开展试点工作、加强和改进宣传工作等途径，通过选择符合海外消费者期望的文化元素促进我国对外投资项目海外形象提升。

## 四、强化国家形象认知提升中国对外投资项目海外形象

国家形象是一个国家对自己的认知以及国际体系中其他行为体对它的认知的结合。国家形象对于消费者产品评价的正向影响以及作用路径已经在很多文献中被验证。经过改革开放四十多年的发展及时代的快速变迁，我国的国家形象已经有了巨大改变。国家形象构建并不完全是一种国际行为，相反一个国家在国际社会中的形象更多的是一种国内政治和国内事务的延伸，提升国家形象是一个复杂的系统工程。为此，可通过出口、政府职能管理、文化、国民素质、旅游以及移民、投资环境等途径提升国家形象。另外，加强提升国家形象的媒体传播策略，可通过增强我国国际传播能力提高国际传播话语权；通过积极外交公关，对外传播我国负责任大国的形象；通过策划全球性媒介事件，塑造和平、发展的国家形象以提高国际地位，提升国家形象。

## 五、实施自主创新战略提升中国对外投资项目海外形象

在当今经济全球化激烈竞争条件下，企业产品是否拥有核心竞争能力已成为该企业产品或品牌能否在国际市场竞争中取胜，并成为国际知名品牌的决定性因素。发达国家国际知名品牌企业，为提升产品海外形象，时刻增加企业品牌技术、价值含量，增强品牌自主创新动力和能力。中国企业品牌，包括一些大型"国家队"企业的品牌，普遍缺乏拥有国际竞争力的自主创新能力。为此，应实施自主创新战略，突破发达国家的低端锁定与发展国际知名品牌瓶颈，提升中国对外投资项目海外形象。

## 六、健全知识产权保护体系提升中国对外投资项目海外形象

近几年来，我国与世界经济体的贸易纠纷主要是围绕技术壁垒、商标侵权、专利费索取等知识产权展开的。建立知识产权保护体系，从保护、维权、应对三个机制完善我国企业对于出口产品的知识产权保护。首先，建立综合企业、行业协会、政府三方主导的知识产权保护体系，加强与强化政府、行业协会和企业在知识产权保护机制中的角色、职能和相互关联。以市场细胞

企业为基础，以保护消费者权益为核心，以行业协会为中介平台，将企业知识产权诉求通过行业协会向政府反映，共同建立健全企业知识产权保护机制。其次，建立健全知识产权保护体系维权机制。企业在国际市场上将不可避免面对各种知识产权纠纷，政府通过政府间对话等构建集行政、司法、预警等于一体的维权机制，优化知识产权维权路径，减少企业维权成本，提高企业维权效率。最后，建立健全知识产权保护体系应对机制。通过对知识产权纠纷的利益相关者进行知识、技巧与方法等方面的应对机制的培训与教育，增强知识产权保护体系应对机制建设。

### 七、建设危机应对机制提升中国对外投资项目海外形象

全面分析归纳当前企业突发事件的基本特征、基本情况，依托突发事件概念、特征、媒体作用与影响、分析事件生命周期，加强突发危机事件应对机制建设。根据不同国家在产品危机中应对策略的经验教训，结合我国产品海外危机的特点，从预警体系建立、危机实时应对策略以及后期危机控制策略等方面，构建我国企业应对对外投资项目危机的完备机制。

## 第七节　淡化政治意识，降低政治风险，加强中小企业深度融入对外公共投资项目

### 一、以大企业为核心构筑"1 + N"式产业链，助力民营中小企业"抱团出海"

"1 + N"式产业链指以 1 家大型企业为龙头，带动整个产业链其他 N 家民营中小企业集体融入"一带一路"产能合作，实现企业"抱团出海"。大企业以基础建设、产能合作项目为核心点，打造核心产业和产业链上下游企业间配套关系，带动整个"羊群"国际生存能力。对接境外产业园区以有效发挥集聚效应、降低风险，成为民营中小企业深度融入"一带一路"产能合作风险规避的"境外避风港"。第一，支持龙头企业通过专业分工、服务外

包、订单生产等方式，吸引民营中小企业参与"一带一路"产能合作，向民营中小企业提供相关支持，带动其海外发展。第二，增强产业集群配套能力。众多民营中小企业为龙头企业配套产品或提供服务，形成良性集群发展模式，打造完整产业链，鼓励全产业链"走出去"。第三，增进龙头企业与民营中小企业知识分享和信息交流。加强民营中小企业对外部知识，特别是龙头企业知识溢出的吸收能力，加大对新知识消化和转化投入。第四，创新产权合作模式。一方面，鼓励大企业对民营中小企业参股，提供技术支持，建立牢固合作关系。另一方面，引导中小企业积极开展收购、兼并、控股、参股及租赁等业务，进行资本运营，推进专业化、规模化改造。

## 二、构建多渠道、多层次信息交流网络，着力破解"信息瓶颈"

打通"一带一路"信息渠道，有效链接海内外商品或服务的供需双方，对于提高民营中小企业海外投资效益具有重要作用。具体措施为：第一，加强政府在搭建项目网络平台中的作用。搭建"中小企业'一带一路'合作服务平台"并向民营中小企业加大宣传力度，为其提供"一带一路"沿线国家经贸活动信息。加大信息收集、整理、分析和发布力度，用好网络和报刊等媒介，提供"一带一路"沿线国家政治、法律、政策、技术规范、项目供求信息、文化风俗等信息，发布各国投资评估报告和法律服务指南，有效提高中小企业"一带一路"投资成功率。第二，各地政府或行业协会积极组织线下项目对接。鼓励形式多样的企业洽谈、项目对接等经贸活动，有计划地组织民营中小企业赴海外参加各类博览会或商务洽谈会等，促进民营中小企业开展跨境产能合作。第三，利用非官方社会组织搭建信息桥梁。整合各类商贸协会，充分发挥"大数据"中心作用，为民营中小企业提供商业机会。鼓励金融、法律、保险等专业服务机构以及各类智库，以资讯、培训等形式为民营中小企业提供"一带一路"产能合作配套服务。

## 三、建立以信用为主导的融资创新体系，拓宽民营中小企业融资渠道

破解民营中小企业的资金瓶颈，要集合政府部门、金融机构、行业协会、

市场主体等各方力量，通过完善信用体系、创新融资模式等方式有效促进资金融通，切实缓解民营中小企业资金短缺难题。第一，着力发挥丝路基金、政策性银行、商业银行等融资主渠道作用，引导社会资本与"一带一路"沿线国家开展产能合作。支持中资金融机构为民营中小企业提供跨境"互联网＋金融"服务，同时争取境外金融机构的信贷支持。以企业需求为导向开发金融产品，促进民营中小企业项目融资需求对接。第二，加快民营中小企业信用体系建设，为民营中小企业融资提供信贷依据。完善民营中小企业资信体系，建立健全跨境信贷征信对话和评估机制，引导多元金融投资主体共同满足"一带一路"产能合作投融资需求，有效防范信用风险。政府、金融机构、行业协会形成合力，引导民营中小企业形成产业链和协作群，推动"一带一路"区域内多边诚信体系建设，建立民营中小企业创新信用评级系统。第三，开发基于集群网络的供应链融资和互联网融资模式。建立健全"一带一路"民营中小企业产业集群网络，创新供应链融资模式，创建以龙头企业为核心的应收账款融资、以担保公司为核心的担保贷款融资、以集群财务公司为核心的组团融资模式。依托产业集群内的交易大数据，采用云技术处理方式，在风险可控范围内及时快速受理民营中小企业融资。

## 四、建立多方联动的海外风险防御机制，提高民营中小企业风险抵御能力

民营中小企业融入"一带一路"跨境产能合作面临多种风险，例如，政治风险、法律风险、文化风险、安全风险、环保风险等，因此，应从以下两方面增强其抵御风险的能力。

（1）建立由政府、金融保险机构、行业协会等多方联动的海外风险防御机制。一是建立风险评估预警体系和政策性风险补偿机制。建立和完善政府或第三方咨询机构对"一带一路"沿线国家投资等风险评估体系，帮助民营中小企业准确预估风险，设计合理的风险评估流程，完善对民营中小企业融入"一带一路"产能合作政策性风险补偿机制。二是发挥驻外使领馆对"一带一路"民营中小企业的引导和保护作用。驻外使领馆要为民营中小企业提供东道国外交政策、宏观经济状况以及相关法律法规等信息，帮助民营中小企业克服文化、法律、政策等"水土不服"，使其顺利安全融入东道国发展

环境。当东道国出现某些风险因素损害或威胁企业经营安全时，使领馆应采取有力措施保护企业财产和人员安全。三是鼓励民营中小企业与中国出口信用保险公司合作，降低海外经营风险。中国出口信用保险公司能为企业提供全流程风险管理服务，包括专业的资信调查、建立客户评价体系、事后赔偿支付及赔后追偿等方面。

（2）民营中小企业应增强抵御各种风险的能力。第一，在抵御政治风险方面，民营中小企业要多渠道搜寻东道国投资背景，深入了解其政治环境；选择与中国交好、政局稳定、投资环境较好的国家投资；尊重东道国风俗习惯、融入当地社会、经济发展。第二，在抵御法律风险方面，民营中小企业要加强与东道国国有企业的合作，充分把握东道国法律法规和监管制度，争取东道国对投资行为的法律支持，寻求专业中介机构及法律服务等。第三，在抵御文化风险方面，民营中小企业要深入了解当地的风俗文化，为外派机构和基建项目做好评估、建议、培训、沟通、公关。第四，在抵御安全风险方面，要及时掌握项目所在国安全形势和危机信息，考虑安全因素对工程造价的影响，构建民营中小企业"一带一路"产能合作经营后台业务支持系统等。第五，在抵御环保风险方面，要仔细了解东道国有关环境保护方面的法律法规，以高环保标准投资开发，处理好项目运营与当地环保、居民社区关系协调问题，加强前期项目环境影响评估与论证，杜绝海外项目设计和施工设计缺陷和隐患等。

## 五、加强品牌建设，增强民营中小企业国际影响力

民营中小企业具有技术适应性强、对市场环境敏感、经营方式灵活、产品丰富等优势，在深度融合"一带一路"产能合作中，要塑造"中国制造"品牌国际影响力。第一，重视海外形象建设。结合重点业务拓展区域诉求，做好产品和服务宣传工作，搭建与当地公众沟通的网络渠道。与东道国媒体、非政府组织、非营利组织等建立良好的关系，利用线上线下宣传推广，扩大我国民营中小企业品牌影响力。第二，提高"本土化"意识，积极履行国际社会责任。主动学习和掌握东道国制度文化，遵循当地法律和风俗习惯，履行各项国际规则，塑造良好的"中国制造"国际形象。第三，树立"一带一路"国际化经营理念，培养自主创新能力。民营中小企业应加大科研投入，

逐渐迈向全球价值链中高端，以质量支撑品牌力。

## 六、重视"一带一路"相关人才的培养与管理，着力破解"人才瓶颈"

民营中小企业要强化"高精尖"人才的培养，特别是研发、企划、渠道建设方面专业人才，要既能引得进人才，还能留住人才。第一，民营中小企业要营造信任、互动、互尊、以人为本的企业文化。树立"人力资源是企业第一资源"的现代企业理念，开通员工表达建议和意见渠道，例如，定期交流会、电子邮件、意见信箱等方式，重视员工诉求，激发员工主观能动性，提升其存在感和归属感。第二，民营中小企业要建立以绩效为中心的人才管理机制。实施扁平组织结构，建立以绩效管理为中心的招聘晋升培训制度、考核激励制度和薪酬福利制度。第三，民营中小企业要制订科学的人才培养方案。强化全员教育培训，将培训工作考核与岗位考核、员工升迁、薪酬调整直接挂钩。鼓励员工自主学习，主动加强与科研院校的联系、合作，培养订单式员工。

# 附录　中国对外大型公共投资项目社会责任风险调查问卷

尊敬的女士/先生：

首先感谢您在百忙之中写作完成此份问卷！本问卷是一项学术调查，目的在于探讨最近中国对外大型公共投资项目社会责任风险问题，填写本问卷需要 20～30 分钟。现就问卷填写说明如下：

1. 本问卷主要由中国对外大型公共投资项目实施与运营的中高层管理者填写，每人填写一份；大多数问题没有对与错之分，请在括号内表明您觉得合适选项的数字。

2. 调查结果仅做科学研究使用，我们对您所提供的信息绝对保密，绝不对外公开您的任何信息。

3. 给您带来的麻烦，敬请见谅，但是认真回答每一个问题对研究来说都非常重要，谢谢您的合作和宝贵的时间。

请您回忆在项目实施与运营过程中的参与经历，请您对每个题项按照优劣程度给出客观评价，在您觉得合适选项的数字上打√。

## 第一部分　对外大型公共投资项目企业基本情况

贵公司对外大型公共投资项目名称是：＿＿＿＿＿＿＿＿

该项目所在国家：＿＿＿＿＿＿＿＿

该项目是否国际协作共同开发：

独立（0）　　　共同（1）

该项目是否因为未能较好履行社会责任而导致中断：

中断（0）　　　未中断（1）

| 类别 | 问项 | | 劣──→优 | | | | |
|------|------|------|---|---|---|---|---|
| A₁：组织环境 | A₁₁ | 您认为东道国国内政治环境如何 | 1 | 2 | 3 | 4 | 5 |
| | A₁₂ | 您认为东道国地缘政治环境如何 | 1 | 2 | 3 | 4 | 5 |

# 第二部分　人　权

| 类别 | 问项 | | 劣──→优 | | | | |
|------|------|------|---|---|---|---|---|
| B1：尽责审查 | B₁₁ | 组织人才政策对组织内部及利益相关者指导意义程度 | 1 | 2 | 3 | 4 | 5 |
| | B₁₂ | 组织活动影响人权评估程度 | 1 | 2 | 3 | 4 | 5 |
| | B₁₃ | 贯彻人权政策程度 | 1 | 2 | 3 | 4 | 5 |
| | B₁₄ | 人权绩效变革程度 | 1 | 2 | 3 | 4 | 5 |
| | B₁₅ | 决策与活动产生消极影响时组织行动及时性 | 1 | 2 | 3 | 4 | 5 |
| B₂：人权风险状况 | B₂₁ | 组织面对人权挑战的敏感度 | 1 | 2 | 3 | 4 | 5 |
| | B₂₂ | 组织致力促进与捍卫人权程度 | 1 | 2 | 3 | 4 | 5 |
| | B₂₃ | 组织回应人权复杂风险敏感程度 | 1 | 2 | 3 | 4 | 5 |
| B₃：避免同谋 | B₃₁ | 安保应对侵犯人权同谋时措施的有效程度 | 1 | 2 | 3 | 4 | 5 |
| | B₃₂ | 安保应对侵犯人权同谋时措施处理时效程度 | 1 | 2 | 3 | 4 | 5 |
| | B₃₃ | 组织尽责审查程度 | 1 | 2 | 3 | 4 | 5 |
| | B₃₄ | 提供物品或服务用来侵犯人权的程度 | 1 | 2 | 3 | 4 | 5 |
| | B₃₅ | 侵犯人权达成正式或非正式合同关系的程度 | 1 | 2 | 3 | 4 | 5 |
| | B₃₆ | 了解产品和服务生产社会和环境条件的程度 | 1 | 2 | 3 | 4 | 5 |
| B₄：处理申诉 | B₄₁ | 组织补救机制可利用合法性的程度 | 1 | 2 | 3 | 4 | 5 |
| | B₄₂ | 组织补救机制可利用可获得性的程度 | 1 | 2 | 3 | 4 | 5 |
| | B₄₃ | 组织补救机制可利用可预测性的程度 | 1 | 2 | 3 | 4 | 5 |
| | B₄₄ | 组织补救机制可利用公正性的程度 | 1 | 2 | 3 | 4 | 5 |
| B₅：歧视和弱势群体 | B₅₁ | 组织自身行动确定歧视行为的程度 | 1 | 2 | 3 | 4 | 5 |
| | B₅₂ | 组织行动助长歧视行为的程度 | 1 | 2 | 3 | 4 | 5 |
| | B₅₃ | 组织帮助弱势群体成员提高权利认识的程度 | 1 | 2 | 3 | 4 | 5 |
| | B₅₄ | 组织给予弱势群体获得平等资源与机会的程度 | 1 | 2 | 3 | 4 | 5 |
| | B₅₅ | 组织对残疾人员技能和能力歧视的程度 | 1 | 2 | 3 | 4 | 5 |

| 类别 | 问项 | 劣——优 | | | | |
|------|------|---|---|---|---|---|
| $B_6$：公民权利和政治权利 | $B_{61}$　组织尊重个人生命权的程度 | 1 | 2 | 3 | 4 | 5 |
| | $B_{62}$　组织尊重个人言论、表达自由的程度 | 1 | 2 | 3 | 4 | 5 |
| | $B_{63}$　组织尊重个人和平集会、结社自由的程度 | 1 | 2 | 3 | 4 | 5 |
| | $B_{64}$　组织尊重个人获得信息自由的程度 | 1 | 2 | 3 | 4 | 5 |
| | $B_{65}$　组织尊重个人财产权的程度 | 1 | 2 | 3 | 4 | 5 |
| | $B_{66}$　组织尊重个人公正听证权的程度 | 1 | 2 | 3 | 4 | 5 |
| $B_7$：经济、社会和文化权利 | $B_{71}$　组织给予社区成员享有教育和终身学习权利的程度 | 1 | 2 | 3 | 4 | 5 |
| | $B_{72}$　组织给予其他组织、政府机构经济、社会和文化权利的程度 | 1 | 2 | 3 | 4 | 5 |
| | $B_{73}$　组织给予结合自身核心活动探究的程度 | 1 | 2 | 3 | 4 | 5 |
| | $B_{74}$　组织给予产品或服务购买力相匹配的程度 | 1 | 2 | 3 | 4 | 5 |
| $B_8$：工作中的基本原则和权利 | $B_{81}$　组织员工结社、集体谈判自由的程度 | 1 | 2 | 3 | 4 | 5 |
| | $B_{82}$　组织员工强迫劳动的程度 | 1 | 2 | 3 | 4 | 5 |
| | $B_{83}$　组织给予员工机会平等与非歧视的程度 | 1 | 2 | 3 | 4 | 5 |
| | $B_{84}$　组织给予童工劳动国际、本国法律标准的程度 | 1 | 2 | 3 | 4 | 5 |

# 第三部分　劳　工　实　践

| 类别 | 问项 | 劣——优 | | | | |
|------|------|---|---|---|---|---|
| $C_1$：就业和雇佣关系 | $C_{11}$　工作由法律上认可的劳工完成程度 | 1 | 2 | 3 | 4 | 5 |
| | $C_{12}$　承认就业对劳工和社会重要性程度 | 1 | 2 | 3 | 4 | 5 |
| | $C_{13}$　组织变化时信息及时减少消极影响程度 | 1 | 2 | 3 | 4 | 5 |
| $C_2$：工作条件和社会保护 | $C_{21}$　工作条件符合法律劳工标准程度 | 1 | 2 | 3 | 4 | 5 |
| | $C_{22}$　组织提供适宜工作条件的程度 | 1 | 2 | 3 | 4 | 5 |
| | $C_{23}$　组织遵守传统和习俗程度 | 1 | 2 | 3 | 4 | 5 |
| | $C_{24}$　组织同工同酬保证程度 | 1 | 2 | 3 | 4 | 5 |

| 类别 | 问项 | | 劣——→优 | | | |
|---|---|---|---|---|---|---|
| $C_3$：社会对话 | $C_{31}$ | 组织承认社会对话制度重要性程度 | 1 | 2 | 3 | 4 | 5 |
| | $C_{32}$ | 尊重工人自身利益或集体谈判的程度 | 1 | 2 | 3 | 4 | 5 |
| | $C_{33}$ | 组织对待员工集体谈判行为的程度 | 1 | 2 | 3 | 4 | 5 |
| | $C_{34}$ | 组织变革时最大限度地减轻消极影响的程度 | 1 | 2 | 3 | 4 | 5 |
| $C_4$：工作中健康与安全 | $C_{41}$ | 采用健康与安全管理原则与政策程度 | 1 | 2 | 3 | 4 | 5 |
| | $C_{42}$ | 控制自身活动中健康与安全风险程度 | 1 | 2 | 3 | 4 | 5 |
| | $C_{43}$ | 提供职业损害、疾病、事故及处理紧急情况程度 | 1 | 2 | 3 | 4 | 5 |
| | $C_{44}$ | 为非正常员工提供平等健康与安全保护程度 | 1 | 2 | 3 | 4 | 5 |
| $C_5$：工作场所中人的发展与培训 | $C_{51}$ | 组织提供技能开发、培训、职业晋升机会程度 | 1 | 2 | 3 | 4 | 5 |
| | $C_{52}$ | 确保被裁员的员工获得再就业、培训和咨询帮助程度 | 1 | 2 | 3 | 4 | 5 |
| | $C_{53}$ | 制订劳资联合计划来促进健康和福利程度 | 1 | 2 | 3 | 4 | 5 |

# 第四部分 环 境

| 类别 | 问项 | | 劣——→优 | | | |
|---|---|---|---|---|---|---|
| $D_1$：防止污染 | $D_{11}$ | 组织识别决策和活动与周边环境关系和影响程度 | 1 | 2 | 3 | 4 | 5 |
| | $D_{12}$ | 识别组织活动有关污染来源和废弃物来源程度 | 1 | 2 | 3 | 4 | 5 |
| | $D_{13}$ | 测量、记录并报告污染来源和耗能减少的程度 | 1 | 2 | 3 | 4 | 5 |
| | $D_{14}$ | 妥善管理无法避免的污染和废弃物程度 | 1 | 2 | 3 | 4 | 5 |
| | $D_{15}$ | 就污染排放和废弃物与当地社区沟通程度 | 1 | 2 | 3 | 4 | 5 |
| $D_2$：资源可持续利用 | $D_{21}$ | 组织识别能源、水等资源来源程度 | 1 | 2 | 3 | 4 | 5 |
| | $D_{22}$ | 采取资源效率措施减少对能源使用程度 | 1 | 2 | 3 | 4 | 5 |
| | $D_{23}$ | 采取可持续、可再生、低环境影响资源的程度 | 1 | 2 | 3 | 4 | 5 |
| | $D_{24}$ | 回收材料和促进水资源再利用程度 | 1 | 2 | 3 | 4 | 5 |
| $D_3$：减缓并适应气候变化 | $D_{31}$ | 组织采取减缓气候变化有效措施程度 | 1 | 2 | 3 | 4 | 5 |
| | $D_{32}$ | 组织采取适应气候变化有效措施程度 | 1 | 2 | 3 | 4 | 5 |

续表

| 类别 | 问项 | | 劣——→优 | | | |
|---|---|---|---|---|---|---|
| $D_4$：环境保护、生物多样性和自然栖息地恢复 | $D_{41}$ | 消除生物多样性和生态系统服务潜在消极影响程度 | 1 | 2 | 3 | 4 | 5 |
| | $D_{42}$ | 参与市场机制从保护生态系统服务中创造经济价值程度 | 1 | 2 | 3 | 4 | 5 |
| | $D_{43}$ | 生态系统服务未来获益的行动程度 | 1 | 2 | 3 | 4 | 5 |
| | $D_{44}$ | 建立并实施管理土地、水资源和生态系统的整体战略程度 | 1 | 2 | 3 | 4 | 5 |

# 第五部分　公平运行实践

| 类别 | 问项 | | 劣——→优 | | | |
|---|---|---|---|---|---|---|
| $E_1$：反腐败 | $E_{11}$ | 识别腐败风险，并抵制腐败与勒索程度 | 1 | 2 | 3 | 4 | 5 |
| | $E_{12}$ | 领导层反腐败榜样，承诺、鼓励和实施监督程度 | 1 | 2 | 3 | 4 | 5 |
| | $E_{13}$ | 对雇员和代表努力消除贿赂与腐败提供激励程度 | 1 | 2 | 3 | 4 | 5 |
| | $E_{14}$ | 提高雇员、代表、承包商和供应商抵制腐败意识程度 | 1 | 2 | 3 | 4 | 5 |
| $E_2$：负责任政治参与 | $E_{21}$ | 雇员负责任政治参与及处理冲突意识程度 | 1 | 2 | 3 | 4 | 5 |
| | $E_{22}$ | 自身政治捐献参与政策行动透明度程度 | 1 | 2 | 3 | 4 | 5 |
| | $E_{23}$ | 避免不正当政治捐献规模试图控制政策制定者程度 | 1 | 2 | 3 | 4 | 5 |
| $E_3$：公平竞争 | $E_{31}$ | 组织遵守有关竞争法律法规方式开展活动程度 | 1 | 2 | 3 | 4 | 5 |
| | $E_{32}$ | 防止参与反竞争行为保障措施有效性 | 1 | 2 | 3 | 4 | 5 |
| | $E_{33}$ | 雇员遵守竞争的法律法规进行公平竞争认识程度 | 1 | 2 | 3 | 4 | 5 |
| | $E_{34}$ | 反垄断和反倾销行为支持程度 | 1 | 2 | 3 | 4 | 5 |
| $E_4$：在价值链中促进社会责任 | $E_{41}$ | 道德、社会、环境等趋近社会责任目标程度 | 1 | 2 | 3 | 4 | 5 |
| | $E_{42}$ | 对其他组织采取类似政策鼓励程度 | 1 | 2 | 3 | 4 | 5 |
| | $E_{43}$ | 尽责审查与监测与其有关系的组织履行社会责任承诺程度 | 1 | 2 | 3 | 4 | 5 |
| $E_5$：尊重产权 | $E_{51}$ | 组织实施推动尊重产权和传统知识政策与做法程度 | 1 | 2 | 3 | 4 | 5 |
| | $E_{52}$ | 组织调查合法享有财产使用权或处置权程度 | 1 | 2 | 3 | 4 | 5 |
| | $E_{53}$ | 组织不参与侵犯产权的活动程度 | 1 | 2 | 3 | 4 | 5 |
| | $E_{54}$ | 组织对所获得或使用的财产支付合理补偿的程度 | 1 | 2 | 3 | 4 | 5 |
| | $E_{55}$ | 组织考虑社会期望、人权及个人的基本需求程度 | 1 | 2 | 3 | 4 | 5 |

# 第六部分　消费者问题

| 类别 | | 问项 | 劣——→优 | | | | |
|---|---|---|---|---|---|---|---|
| $F_1$：公平营销、真实公正的信息和公平的合同实践 | $F_{11}$ | 不从事任何误导、欺骗、虚假程度 | 1 | 2 | 3 | 4 | 5 |
| | $F_{12}$ | 广告和营销清晰，消费者信息共享透明程度 | 1 | 2 | 3 | 4 | 5 |
| | $F_{13}$ | 总价、税款、产品服务条款和条件、运输成本公开程度 | 1 | 2 | 3 | 4 | 5 |
| | $F_{14}$ | 基本事实和信息来支撑组织声明和主张提供程度 | 1 | 2 | 3 | 4 | 5 |
| $F_2$：保护消费者健康与安全 | $F_{21}$ | 产品和服务提供的安全性程度 | 1 | 2 | 3 | 4 | 5 |
| | $F_{22}$ | 健康和安全方面的法律法规、标准和其他规范评估程度 | 1 | 2 | 3 | 4 | 5 |
| | $F_{23}$ | 上市产品如出现危害等及时合理处理的程度 | 1 | 2 | 3 | 4 | 5 |
| | $F_{24}$ | 设计中最大限度地降低产品健康和安全风险程度 | 1 | 2 | 3 | 4 | 5 |
| $F_3$：可持续消费 | $F_{31}$ | 促进消费者对产品或服务提供建议的程度 | 1 | 2 | 3 | 4 | 5 |
| | $F_{32}$ | 为消费者提供产品和服务在利于社会和环境程度 | 1 | 2 | 3 | 4 | 5 |
| | $F_{33}$ | 消除或最小化产品和服务对健康和环境消极影响程度 | 1 | 2 | 3 | 4 | 5 |
| | $F_{34}$ | 以可负担的价格提供更长寿命周期高质量产品程度 | 1 | 2 | 3 | 4 | 5 |
| $F_4$：消费者服务、支持和投诉及争议处理 | $F_{41}$ | 规定时间内退换货或其他方式适当赔偿，预防投诉程度 | 1 | 2 | 3 | 4 | 5 |
| | $F_{42}$ | 检查、改进、有效并及时处理投诉程度 | 1 | 2 | 3 | 4 | 5 |
| | $F_{43}$ | 提供超过法定担保期限，与产品预期周期相匹配担保程度 | 1 | 2 | 3 | 4 | 5 |
| | $F_{44}$ | 消费者售后服务和支持及争议处理和赔偿机制程度 | 1 | 2 | 3 | 4 | 5 |
| | $F_{45}$ | 充分和有效的售后支持与咨询服务体系提供程度 | 1 | 2 | 3 | 4 | 5 |
| | $F_{46}$ | 国家或国际标准争议解决、冲突处理和赔偿程序采用程度 | 1 | 2 | 3 | 4 | 5 |
| $F5$：消费者信息保护与隐私 | $F_{51}$ | 组织限制个人信息收集范围保护个人信息程度 | 1 | 2 | 3 | 4 | 5 |
| | $F_{52}$ | 组织避免因提供特殊优惠获得消费者信息加以保护程度 | 1 | 2 | 3 | 4 | 5 |
| | $F_{53}$ | 仅通过合法且公正的方式获取信息程度 | 1 | 2 | 3 | 4 | 5 |
| $F_6$：基本服务获取 | $F_{61}$ | 组织不因消费者未付费而中断提供基本服务程度 | 1 | 2 | 3 | 4 | 5 |
| | $F_{62}$ | 允许情况下，提供含有对需要人给予补贴价目表程度 | 1 | 2 | 3 | 4 | 5 |
| | $F_{63}$ | 透明方式提供有关定价和收费的信息程度 | 1 | 2 | 3 | 4 | 5 |
| | $F_{64}$ | 无歧视向消费者群体提供相同质量和水平服务程度 | 1 | 2 | 3 | 4 | 5 |

续表

| 类别 | | 问项 | 劣——优 | | | | |
|---|---|---|---|---|---|---|---|
| $F_7$：教育和意识 | $F_{71}$ | 包括产品和服务标识、产品危害等健康与安全程度 | 1 | 2 | 3 | 4 | 5 |
| | $F_{72}$ | 相应法律法规、索赔途径、消费者机构等信息提供程度 | 1 | 2 | 3 | 4 | 5 |
| | $F_{73}$ | 金融产品和服务、投资产品和服务提供程度 | 1 | 2 | 3 | 4 | 5 |
| | $F_{74}$ | 包装、废弃物和产品妥善处置等环境保护程度 | 1 | 2 | 3 | 4 | 5 |

# 第七部分　社区参与和发展

| 类别 | | 问项 | 劣——优 | | | | |
|---|---|---|---|---|---|---|---|
| $G_1$：社区参与 | $G_{11}$ | 确定社会投资与社区发展咨询社区群体程度 | 1 | 2 | 3 | 4 | 5 |
| | $G_{12}$ | 社区开发项目、相互协商与谋求共识程度 | 1 | 2 | 3 | 4 | 5 |
| | $G_{13}$ | 与当地政府官员、政治代表关系透明度程度 | 1 | 2 | 3 | 4 | 5 |
| | $G_{14}$ | 参加当地协会，参与社区志愿服务程度 | 1 | 2 | 3 | 4 | 5 |
| | $G_{15}$ | 政策制定与发展计划确立、实施、监督和评估程度 | 1 | 2 | 3 | 4 | 5 |
| $G_2$：教育和文化 | $G_{21}$ | 促进和支持当地知识水平提升并帮助消除文盲程度 | 1 | 2 | 3 | 4 | 5 |
| | $G_{22}$ | 鼓励儿童等弱势群体学习机会程度 | 1 | 2 | 3 | 4 | 5 |
| | $G_{23}$ | 社会责任文化活动促进程度 | 1 | 2 | 3 | 4 | 5 |
| | $G_{24}$ | 人权教育与意识促进程度 | 1 | 2 | 3 | 4 | 5 |
| | $G_{25}$ | 原住居民社区传统知识和技术推广使用、保护程度 | 1 | 2 | 3 | 4 | 5 |
| $G_3$：就业创造和技能开发 | $G_{31}$ | 投资决策创造就业减少贫困程度 | 1 | 2 | 3 | 4 | 5 |
| | $G_{32}$ | 选择最大限度地创造就业机会技术程度 | 1 | 2 | 3 | 4 | 5 |
| | $G_{33}$ | 通过外包决策创造直接就业机会程度 | 1 | 2 | 3 | 4 | 5 |
| | $G_{34}$ | 与社区合作参加当地技能开发计划程度 | 1 | 2 | 3 | 4 | 5 |
| | $G_{35}$ | 帮助改善就业创造程度 | 1 | 2 | 3 | 4 | 5 |
| $G_4$：技术开发与获取 | $G_{41}$ | 组织帮助开发适合社区社会和环境问题技术程度 | 1 | 2 | 3 | 4 | 5 |
| | $G_{42}$ | 组织帮助开发易复制且消除贫困低成本技术程度 | 1 | 2 | 3 | 4 | 5 |
| | $G_{43}$ | 挖掘当地潜在传统知识和技术，加强知识产权权利程度 | 1 | 2 | 3 | 4 | 5 |
| | $G_{44}$ | 与大学或研究实验室等组织合作程度 | 1 | 2 | 3 | 4 | 5 |
| | $G_{45}$ | 技术转让和扩散，以促进当地发展程度 | 1 | 2 | 3 | 4 | 5 |

续表

| 类别 | 问项 | | 劣——→优 | | | |
|------|------|------|---|---|---|---|
| G₅：财富与收入创造 | G₅₁ 组织进驻或离开某个社区时造成经济和社会影响程度 | 1 | 2 | 3 | 4 | 5 |
| | G₅₂ 组织运行遵守法律程度 | 1 | 2 | 3 | 4 | 5 |
| | G₅₃ 产品和服务当地供应商提供优先权程度 | 1 | 2 | 3 | 4 | 5 |
| | G₅₄ 扶助社区成员致力于建立持久计划和伙伴关系程度 | 1 | 2 | 3 | 4 | 5 |
| G₆：健康 | G₆₁ 消除组织生产或产品或服务对健康消极影响程度 | 1 | 2 | 3 | 4 | 5 |
| | G₆₂ 多种方式促进社区健康良好水平程度 | 1 | 2 | 3 | 4 | 5 |
| | G₆₃ 健康威胁与主要疾病及其预防认识提高程度 | 1 | 2 | 3 | 4 | 5 |
| G₇：社会投资 | G₇₁ 投资项目时考虑促进社区发展程度 | 1 | 2 | 3 | 4 | 5 |
| | G₇₂ 避免社区对组织慈善活动永久性依赖程度 | 1 | 2 | 3 | 4 | 5 |
| | G₇₃ 评估现有组织—社区倡议，以加以改进程度 | 1 | 2 | 3 | 4 | 5 |

**再次对您的帮助表示感谢！**

# 参考文献

［1］白睿洁. 基于三重底线的林业企业绩效评价研究［D］. 北京：北京林业大学，2013.

［2］北京大学民营经济研究院. 中国企业社会责任调查评价指标体系与标准［S］. 2006.

［3］彼得·圣吉. 领导者是设计师［J］. 领导文萃，1998（11）：12 - 13.

［4］波斯特 J，劳伦斯 A，韦伯 J. 企业与社会：公司战略、公共政策与伦理［M］. 北京：中国人民大学出版社，2005.

［5］蔡宁，黄纯. 集群风险与结构演化的复杂网络仿真研究［J］. 重庆大学学报，2012，18（1）：5 - 11.

［6］蔡月详. 企业社会责任评价模型及标准研究［J］. 生态经济，2011（12）：126 - 130.

［7］曹朝喜，郭鹏，李玲. 基于 IAF 组合法的工程项目全寿命周期风险评价［J］. 工业工程，2007，10（3）：80 - 85.

［8］常虹，高云莉. 风险矩阵方法在工程项目风险管理中的应用［J］. 工业技术经济，2007，26（11）：134 - 137.

［9］超鸿燕. 中国"走出去"企业的社会责任风险［J］. 合作经济与科技，2014（22）：191 - 192.

［10］陈宏辉，窦智. 基于层次分析法的企业社会绩效评价及其应用［J］. 科技管理研究，2008，28（5）：106 - 109.

［11］陈辉华，王孟钧，朱慧. 政府投资项目决策体系及运行机制分析

[J]. 科技进步与对策, 2008, 25 (10): 87 - 90.

[12] 陈涛, 丛国栋, 于本海, 张金隆. 基于风险管理的软件开发过程模型及其复合实物期权分析 [J]. 管理工程学报, 2010 (2): 61 - 66.

[13] 陈伟. 重大工程项目决策机制的研究 [D]. 武汉: 武汉理工大学, 2005.

[14] 陈欣. 基于财务角度的社会责任评价指标体系的构建 [J]. 商, 2013 (18): 148 - 149.

[15] 陈赞, 余朝阳. 公共工程项目非合理质量与地方政府行为 [J]. 湖南大学学报 (社会科学版), 2003, 17 (3): 45 - 48.

[16] 陈之强, 次仁欧珠. 青藏铁路格拉段常见风险的扩散演化机理及应决策略研究 [J]. 西藏大学学报 (自然科学版), 2011, 26 (1): 82 - 86.

[17] 陈志霞, 王新燕, 孙龙, 徐晓林. 从网络舆情重大事件看公众社会心理诉求 [J]. 情报杂志, 2014 (3): 101 - 106.

[18] 楚金桥, 李振涛. 利益相关者共同治理的发展趋势探析 [J]. 经济问题探索, 2008 (10): 70 - 74.

[19] 丛树海, 周炜, 于宁. 公共支出绩效评价指标体系的构建 [J]. 财贸财经, 2005 (3): 37 - 42.

[20] 丁香乾, 石硕. 层次分析法在项目风险管理中的应用 [J]. 中国海洋大学学报 (自然科学版), 2004 (1): 97 - 102.

[21] 杜健勋. 论我国邻避风险规制的模式及制度框架 [J]. 现代法学, 2016, 38 (6): 108 - 123.

[22] 方竹兰. 人力资本所有者拥有企业所有权是一个趋势——兼与张维迎博士商榷 [J]. 经济研究, 1997 (6): 36 - 40.

[23] 丰帆, 董天策. 建构新型的公民言论空间——《南方都市报》来论版的意义 [J]. 新闻界, 2004 (5): 47 - 48.

[24] 冯利军, 李书全. 基于SVM的建设项目风险识别方法研究 [J]. 管理工程学报, 2005, 19 (20): 11 - 14.

[25] 冯珍, 张所地. 农业高新技术项目投资风险指标和风险系数动态评估研究 [J]. 科技管理研究, 2010, 14 (13): 88 - 90.

[26] 符志民. 基于随机网络模拟的航天项目风险分析和评估 [J]. 系统工程与电子技术, 2007, 29 (3): 375 - 377.

[27] 付聪，尹贻林．基于政策过程理论的公共政策风险因素识别与分析 [J]．理论与改革，2009（2）：31－33．

[28] 高鹤文．环境税与市场结构的简单三阶段博弈模型 [J]．统计与决策，2012（11）：49－52．

[29] 高小平．建立综合化的政府公共危机管理体制 [J]．公共管理高层论坛，2006（2）：35－42．

[30] 高云莉，李宏男，李平．工程项目动态集成化风险管理模式的探讨 [J]．建筑经济，2007（3）：24－26．

[31] 郭长强．政府投资工程管理体制改革探析 [J]．城乡建设，2004，8（1）：58－61．

[32] 郭丽强，田延军．基于 WBS 分解法的工程项目风险识别 [J]．中国高新技术企业，2009（14）：132－133．

[33] 郭庆旺，贾俊雪．政府公共资本投资的长期经济增长效应 [J]．经济研究，2006（7）：29－40．

[34] 郭喜，白维军．开放性协调：欧盟养老保险一体化及启示 [J]．中国行政管理，2013（4）：98－101．

[35] GRI．可持续发展报告指南（4.0 版）[S]．2013．

[36] 韩冰洁，薛求知．东道国腐败对 FDI 及其来源的影响 [J]．当代财经，2008（2）：99－105．

[37] 韩传峰，王兴广，孔静静．非常规突发事件应急决策系统动态作用机理 [J]．软科学，2009，23（8）：50－54．

[38] 韩双林，马秀岩．证券投资大辞典 [M]．黑龙江：黑龙江人民出版社，1993．

[39] 韩秀丽．中国海外投资中的环境保护问题 [J]．国际问题研究，2013（5）：103－115．

[40] 何靖，杨胜刚．资本监管、股权结构与银行核心资本调整——基于我国 152 家商业银行的面板数据分析 [J]．经济学家，2014（12）：79－91．

[41] 何伟俊．跨国公司进入中国市场的营销伦理问题初探 [J]．学术研究，2001（10）：53－56．

[42] 侯仕军．"三位一体"提升企业责任竞争力 [J]．北大商业评论，2015（9）：114－119．

[43] 花拥军，王冰，李庆．企业社会责任、经济政策不确定性与融资约束——基于社会责任"累积－保险"效应的研究视角 [J]．南方经济，2020（11）：116－131．

[44] 黄本笑，王国钟，刘江华．风险投资公司对风险企业的激励机制及模型研究 [J]．科技管理研究，2005（4）：32－34．

[45] 黄群慧，彭华岗，钟宏武，张蒽．中国100强企业社会责任发展状况评价 [J]．中国工业经济，2009（10）：23－35．

[46] 黄速建，王钦．中国企业发展环境的评 [J]．经济管理，2006（2）：4－15．

[47] 黄晓英，肖云月．我国企业国际化经营的现状、问题与对策 [J]．统计研究，2005（10）：61－62．

[48] 黄新建，唐良霞．政治关联、股权融资与变更募集资金投向 [J]．软科学，2012（4）：123－126．

[49] 黄亚平，雷婷婷．我国企业社会责任评价指标体系的建立 [J]．中国统计，2009（6）：26－28．

[50] 黄志刚．货币政策对企业风险管理的影响研究 [J]．财经论丛，2014（6）：72－79．

[51] 黄志雄，左文君．企业人权责任的新发展——从2003年《责任准则》草案到2011年《指导原则》[J]．哈尔滨工业大学学报（社会科学版），2012，14（3）：33－38．

[52] 纪光欣，罗德志．论德鲁克的企业社会责任观及意义 [J]．山东理工大学学报（社会科学版），2015，31（1）：16－21．

[53] 贾生华，陈宏辉．利益相关者的界定方法述评 [J]．外国经济与管理，2002（5）：13－18．

[54] 简新华，叶林．论中国的"两型社会"建设 [J]．学术月刊，2009（3）：65－72．

[55] 姜蓓蕾，刘恒，耿雷华，等．南水北调东线工程运行风险因子识别初探 [C]．中国水利学会2008学术年会论文集，2008：88－98．

[56] 蒋建湘．企业社会责任的法律化 [J]．中国法学，2010（5）：123－132．

[57] 金德民，郑丕谔．工程项目全寿命风险管理系统的理论及其应用

研究［J］. 天津大学学报（社会科学版），2005，7（4）：254－258.

［58］鞠芳辉，谢子远，宝贡敏. 企业社会责任的实现——基于消费者选择的分析［J］. 中国工业经济，2005（9）：91－98.

［59］雷洁琼. 家庭社会学20年［J］. 民主，2001（4）：10－12.

［60］黎友焕，郑茜. 基于ISO 26000的国企改革新思路［J］. 郑州航空工业管理学院学报，2015，33（5）：78－83.

［61］李海凌，宋吉荣. 层次分析法在工程项目风险评价中的应用研究［J］. 四川建筑，2004（1）：87－88，90.

［62］李金华. 中国环境经济核算体系范式的设计与阐释［J］. 中国社会科学，2009（1）：84－99.

［63］李靖堃. 英国欧洲政策的特殊性：传统、理念与现实利益［J］. 欧洲研究，2012，30（5）：46－60，2.

［64］李立清. 企业社会责任评价理论与实证研究［J］. 南方经济，2006（1）：105－118.

［65］李丽. 以ISO 26000促进中国企业"走出去"的思路与建议——基于密松水电站项目的思考［J］. 国际商务（对外经济贸易大学学报），2015（1）：96－103.

［66］李平，王宏伟. 大型建设项目区域经济影响评价理论基础及其评价体系［J］. 中国社会科学院研究生院学报，2011（2）：34－41.

［67］李维安. 中国上市公司治理评价与指数分析［J］. 管理世界，2007（5）：104－114.

［68］李一文，唐莉. 湖南省海外投资风险识别与防范研究［J］. 商，2015（43）：104.

［69］李一文. 我国海外投资风险预警研究［J］. 管理世界，2016（9）：178－179.

［70］李臻，张向前. 发展跨境电子商务促进企业走出去战略研究——基于"一带一路"背景［J］. 科技管理研究，2018，38（21）：56－63.

［71］李仲学，祖秉辉，赵怡晴，李翠平. ISO 26000风险及中国应对策略［J］. 技术经济与管理研究，2013（11）：37－41.

［72］林兆木. 中国经济转型升级势在必行［J］. 经济纵横，2014（1）：17－22.

［73］刘炳胜，王雪青，李冰．基于 SEM 与 SD 组合的中国建筑产业竞争力动态形成机理仿真研究［J］．系统工程理论与实践，2010（9）：99－105.

［74］刘藏岩．我国企业跨国并购 CSR 公关战略探讨——以欧美市场为例［J］．国际贸易问题，2010（2）：98－105.

［75］刘梦晓，袁勤俭．旅游目的地微博形象及其提升策略研究［J］．现代情报，2017，37（1）：131－136.

［76］刘青．ISO 26000 形势下中国企业国际化之路［J］．全国商情（理论研究），2010（16）：80－81.

［77］刘世元．欧盟关于人员自由流动的立法特点及其启示［J］．国际经贸探索，2006（6）：56－59.

［78］卢东，曾小桥，徐国伟．基于扎根理论的共享住宿选择意愿影响因素及机理研究［J］．人文地理，2021，36（2）：184－192.

［79］陆莹，李启明，周志鹏．基于模糊贝叶斯网络的地铁运营安全风险预测［J］．东南大学学报（自然科学版），2010，40（5）：1110－1114.

［80］吕臣，林汉川．对外大型公共投资项目的动态监测与决策体系［J］．改革，2016（5）：89－100.

［81］罗素婧．基于财务视角的企业并购风险研究——以吉利并购沃尔沃为例［J］．财经界，2013（21）：168－169.

［82］马金华，刘锐，许晖．美国进步时代政府预算改革提升国家治理能力的路径分析及启示［J］．当代财经，2019（9）：38－47.

［83］马丽仪，邱菀华，杨亚琴．大型复杂项目风险建模与熵决策［J］．北京航空航天大学学报，2010，36（2）：184－187.

［84］马少华，黎友焕．农业企业履行企业社会责任的动机——基于多案例研究［J］．西安电子科技大学学报（社会科学版），2021，31（1）：1－6.

［85］毛显强，刘峥延，刘菲．中国对外投资面临的环境风险及管理探析［J］．环境保护，2013，41（14）：52－54.

［86］孟繁富．基于消费者响应的企业社会责任指标研究［J］．山东社会科学，2012（3）：162－166.

［87］米家龙，李一文．我国企业海外投资风险影响因素与防范策略［J］．求索，2015（5）：33－36.

［88］慕海平．我国经济发展的新阶段及战略取向［J］．宏观经济研究，

2004（5）：12－16.

［89］穆罕默德·尤努斯. 危机时代的小额信贷、社会企业与反贫困——穆罕默德·尤努斯教授在北京大学的演讲［J］. 卢新月，译. 经济科学，2009（3）：5－14.

［90］聂名华. 中国企业对外直接投资风险分析［J］. 经济管理，2009，31（8）：52－56.

［91］聂名华，齐昊. 对外直接投资能否提升中国工业绿色创新效率？：基于创新价值链与空间关联的视角［J］. 世界经济研究，2019（2）：111－122，137.

［92］庞明礼. 地方政府竞争的约束与激励：一个拓展研究［J］. 中南财经政法大学学报，2007（5）：37－41，142.

［93］蒲雁. 中国铁路企业对外投资风险因素分析和对策［J］. 商，2015（4）：160.

［94］齐丽云，汪瀛，吕正纲. 基于组织意义建构和制度理论的企业社会责任演进研究［J］. 管理评论，2021，33（1）：215－228，241.

［95］齐丽云，魏婷婷. 基于ISO 26000的企业社会责任绩效评价模型研究［J］. 科研管理，2013，34（3）：84－92.

［96］祁世芳，贾月阳. 工程项目的风险管理研究［J］. 太原理工大学学报，2002（1）：95－99.

［97］乔慧娟. "一带一路"战略实施背景下中国对外承包工程企业海外投资的风险管理［J］. 对外经贸，2015（8）：4－6.

［98］乔慧娟. 对外工程承包企业劳务风险的防范［J］. 国际工程与劳务，2019（3）：31－33.

［99］容志，李丁. 基于风险演化的公共危机分析框架：方法及其运用［J］. 中国行政管理，2012（6）：82－86.

［100］尚民. 浅谈中外合资合作企业中方知识产权的保护［J］. 河北企业，2016（11）：93－94.

［101］邵兴东，高清. 战略性社会责任行为对企业持续竞争优势形成的影响研究［J］. 现代管理科学，2016（3）：55－57.

［102］史丹. 我国经济增长过程中能源利用效率的改进［J］. 经济研究，2002（9）：49－57.

［103］舒欢，蒋伏心．重大疫情灾害中的工程建设企业社会责任履行研究［J］．南京社会科学，2020（7）：60-67．

［104］斯蒂芬·P. 罗宾斯．管理学［M］．黄卫伟，等译．北京：中国人民大学出版社，1997．

［105］孙成双，顾国昌．基于一种综合分类的工程项目风险管理办法［J］．哈尔滨工业大学学报（自然科学版），2005，21（6）：797-800．

［106］孙成双，王要武．建设项目动态风险分析方法研究［J］．土木工程学报，2003，36（3）：41-45．

［107］孙刚，陆铭，张吉鹏．反腐败、市场建设与经济增长［J］．经济学季刊，2005（S1）：1-22．

［108］孙海泳．"一带一路"背景下中非海上互通的安全风险与防控［J］．新视野，2018（5）：35-40．

［109］孙景霄．基于可持续发展的企业绩效评价研究［D］．石家庄：河北工程大学，2011．

［110］孙丽．我国企业对外投资风险的模糊综合评价方法研究［J］．国际商务（对外经济贸易大学学报），2008（1）：76-80．

［111］孙玮玮，李雷．基于线性加权和法的大坝风险后果综合评估模型［J］．中国农村水利水电，2011（7）：102-105．

［112］孙峥．城市自然风险定量评估方法及应用［D］．青岛：中国海洋大学，2008：87-96．

［113］谭力文，李文秀．面向集群的PAEI分析及政府政策［J］．中国软科学，2004（2）：117-120．

［114］唐坤，卢玲玲．建筑工程项目风险与全面风险管理［J］．建筑经济，2004（4）：49-52．

［115］唐任伍，赵国钦．公共服务跨界合作：碎片化服务的整合［J］．中国行政管理，2012（8）：15-22．

［116］田露露，韩超．环境规制提高了企业市场势力吗？：兼论非公平竞争的存在［J］．中国地质大学学报（社会科学版），2021，21（4）：73-89．

［117］田泽，张依，金水英．"一带一路"建设下中非经贸合作网络分析［J］．广西财经学院学报，2019，32（3）：65-74．

［118］汪涛，廖彬超，马昕，方东平．基于贝叶斯网络的施工安全风险

概率评估方法 [J]. 土木工程学报, 2010, 43 (增刊): 384 – 391.

[119] 王楚楚. 中资企业在印度尼西亚投资的政治风险分析 [J]. 中国经贸导刊, 2016 (5): 7 – 9.

[120] 王红英. 基于财务指标的企业社会责任评价研究 [D]. 长沙: 湖南大学, 2006.

[121] 王宏伟, 孙建峰, 吴海欣, 等. 现代大型工程项目全面风险管理体系研究 [J]. 水利水电技术, 2006, 37 (2): 103 – 105.

[122] 王化成, 尹美群. 价值链模式下价值创造的要素体系研究——兼论价值评估过程中与传统模式之间的异同 [J]. 管理世界, 2005 (5): 56 – 70.

[123] 王俊豪. 深化中国城市公用事业改革的分类民营化政策 [J]. 学术月刊, 2011 (9): 60 – 68.

[124] 王立峰. 当代西方人权批判理论述评 [J]. 北方法学, 2013, 7 (5): 57 – 66.

[125] 王立国, 王昱睿. 私人资本参与"一带一路"沿线基础设施项目的影响因素分析——基于沿线 41 个发展中国家的实证分析 [J]. 投资研究, 2019, 38 (10): 81 – 92.

[126] 王立国. 政府投资项目科学决策问题研究 [J]. 财经问题研究, 2008, 301 (12): 50 – 55.

[127] 王明月. 跨国企业履行社会责任问题研究——以中国电建为例 [J]. 广西质量监督导报, 2018 (10): 63 – 64.

[128] 王清刚, 徐欣宇. 企业社会责任的价值创造机理及实证检验——基于利益相关者理论和生命周期理论 [J]. 中国软科学, 2016 (2): 179 – 192.

[129] 王清平, 张胜男. 人民币国际化对中国对外直接投资的影响探讨 [J]. 现代经济信息, 2016 (22): 6 – 7.

[130] 王铁成, 李新华. 改进的层次分析法在重大建设工程项目风险识别中的应用 [C]. 中国项目防御协会风险分析专业委员会第二届年会论文集 (一), 2006: 45 – 58.

[131] 王巍, 李强. 项目风险混合智能预警模型及其应用研究 [J]. 计算机工程与应用, 2010, 46 (5): 567 – 192.

[132] 王晓光, 付先凤. 跨国公司: 公共外交的新兴力量 [J]. 公共外

交季刊，2021（1）：40－47，120－121．

［133］王勇胜，冷亚军．基于贝叶斯网络推理的项目群风险及其演化研究［J］．东北电力大学学报，2011，31（6）：104－109．

［134］王早生．改革政府投资工程建设势在必行［J］．建设监理，2003，25（3）：6－10．

［135］王志乐．中国跨国公司需要强化合规经营［J］．亚太经济，2012（4）：103－109．

［136］文兼武，等．能源统计调查全过程质量管理体系［J］．中国统计，2014（4）：4－9．

［137］吴华明．民营企业海外投资履行战略性社会责任研究——战略协同视角［J］．哈尔滨学院学报，2015，36（12）：33－37．

［138］吴桐，席月民．市场公平竞争审查：多重博弈与制度优化［J］．财经科学，2021（9）：121－132．

［139］吴旺，杨仕教．基于G1-灰色关联法的矿业企业对外投资风险评价研究［J］．南华大学学报（自然科学版），2016，30（2）：32－37．

［140］吴炜，袁翰林．商业银行社会责任评价指标体系研究［J］．金融论坛，2012（12）：9．

［141］吴英姿．论诉权的人权属性——以历史演进为视角［J］．中国社会科学，2015（6）：112－130，207－208．

［142］武乾，武增海，李慧民．工程项目风险评价方法研究［J］．西安建筑科技大学学报（自然科学版），2006（2）：258－262．

［143］夏立明，朱俊文，李丽红．政府投资项目投资决策程序研究［J］．天津理工大学学报，2005，21（4）：35－38．

［144］肖红军，张哲．企业社会责任寻租行为研究［J］．经济管理，2016，38（2）：178－188．

［145］邢小强，薛飞．基于实物期权的新技术项目风险管理研究［J］．科学管理研究，2009，28（5）：98－101．

［146］徐海云．ISO 26000：壁垒还是门槛［J］．中国纺织，2010（8）：94－97．

［147］徐细雄，刘星．放权改革、薪酬管制与企业高管腐败［J］．管理世界，2013（3）：119－132．

[148] 徐昕旖，孔令红，Wisdom Zhi. 我国对外直接投资中的绿色信贷取向 [J]. 经济研究导刊，2010 (8)：109 - 110.

[149] 徐永祥. 试论我国社区社会工作的职业化与专业化 [J]. 华东理工大学学报（社会科学版），2000 (4)：56 - 60.

[150] 许军. 对外投资风险的估量方法 [J]. 投资研究，1989 (12)：39 - 42.

[151] 许玉明. 关于极端恶劣市场环境下如何通过压缩人工成本实现生存目标的探讨 [J]. 现代经济信息，2016 (11)：170.

[152] 杨红灿. 服务民生依法维权——写在中国消费者协会成立25周年之际 [J]. 求是，2009 (23)：33 - 34.

[153] 杨继君，吴启迪，程艳，许维胜. 面向非常规突发事件的应对方案序贯决策 [J]. 同济大学学报（自然科学版），2010，38 (4)：619 - 625.

[154] 杨瑞龙，刘刚. 不确定性和企业理论的演化 [J]. 江苏社会科学，2001 (3)：1 - 9.

[155] 姚洪珠，邓飞其. 美国风险投资行业发展的动态演化模型与演化规律研究 [J]. 科技管理研究，2007 (2)：133 - 135.

[156] 姚凯，张萍. 中国企业对外投资的政治风险及量化评估模型 [J]. 经济理论与经济管理，2012 (5)：103 - 111.

[157] 姚水洪，朱立波. 工程建设项目风险划分研究 [J]. 时代金融，2006 (4)：97 - 98.

[158] 姚先国，翁杰. 企业对员工的人力资本投资研究 [J]. 中国工业经济，2005 (2)：87 - 95.

[159] 殷显焕，贾岩. 基于建设项目全寿命周期的风险管理集成系统的设计研究 [J]. 建筑管理现代化，2008 (4)：86 - 90.

[160] 于九如. 投资项目风险分析 [M]. 北京：机械工业出版社，1999.

[161] 于鹏，李丽. 中国企业海外直接投资：社会责任风险管理与利益相关方参与 [J]. 国际经济合作，2016 (7)：49 - 53.

[162] 余莹. 我国对外基础设施投资模式与政治风险管控——基于"一带一路"地缘政治的视角 [J]. 经济问题，2015 (12)：8 - 14.

[163] 袁凌，李建，贾玲玲. 基于资源保存理论的企业员工工作投入研

究［J］. 东北师大学报（哲学社会科学版），2014（4）：95 – 101.

［164］袁勇，王胜辉，彭定超. 盾构隧道全寿命防水风险模糊评价［J］. 自然灾害学报，2005，14（2）：81 – 88.

［165］翟永俊，陆惠民. 基于工程项目全寿命的集成化风险管理［J］. 建筑管理现代化，2007（2）：9 – 12.

［166］张剑智，张泽怡，温源远. 德国推进气候治理的战略、目标及影响［J］. 环境保护，2021，49（10）：67 – 70.

［167］张水波，杨秋波，张毅文. 基础设施投资项目的风险治略［J］. 国际工程与劳务，2016（12）：74 – 75.

［168］张向前，刘福金. 我国旅游业国际竞争力研究［J］. 经济问题探索，2011（7）：18 – 24.

［169］张晓涛，郑雅洁，岳云嵩. 东道国政府行为对我国企业海外投资决策影响的异质性——基于企业规模视角的研究［J］. 学术论坛，2014，37（5）：30 – 36.

［170］张旭，宋超，孙亚玲. 企业社会责任与竞争力关系的实证分析［J］. 科研管理，2010，31（3）：149 – 157.

［171］张亚莉，杨乃定，杨朝君. 项目的全寿命周期风险管理的研究［J］. 科学管理研究，2004，22（2）：27 – 30.

［172］张一文，等. 网络舆情与非常规突发事件作用机制——基于系统动力学建模分析［J］. 情报杂志，2010，29（9）：1 – 6.

［173］张月鸿，等. 现代综合风险治理与后常规科学［J］. 安全与环境学报，2008，8（5）：116 – 121.

［174］张月鸿，武建军，吴绍洪，刘登伟. 现代综合风险治理与后常规科学［J］. 安全与环境学报，2008（5）：116 – 121.

［175］张中元. 基础设施互联互通对出口经济体参与全球价值链的影响［J］. 经济理论与经济管理，2019（10）：57 – 70.

［176］张中元. 中国海外投资企业社会责任：现状、规范与展望［J］. 国际经济合作，2015（12）：68 – 72.

［177］赵锡斌. 企业环境创新的理论及应用研究［J］. 中州学刊，2010（2）：38 – 42，266.

［178］赵彦云，林寅，陈昊. 发达国家建立绿色经济发展测度体系的经

验及借鉴 [J]. 经济纵横, 2011 (1): 4-10.

[179] 郑玉歆. 节能减排须减少盲目性 [J]. 学习与实践, 2011 (9): 24-32.

[180] 钟学义, 张一凡. 关于超大型工程国民经济评价方法的若干问题 [J]. 数量经济技术经济研究, 1991 (5): 47-54.

[181] 周国华, 彭波. 基于贝叶斯网络的建设项目质量管理风险因素分析——以京沪高速铁路建设项目为例 [J]. 中国软科学, 2009 (9): 99-106.

[182] 周杰琦, 汪同三. 外商直接投资、经济增长和 $CO_2$ 排放 [J]. 北京理工大学学报 (社会科学版), 2014 (3): 30-38.

[183] 周其仁. 市场里的企业: 一个人力资本与非人力资本的特别合约 [J]. 经济研究, 1996 (6): 71-80.

[184] 周绍朋, 任俊正. 企业社会责任管理理论及在中国的实践 [J]. 国家行政学院学报, 2010 (3): 38-41.

[185] 周延风, 罗文恩, 肖文建. 企业社会责任行为与消费者响应——消费者个人特征和价格信号的调节 [J]. 中国工业经济, 2007 (3): 62-69.

[186] 周中胜, 何德旭. 金融稳定视角下的政府金融审计对策研究 [J]. 财政研究, 2012 (1): 54-56.

[187] 朱鹤, 李若杨, 何帆. 如何应对对外直接投资的潜在风险?——一个跨学科视角的文献研究 [J]. 北京工商大学学报 (社会科学版), 2019, 34 (2): 42-51.

[188] Al-Sobiei O S, Arditi D, Polat G. Predicting the Risk of Contractor Default in Saudi Arabia Utilizing Artificial Neural Network (ANN) and Generic Algorith (GA) Techniques [J]. Construction Management and Economics, 2005, 23 (4): 423-430.

[189] Ansoff H I. A Quasi-Analytic Approach to the Business Strategy Problem [J]. Management Technology, 1964, 4 (1): 67-77.

[190] Arnstein S R. A Ladder of Citizen Participation [J]. Journal of the American Institute of Planners, 1969, 35 (4): 216-224.

[191] Aziz A M A, Russell A D. Generalized Economic Modeling for Infrastructure and Capital [J]. Investment Projects, 2006, 12 (1): 18-32.

[192] Blair J D, Fottler M D, Lazarus S S, Paolino A R, Rotarius T R. Strategic Stakeholder Management: First Round Results from 'Facing the Uncertain Future' [J]. Medical Group Management Journal, 1995, 42 (3): 8 – 16.

[193] Boehm B W. Software Risk Management: Principles and Practices [J]. IEEE Software, 1991, 8 (1): 32 – 41.

[194] Brown R L, Fryxell G E. Changes in Toxic Air Release and Financial Correlates: An Empirical Study of Environmental Strategies in the Petroleum Industry [C]. Paper Presented at the Annual Meetings of the Academy of Management, Vancouver, BC, Canada, 1995.

[195] Burkle F M. Integrating International Responses to Complex Emergencies, Unconventional War, and Terrorism [J]. Critical Care Medicine, January, 2005, 33 (1): S7 – S12.

[196] Carr V, Tah J H M. A Fuzzy Approach to Construction Project Risk Assessment and Analysis: Construction Project Risk Management System [J]. Advances in Engineering Software, 2001, 32 (10 – 11): 847 – 857.

[197] Carroll A B, Shabana K N. The Business Case for Corporate Social Responsibility: A Review of Concepts, Research and Practice [J]. International Journal of Managent Reviews, 2010: 85 – 105.

[198] Carroll A B. Corporate Social Responsibility (CSR) and the COVID-19 Pandemic: Organizational and Managerial Implications [J]. Journal of Strategy and Management, 2021, 14 (3): 315 – 330.

[199] Cebi S, Kahraman C. Developing a Group Decision Support System Based on Fuzzy Information Axiom [J]. Knowledge-Based Systems, 2010 (23): 3 – 16.

[200] Chapman C. Project Risks Analysis and Management—PRAM the Generic Process [J]. International Journal of Project Management, 1997, 15 (5): 273 – 281.

[201] Chatterjee S, Sakoulis G, Turnovsky S J. Unilater Capital Transfers, Public Investment, and Economic Growth [J]. European Economic Review, 2006, 47 (6): 1077 – 1103.

[202] Chen W J, Li C B, Yang Y, Du Z. Transmission Model of Risk

Breakdown Structure in Engineering Project-Chain based on Entropy Risk Element [J]. Systems Engineering Procedia, 2012 (4): 268 –274.

[203] Cheng B, Ioannou I, Serafeim G. Corporate Social Responsibility and Access to Financd [J]. Strategic Management Journal, 2014 (1): 1 –23.

[204] Clarkson M B E. A Stakeholder Framework for Analyzing and Evaluating Corporate Social Performance [J]. The Academy of Management Review, 1995, 20 (1): 92 –117.

[205] Cole M A, Elliott R, Fredriksson P G. Endogenous Pollution Havens: Does FDI Influence Environmental Regulations [J]. Scandinavian Journal of Economics, 2006, 108 (1): 157 –178.

[206] Cole M A. Corruption, Income and the Environment: An Empirical Analysis [J]. Ecological Economics, 2007, 62 (3): 637 –647.

[207] Connell D. Participatory Development: An Approach Sensitive to Class and Gender [J]. Development in Practice, 1997 (3): 248 –259.

[208] Crawley F K. Optimizing the Life Cycle Safety, Health and Environment Impact of New Projects [J]. Process Safety and Environmental Protection, 2004, 82 (B6): 438 –445.

[209] Doumpos M, Zopounidis C. A Multicriteria Decision Support System for Bank Rating [J]. Decision Support Systems, 2010, (50): 55 –63.

[210] Damania R, Fredriksson P G, LIST J. A Trade Liberalization, Corruption, and Environmental Policy Formation: Theory and Evidence [J]. Journal of Environmental Economics and Management, 2003, 46 (3): 490 –512.

[211] Davis K. Can business Afford to Igore Social Responsibilities? [J]. California Management Review, 1960 (2): 70 –79.

[212] Dey P K, Ramcharan E K. Analytic Hierarchy Process Helps Select Site for Limestone [J]. Journal of Environmental Management, 2008, 88 (4): 1384 –1395.

[213] Ebrahimnejad S, Mousavi S M, Seyrafianpour H. Risk Identification and Assessment for Build-Operate-Transfer Projects: A Fuzzy Multi Attribute Decision Making Model [J]. Expert Systems with Applications, 2010 (37): 575 – 586.

[214] Elkington J. Enter the Triple Bottom Line [M]//Henriques A, Richardson J. The Triple Bottom Line, Does It All Add Up?. London: Earthscan, 2004: 1 – 16.

[215] Fan C, Yu Y. BBN-Based Software Project Risk Management [J]. The Journal of Systems and Software, 2004, 73 (2): 193 – 203.

[216] Fang C, Marle F. A Simulation-Based Risk Network Model for Decision Support in Project Risk Management [J]. Decision Support Systems, 2012 (52): 635 – 644.

[217] Folger H R, Nutt F. A Note on Social Responsibility and Stock Valuation [J]. Academy of Management Journal, 1975 (1): 155 – 160.

[218] Freeman R E. Stockholders and Stakeholders: A New Perspective on Corporate Governance [J]. California Management Review, 1983, 25 (3): 88 – 106.

[219] Friedman M. A Theoretical Framework for Monetary Analysis [J]. Journal of Political Economy, 1970, 78 (6): 1385 – 1386.

[220] Friedman M. The Social Responsibility of Business is to Increase its Profits [J]. The New York Times Magazine, 1970 (13).

[221] Holt G A. The Evolution of Risk Reporting [J]. Risk Management, 2006, (10): 607 – 631.

[222] Ghosh S, Jintanapakanont J. Identifying and Assessing the Critical Risk Factors in an Underground Rail Project in Thailand: A Factor Analysis Approach [J]. International Journal of Project Management, 2004 (22): 633 – 643.

[223] Gittell J H. Coordinating Mechanisms in Care Provider Groups: Relational Coordination as a Mediator and Input Uncertainty as a Moderator of Performance Effects [J]. Management Science, 2002, 48 (11): 1408 – 1426.

[224] Griffin J J, Mahon J F. The Corporate Social Performance and Corporate Financial Performance Debate Twenty-five Years of Incomparable Research [J]. Business & Society, 1997 (1): 5 – 31.

[225] Gu J F, Zhu Z C. The Wu-Li Shi-Li Ren-Li Approach (WSR): An Oriental Systems Methodology [M]//Midgley G L, Wilby J. Systems Methodology: Possibilities for Cross-Cultural Learning and Integration 9. United Kingdom: The

University of Hull Press, 1995: 31 –40.

[226] Guikema S D. Natural Disaster Risk Analysis for Critical Infrastructure Systems: An Approach Based on Statistical Learning Theory [J]. Reliability Engineering and System Safety, 2009, 94: 855 –86.

[227] Haimes Y Y. Total Risk Management [J]. Risk Analysis, 1991, 11 (2): 169 –171.

[228] Hall H I, Dhara V R, Price-Green P A, et al. Surveillance for Emergency Events Involving Hazardous Substances—United States, 1990 – 1992 [J]. Surveillance Summaries, July 1994/43 (SS –2): 1 –6.

[229] Hamilton R J. An Operationally Oriented Approach to Medical Care in Space [J]. Aviation, Space, and Environmental Medicine, 1991, 62 (12): 1196 –1199.

[230] Harrison J S, Wicks A C. Stakeholder Theory, Value, and Firm Performance [J]. Business Ethics Quarterly, 2012 (1): 97 –124.

[231] Hayes R W, Perry J G, Thompson P A, et al. Risk Management in Engineering Construction Implication for Project Managers [M]. Swindon: Thmoas Telford Ltd. , 1987.

[232] Holden A. Tourism and the Environment [M]. 2nd. New York: Routledge, 2008.

[233] Hopkins M S. Sustainability and Competitive Advantage [M]. MIT Sloan Management Review, 2009: 19 –26.

[234] Hunsucker J L. Foundations of Integrated Risk Management [J]. International Journal of Environment and Pollution, 1996, 6 (2 –3): 225 –233.

[235] Huseby A B, Skogen S. Dynamic Risk Analysis: The Dyn-Risk Concept [J]. R International Journal of Project Management, 1992, 10 (3): 160 –164.

[236] Ivanova B K. Corruption and Air Pollution in Europe [J]. Oxford Economic Papers, 2011, 63 (1): 49 –70.

[237] Jaafari A. Life-Cycle Project Management: A Proposed Theoretical Model for Development and Implementation of Capital Project [J]. Project Management Journal, 2000, 31 (1): 44 –53.

［238］ Jaafari A. Management of Risks, Uncertainties and Opportunities on Projects: Time for a Fundamental Shift ［J］. International Journal of Project Management, 2001, 19 (2): 89 - 101.

［239］ Jaafari A. Real Time Planning & Total Risk Management ［C］. Congress on Computing in Civil Engineering, 1996: 193 - 199.

［240］ Jain A K. Corruption: A Review ［J］. Journal of Economic Surveys, 2001, 15 (1): 71 - 121.

［241］ Jiang W G, Deng L, Chen L Y, et al. Risk Assessment and Validation of Flood Disaster Based on Fuzzy Mathematics ［J］. Progress in Natural Science, 2009, 19: 1419 - 1425.

［242］ Jun S H, Poong H S. A Method for Risk-Informed Safety Significance Categorization Using the Analytic Hierarchy Process and Bayesian Belief Networks ［J］. Reliability Engineering and System Safety, 2004, 83 (1): 1 - 15.

［243］ Kasap D, Kaymak M. Risk Identification Step of the Project Risk Management ［C］. PICMET 2007 Proceedings, 5-9August, Portland, Oregon-USA: IEEE, 2007: 2116 - 2120.

［244］ Knight K, Robinson F A. Use of Fuzzy Logic for Predicting Design Cost Overruns on Building Project ［J］. Journal of Construction Engineering and Management, 2002, 128 (6): 503 - 512.

［245］ Kotler P, Nancy L. Corporate Social Responsibility: Doing the Most Good for Your Company and Your Cause ［M］. John Wiley & Sons, 2004.

［246］ Lantos G P. The Boundaries of Strategic Corporate Social Responsibility ［J］. Journal of Consumer Marketing, 2001 (7): 595 - 630.

［247］ Lappin R M. Community Organization: Principle and Practice ［M］. New York: Harper & Row, 1967.

［248］ Lawrence O G, Dan H F. National Preparedness for a Catastrophic Emergency ［J］. JAMA, 2009, 302 (21): 2365 - 2366.

［249］ Lee E, Park Y, Shin J G. Large Engineering Project Risk Management Using a Bayesian Belief Network ［J］. Expert Systems with Applications, 2009, 36 (3): 5880 - 5887.

［250］ Lee S, Daniel W H. Predictive Tool for Estimating Accident Risk ［J］.

Journal of Construction Engineering and Management, 2003, 129 (4): 431 –436.

[251] Leitao A. Corruption and the Environmental Kuznets Curve: Empirical Evidence for Sulfur [J]. Ecological Economics, 2010, 69 (11): 2191 –2201.

[252] Li C B, Wang J J. A Model of Generic Project Risk Element Transmission Theory Based on Data Mining [J]. Journal of Central South University of Technology, 2008 (15): 132 –135.

[253] Lopez R, Mitra S. Corruption, pollution, and the Kuznets Environment Curve [J]. Journal of Environmental Economics and Management, 2000, 40 (2): 137 –150.

[254] Maignan I, Ferrell O C. Measuring Corporate Citizenship in Two Countries: The Case of the United States and France [J]. Journal of Business Ethcs, 2000 (3): 283 –297.

[255] Malone T W, Crowston K, Lee J, et al. Tools for Inventing Organizations: Toward a Handbook for Organizational Processes [J]. Management Science, 1999, 45 (3): 425 –443.

[256] Massoud Javid. Prianka N. Seneviratne. Investment Risk Analysis in Airport Parking Facility Decelopment [J]. Journal of Construction Engineeringand Management, 2010, 126 (4): 298 –305.

[257] Matarrita-Cascante D. Beyond Growth: Reaching Tourism-led Development [J]. Annals of Tourism Research, 2010, 37 (1): 1141 –1163.

[258] Mauro P. Corruption and the Composition of Government Expenditure [J]. Journal of Public Economics, 1998, 69 (2): 263 –279.

[259] McGuire J B, Sundgren A, Schneeweis T. Corporate Social Responsibility and Firm Financial Performance [J]. Academy of Management Journal, 1988 (4): 854 –872.

[260] McGuire J. Business and Society [M]. NewYork: McGraw-Hill, 1963.

[261] Mintz J M, Tsiopoulo T. Corporate Income Taxation and Foreign Directinvetment in Central and Eastern Europe [R]. Foreign Investment Advisory Service Occasional Paper, 1992.

［262］ Mitchell R K. Stakeholder Theory and Liabilities of Newness in New Ventures ［J］. Proceedings of the International Association for Business and Society, 1994 （5）: 677 –688.

［263］ Mohanty R P, Agarwal R, Choudhury A K, et al. A Fuzzy ANP-Based Approach to R&D Project Selection: A Case Study ［J］. International Journal of Production Research, 2005, 43 （24）: 5199 –5216.

［264］ Motawa I A, Anumba C J, El-Hamalawi A. A Fuzzy System for Evaluating the Risk of Change in Construction Projects ［J］. Advances in Engineering Software, 2006, 37 （9）: 583 –591.

［265］ Murphy C, Gardoni P. The Role of Society in Engineering Risk A Capabilitles-Based Approach ［J］. Risk Analysis, 2006, 26 （4）: 1073 –1083.

［266］ Nieto-Morote A, Ruz-Vila F. A Fuzzy Approach to Construction Project Risk Assessment ［J］. International Journal of Project Management, 2011, 29 （2）: 220 –231.

［267］ Papamichail K N, French S. Design and Evaluation of an Intelligent Decision Support System for Nuclear Emergencies ［J］. Decision Support Systems, 2005 （41）: 84 –111.

［268］ Perminova O, Gustafsson M, Wikstrom K. Defining Uncertainty in Projects—A New Perspective ［J］. International Journal of Project Management, 2008, 26 （3）: 73 –79.

［269］ Pivi Lehtonen. Change Program Initiation-Definingand Managing the Program-organization boundary ［J］. International Journal of Project Management, 2008 （26）: 899 –912.

［270］ Polar F, Shekhar S, Guvenir H A. Distributed Conflict Resolution among Cooperating Expert Systems ［J］. The International Journal of Knowledge Engineering, 1993, 10 （4）: 227 –236.

［271］ Rehan S, Tahir H. A Fuzzy-Based Methodology for An Aggregative Environmental Risk Assessment: A Case Study of Drilling Waste ［J］. Environmental Model & Software, 2005, 20 （1）: 33 –46.

［272］ Rehman F U, Ali A, Nasir M. Corruption, Trade Openness, and Environmental Quality: A Panel Data Analysis of Selected South Asian Countries

[J]. Pakistan Development Review, 2007, 46 (4): 673 – 688.

[273] Ren H. Risk Lifecycle and Risk Relationships on Construction Projects [J]. International Journal of Project Management, 1994, 12 (2): 68 – 74.

[274] Riggs J L, Brown S B, Trueblood R P. Integration of Technical, Cost, and Schedule Risks in Project Management [J]. Computers & Operations Research, 1994, 21 (5): 521 – 533.

[275] Said H, El-Rayes K. Optimizing the Planning of Construction Site Security for Critical Infrastructure Projects [J]. Automation in Construction, 2010, 19 (2): 221 – 234.

[276] Sebele L S. Community-Based Tourism Ventures, Benefits and Challenges: Khama Rhino Sanctuary Trust, Central District, Botswana [J]. Tourism Management, 2010, 31 (1): 136 – 146.

[277] Simonsen I, Buzna L, Peters K, et al. Transient Dynamics Increasing Network Vulnerability to Cascading Failures [J]. Physical Review Letters, 2008, 100 (21): 1 – 4.

[278] Smarzynska B K, Wei S J. Pollution Havens and Foreign Direct Investment: Dirty Secret or Popular Myth [R]. World Bank Policy Research Working Paper, 2001: 2673.

[279] Smith N C. Corporate Social Responsibility: Not Whether, But How [J]. Center for Marketing Working Paper, 2003: 693 – 701.

[280] Sokolova M V, Fernandez-Caballero A. Modeling and Implementing an Agent-Based Environmental Health Impact Decision Support System [J]. Expert Systems with Applications, 2009 (36): 2603 – 2614.

[281] Spence B A, Taylor G S. A Within and Between Analysis of the Relationship Between Corporate Social Responsibility and Financial Performance [J]. Akron Business and Economics Review, 1987 (3): 7 – 18.

[282] Spicer B H. Investors, Corporate Social Performance and Information Disclosure: An Empirical Study [J]. Accounting Review, 1978 (1): 94 – 111.

[283] Tummala V M R, Burchett J F. Applying a Risk Management Process (RMP) to Manage Cost Risk for an EHV Transmission Line Project [J]. International Journal of Project Management, 1999, 17 (4): 223 – 235.

[284] Tummala V M R, Nkasu M M, Chuah K B. A Systematic Approach to Risk Management [J]. Journal of Mathematical Modeling and Scientific, 1994 (4): 174 – 184.

[285] Vodosek M. Intragroup Conflict as a Mediator between Cultural Diversity and Work Group Outcomes [J]. International Journal of Conflict Management, 2007, 18 (4): 345 – 375.

[286] Waddock S. The Multiple Bottom Lines of Corporate Citizenship: Social Investing, Reputation, and Responsibility Audits [J]. Business and Society Review, 2000, 105 (3): 323 – 345.

[287] Ward S C, Chapman C B. Risk Management Perspective on the Project Lifecycle [J]. International Journal of Project Management, 1995, 13 (3): 145 – 149.

[288] Ward S, Chapman C. Transforming Project Risk Management into Project Uncertainty Management [J]. International Journal of Project Management, 2003, 21 (1): 97 – 105.

[289] Welsch H. Corruption, Growth and the Environment: A Cross Country Analysis [J]. Environment and Development Economics, 2004, 9 (5): 663 – 693.

[290] Wheeler D. Including the Stakeholders: The Business Case [J]. Long Range Planning, 1998, 31 (2): 201 – 210.

[291] Wideman R M. Project and Program Risk Management: A Guide to Managing Project Risks and Opportunities [M]. Project Management Institute, USA, 1992: 88 – 102.

[292] Williams T M. Risk Management Infrastructures [J]. International Journal of Project Management, 1993, 11 (1): 5 – 10.

[293] Wokutch R E, Spencer B A. Corporate Saints and Sinners: The Effects of Philanthropic and Illegal Activity on Organizational Performance [J]. California Management Review, 1987 (2): 62 – 77.

[294] Xie G, Yue W Y, Wang S Y, et al. Dynamic Risk Management in Petroleum Project Investment Based on a Variable Precision Rough Set Model [J]. Technological Forecasting & Social Change, 2010 (77): 891 – 901.

[295] Yin Y C, Sun L F, Guo C. A Policy of Conflict Negotiation Based on Fuzzy Matter Element Particle Swarm Optimization in Distributed Collaborative Creative Design [J]. Computer Aided Design, 2008, 40 (10): 1009 – 1041.

[296] Zhang L, Shao X Y, Zhou C, et al. Research on Conflict Resolution Method Based on Particle Swarm Optimization in Collaborative Design [C]. Proceedings of the 6th World Congress on Intelligent Control and Automation. Washington, D. C., USA: IEEE, 2006: 3451 – 3455.

[297] Zhao L Y, Gu J F. An Overview of Evaluation in Theory Gu Practice [C]. Proceedings of 1996 IEEE Interactional Conference on Systems, Man and Cybernetics: Information Intelligence and Systems, Beijing, China, 1996: 2047 – 2411.

[298] Zioa E, Avenc T. Industrial Disasters: Extreme Events, Extremely Rare: Some Reflections on the Treatment of Uncertainties in the Assessment of the Associated Risks [J]. Process Safety and Environmental Protection, 2012 (In press).

[299] Zlotkin G, Rosenschein J S. Compromise in Negotiation: Exploifing Worth Functions over States [J]. Artificial Intelligence, 1996 (84): 151 – 176.

# 后　　记

　　本书是作者主持的国家社会科学基金青年项目"我国对外大型公共投资项目风险防范与预警机制研究"（15CJY073）的结题成果。本书从构思、撰写、修改、定稿经历 4 年有余。其间，围绕"我国对外大型公共投资项目风险防范与预警机制"这一领域，开展了多个议题的研究工作，并已在《科研管理》《改革》《上海经济研究》《经济纵横》以及 Quaternary Geochronology 等 CSSCI、SCI 等核心杂志发表论文 15 篇，为本书的最终成型奠定了坚实的基础。

　　感谢全国哲学社会科学工作办公室对本项目的资助，感谢山东省社会科学工作办公室的支持，感谢各位专家学者对本项目的批评与建议，也感谢本项目研究过程中各个杂志社、出版社的帮助，在此一并表示由衷的感谢！

　　尽管作者在本书的写作过程中始终本着科学严谨的态度，翻阅了大量国内外有关文献，与多位专家学者进行了大量沟通、交流与请教，试图在研究过程中取得创新突破，并且几易其稿，力求更加完善，但由于作者水平和条件所限，书中难免有值得商榷和不成熟的地方，疏漏之处也可能存在，恳请各位专家学者批评指正！

作　者

二〇二二年七月